Feuer in der Hafenstadt

GLÜCKSTADT 1894

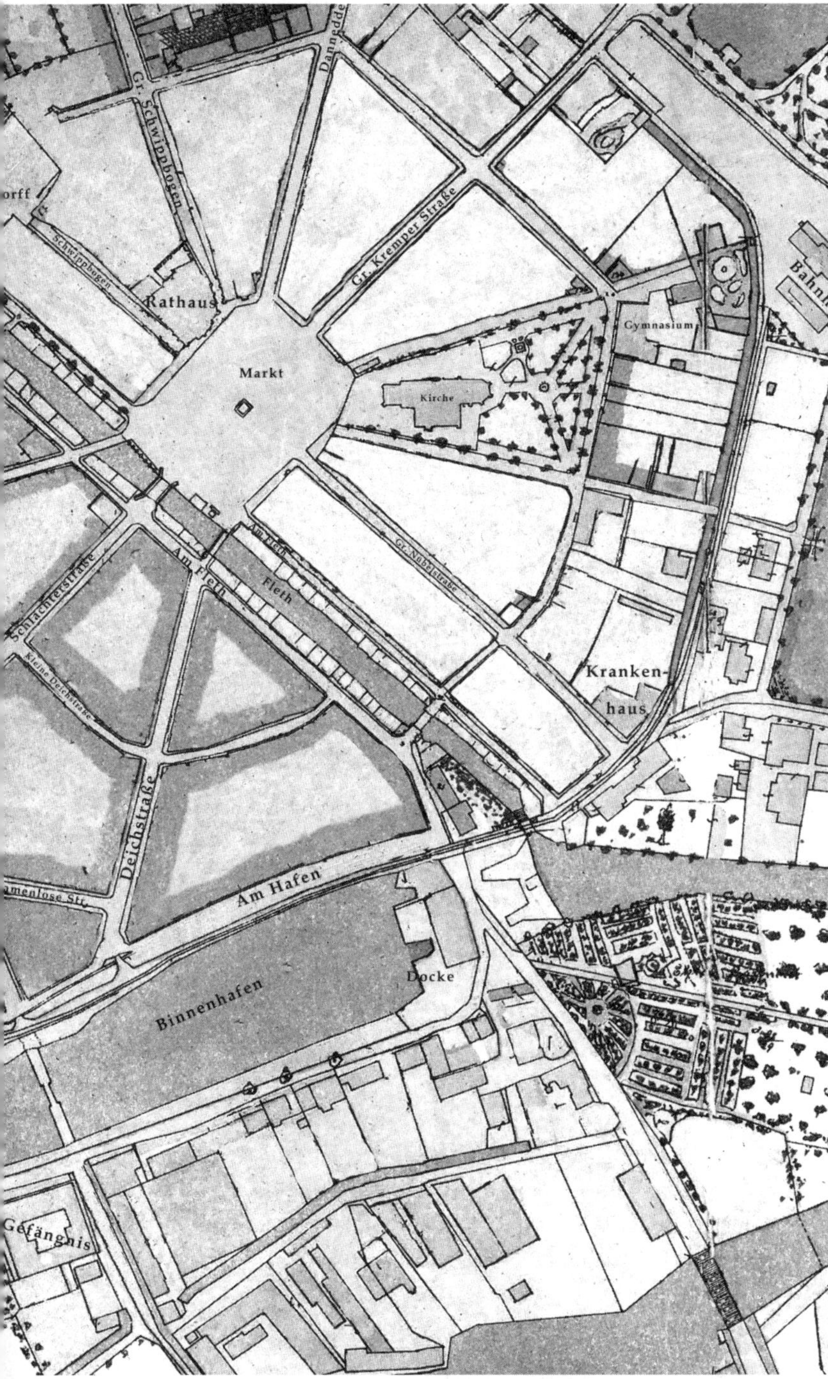

Markt
Rathaus
Kirche
Gymnasium
Gr. Kremper Straße
Gr. Schwippbogen
Schwippbogen
Gr. Nübelstraße
Am Fleth
Fleth
Schlachterstraße
Kleine Deichstraße
Deichstraße
Am Hafen
Binnenhafen
Docke
Kranken-
haus
Gefängnis

Die gebürtige Hamburgerin Anja Marschall lebt seit vielen Jahren mit ihrer Familie im Westen Schleswig-Holsteins, wo sie als Journalistin und Autorin arbeitet. Sie initiierte den ersten Krimipreis für Schleswig-Holstein, ist Mitglied im Syndikat sowie der Mörderischen Schwestern.

Dieses Buch ist ein Roman. Die Handlung ist frei erfunden, wenngleich im historischen Umfeld eingebettet. Einige Personen, Ereignisse und Orte sind historisch, einige sind es nicht. Der Anhang enthält Anmerkungen zu Wahrheit und Fiktion, ein Personenverzeichnis, ein Glossar und Literaturangaben.

ANJA MARSCHALL

FEUER IN DER HAFENSTADT

HISTORISCHER KRIMINALROMAN

emons:

Bibliografische Information der Deutschen Nationalbibliothek
Die Deutsche Nationalbibliothek verzeichnet diese Publikation in der Deutschen Nationalbibliografie; detaillierte bibliografische Daten sind im Internet über http://dnb.d-nb.de abrufbar.

MIX
Papier aus verantwortungsvollen Quellen
FSC® C083411
FSC
www.fsc.org

Die Originalausgabe erschien 2012 unter dem Titel »Fortunas Schatten« im Dryas Verlag.
Umschlaggestaltung: Nina Schäfer
Karte S. 2/3: Der Abdruck erfolgt mit freundlicher Genehmigung des Detlefsen-Museums, Glückstadt.
Gestaltung Innenteil: DÜDE Satz und Grafik, Odenthal
Druck und Bindung: CPI – Clausen & Bosse, Leck
Printed in Germany 2021
ISBN 978-3-7408-1016-0
Historischer Kriminalroman
Überarbeitete Neuausgabe

Und setzt ihr nicht das Leben ein,
nie wird euch das Leben gewonnen sein.
Friedrich v. Schiller, 1798

PROLOG

Februar 1893, Nordsee vor England

Leise schlugen Wellen an die Bordwand der »Revenge«. Durch das offene Bullauge drang ihr Plätschern in die Kajüte.

Auf dem Boden rollte ein Knüppel im Takt der Wogen hin und her. Immer wieder stieß er gegen den Mann, der bewusstlos in der Mitte des niedrigen Raumes lag. Aus einer Wunde an seinem Kopf sickerte Blut, tränkte den Kragen seiner Uniform und rann langsam auf die Dielen, wo sich bereits eine Lache gebildet hatte.

Das Ticken einer Wanduhr erfüllte die Kajüte. Von draußen kamen Befehle herein. Schritte schwerer Stiefel gingen an Deck auf und ab. Längsseits war das gleichmäßige Stampfen eines kleinen Kutters zu hören. Es mischte sich mit dem Rauschen der Nordsee und dem Ticken der Uhr.

In der Mitte der Kajüte stand der blank polierte Tisch des Kapitäns, bedeckt mit Seekarten. Das Messing des Sextanten darauf glänzte im Licht einer Lampe, die schwankend von der getäfelten Decke hing.

Von der Wand blickte ein goldgerahmtes und in dunkle Farben gebanntes Gemälde von Sir Rupert Cunningham in den Raum. Der Reeder schien jeden Winkel seines Schiffes mit festem Blick zu erfassen. Warum hatte er den Kerl mit dem Knüppel in der Hand nicht gesehen? Warum hatte er den Kapitän nicht gewarnt, als der Belegnagel niedersauste?

Der Mann am Boden stöhnte. Er bewegte seinen Arm. Vorsichtig hob er den Kopf, versuchte er, sich aufzustützen. Nach einer Weile konnte der Kapitän der »Revenge« sich langsam am Tisch hochziehen. Schwankend tastete er sich zum offenen Bullauge hinüber, durch das ein Windhauch in die Kajüte strömte. Draußen war es dunkel. Durch Wolkenfetzen schien der volle Mond. Nur für einen kurzen Moment sah der Kapitän, wie jemand das kleine Beiboot unbemerkt fortruderte. Dann gaben seine Beine wieder nach, und er sackte zusammen. Dunkelheit.

Plötzlich ging ein Zittern durch den Viermaster. Eine Explosion zerriss die Stille. Kurz vibrierte die Luft, schien das Meer stillzustehen. Die Wucht schleuderte den Kapitän durch die Kajüte. Das Gemälde des Reeders fiel von der Wand. Eine Tischkante bohrte sich durch die Leinwand. Von Deck gellten Schmerzensschreie in die Nacht hinaus. Hastig erteilte Befehle wurden laut.

Doch Kapitän Hauke Sötje hörte sie nicht mehr. Regungslos lag er da.

Langsam begann sich die »Revenge« nach Luv zu neigen. Der Sextant auf dem Tisch bewegte sich wie von Geisterhand zum Rand und kippte hinunter. Sein Spiegel zerbarst in tausend Stücke.

Ein Beben ging durch den Körper des stolzen Viermasters.

Kurze Stille, dann kreischte das Schiff auf. Holz splitterte, die Takelage knallte Peitschenhiebe auf die Planken an Deck. In die Schreie der Männer mischte sich lautes Gurgeln und das Quietschen der Davits. Man versuchte, die Beiboote zu Wasser zu lassen.

Unablässig quoll die Nordsee unter der verschlossenen Tür hindurch. Immer schneller drang das kalte Wasser in die Kajüte, umspülte den bewegungslosen Körper.

Hauke stöhnte leise.

Dann zerbrach die Welt.

Eine weitere Explosion ließ die Außenwand des Schiffes auf ganzer Länge zerbersten. Wasser stürmte herein, nahm sich seinen Zoll. Innerhalb weniger Augenblicke schwammen die Seekarten vom Tisch auf, fielen Bücher aus den Regalen, trieb Sir Rupert rücklings der getäfelten Decke entgegen.

Das kalte Wasser erfasste den Körper des Kapitäns, hob ihn vom Boden. Trug ihn höher und höher.

Da riss Hauke die Augen auf. Als er begriff, ruderten seine Arme verzweifelt umher, suchten Halt, während das salzige Wasser seinen Körper unaufhaltsam nach oben trieb. Dann, als kaum noch Platz zwischen ihm und der Decke war, umklammerten seine eisigen Finger ein Holz. Es war der Belegnagel, der ihn hatte umbringen sollen. Hauke ließ ihn los, stemmte sich mit letzter Kraft gegen die hölzerne Deckentäfelung. Wasser lief in seinen Mund, er schluckte, hustete, schnappte nach Luft.

Wie aus der Ferne hörte er seine eigene Stimme schreien.

Oben war unten, unten war oben. Alles kalt. Seine Beine taub.

Das Wasser kannte kein Erbarmen.

Endlich ging ein letztes Grollen durch das sterbende Schiff, und der Körper des Mannes glitt ins Meer hinaus, bevor die »Revenge« vor Margate sank.

KAPITEL 1

Glückstadt. Im Monat December 1893 kamen 39 Personen zur polizeilichen An- und 53 zur Abmeldung. Im Polizeigefängnis waren 128 Personen inhaftiert, und zwar 5 wegen Bettelns, 5 wegen Trunkenheit, 1, welcher nach Holland transportiert werden soll (ist aus dem Reichsgebiet verwiesen), 2 zur Verbüßung von Militärstrafen, 1 wegen Verdachts des Diebstahls und 4 wegen Obdachlosigkeit.

Original: Glückstädter Fortuna, Januar 1894

Glückstadt, Januar 1894

Es war mühevoll und gefährlich gewesen, zwischen den Eisschollen auf der Elbe in den Hafen von Glückstadt einzufahren. Der Winter in diesem Jahr war hart. Doch endlich erreichte die »Alte Möwe« ihren Liegeplatz im Binnenhafen. An der Reling hingen Eiszapfen. Die Männer hatten Sand an Deck gestreut, um auf den vereisten Planken nicht auszurutschen. Mit steif gefrorenen Händen standen sie bereit, um ihr Schiff gleich hinter der Schleuse festzumachen.

Überall im Hafen sah man Männer in Arbeitsjacken und groben Leinenhosen von und zu den Schiffen eilen. Sie waren mit der Flut eingelaufen und lagen in Zweierreihen auf beiden Seiten des Binnenhafens. Viele von ihnen fuhren auf Fisch oder brachten Waren aus England und Holland nach Glückstadt. Drüben, am Kai vor den schmucken Häusern, gab es eine neue Pferdebahn. Sie beförderte die Fänge und Waren direkt von den Schiffen in die Stadt oder zum nahen Bahnhof. Hier aber, auf der Rethövelseite, mussten die Fässer vom Anleger erst mühsam den Deich hochgerollt und auf die Fuhrwerke der Händler gehievt werden, die die Waren dann wie eh und je in die Stadt schafften.

Seit einiger Zeit fand sich unter den vielen Ewern und Kuttern auch ab und zu eines dieser neuen Dampfschiffe, aus deren Schornsteinen eine stinkende Rußfahne hervorquoll.

Die Besatzung der »Alten Möwe« begann, die Ladung zu löschen. In den Kantjes zu Haukes Füßen lag der letzte Fang, den sie vor Cuxhaven gemacht hatten. Hauke hievte eines der halbhohen Fässer mit gesalzenem Hering hoch und stemmte es auf seine Schulter. Dann nahm er die schmale Planke hinauf an Land.

Auf dem Deich sah man die Händler ungeduldig warten, dass der vereidigte Prüfer der Stadt, den man hier Heringswracker nannte, die Qualität des Fanges endlich festlegte. Dann konnten sie mit den Kapitänen der Schiffe über den Preis verhandeln.

»Das gibt heute gutes Geld«, meinte der Mann neben Hauke. Er hieß Hinnerk, und seine ehrliche Art hatte Hauke auf der Fahrt von Holland nach Glückstadt gefallen. Sie gingen zurück an Bord, um weitere Fässer zu holen. Hauke sah kurz zum Niedergang am Heck. Dort schob sich soeben der Kopf von Kapitän Jensen durch die Luke. Hauke meinte, trotz der Entfernung den alkoholvernebelten Atem des Mannes riechen zu können. Auch die anderen hatten Jensen bemerkt und beobachteten finster, wie er an Deck krabbelte und sich mühsam aufrichtete. Seit sie das Ijsselmeer passiert hatten, hatte die Mannschaft ihn nicht mehr gesehen. Die Schirmmütze saß schief auf seinem schmierigen Haar. Mit der einen Hand hielt er sich an der Reling fest und mit der anderen versuchte er ungelenk, sein Hemd in die fleckige Hose zu stopfen.

Verächtlich spuckte Hinnerk auf die Planken des Schiffes. »He kann obends nich so veel drinken, dat he morgens kenn Dörst mehr hett.« Regungslos stand er neben Hauke, die Fäuste in seinen Hosentaschen vergraben. »Wir machen da draußen die Arbeit, und der pennt stinkbesoffen in seiner Koje. Kommt nur zum Pissen hoch.«

Schweigend blickte die Mannschaft dem Betrunkenen hinterher, wie der schwankend die Planke zum Anleger nahm.

»Wenn der reinfällt, lassen wir ihn ersaufen«, schlug Hinnerk vor, und die Männer grinsten.

Hauke fuhr nachdenklich durch seinen vollen Bart und

schwieg. Er würde dazu nichts sagen. Jensen war ihr Kapitän, wenn auch ein schlechter. Aber wer war er selbst, so ein Urteil abzugeben?

Als sie bald darauf das letzte Fass aus dem Bauch des Ewers geholt hatten, setzten sich die Männer mittschiffs. Mit kalten Fingern packten sie ihren Priem aus oder holten die Pfeifen hervor. Sie warteten auf ihre Heuer.

Hauke aber machte sich Sorgen. Von Hinnerk hatte er erfahren, dass Jensen die Männer schon im letzten Hafen um einen Teil ihrer Bezahlung betrogen hatte. Eine steile Falte stand zwischen Haukes Brauen, als er zum Anleger sah, wo Jensen darauf wartete, dass der Prüfer käme und sein Zeichen auf die vielen Fässer machte. Für diesen Fang hatten die Männer hart arbeiten müssen, denn der Sturm vor Cuxhaven hatte es in sich gehabt. Es war nicht einfach gewesen, den Fisch in den hohen Wellen an Bord zu holen.

Ein wenig abseits schoss Hauke ein Tau auf, während er die Mannschaft im Auge behielt. Keiner sagte ein Wort, alle starrten sie hinüber zu Jensen.

Hauke wusste, dass es Zeit war, dass er das Schiff verließ. Er hatte sein Versprechen gehalten und sich mit harter Arbeit die Überfahrt von Amsterdam nach Glückstadt verdient. Sein Soll war erfüllt. Sobald Jensen wieder an Bord war, würde er ordnungsgemäß abmustern.

Er würde zum Friedhof hinter der Kirche am Marktplatz gehen. Sein letzter Weg sollte ihn zum Grab seiner Frau und seines kleinen Sohnes führen. Er wollte dort beten und sie um Verzeihung bitten. Dann hätte er alles erledigt, was es an irdischen Dingen noch zu regeln gab.

»Verdohrig no mol!« Jensens Stimme riss Hauke aus seinen Gedanken.

Schon zum dritten Mal hatte der Kapitän versucht, den Fang zu zählen, wobei er sich schwer auf den Fässern abstützen musste. »Hauke!«, schrie er jetzt. »Wie viele sind es?«

»Vierundvierzig Kantjes, davon zwanzig Vollheringswrack, sieben Stör und zwei Kisten Aal«, antwortete Hauke.

Der Besoffene deutete eine Verbeugung an und torkelte los. Er hielt auf den Heringswracker zu. Der Mann war kleiner als Jensen. Über seinem dicken Wintermantel trug er einen grauen Kittel. Den Kopf hatte er in einen Wollschal gewickelt, sodass kaum mehr als seine rot gefrorene Nase hervorlugte.

Jensen grüßte ihn wortreich, doch der Mann ignorierte die ausgestreckte Hand des Betrunkenen. Da klopfte Jensen ihm auf die Schulter und lachte überschwänglich. Selbst aus dieser Entfernung konnte Hauke sehen, wie der Heringswracker versuchte, dem Fuselnebel des Kapitäns zu entkommen.

Hinnerk kam zu Hauke herüber. Er griff nach dem Priem in seiner Jackentasche. »Wenn der Alte uns noch mal übers Ohr haut, dann gnade ihm Gott«, murmelte er. Flink holte er seinen Kautabak aus dem geölten Stück Segeltuch, brach ein wenig davon ab und steckte es sich in den Mund. Den Rest verstaute er sorgfältig in dem Tuch und ließ das Päckchen zurück in seine Tasche gleiten. »Wir kriegen wieder nur den Fliegendreck! Den Rest steckt er ein für Fusel und Weiber.« Schweigend sah Hinnerk zum Deich hinüber. »Würde ja gerne bei der neuen Heringsfischerei anheuern.« Er zeigte mit seiner großen Hand, die in geflickten Handschuhen steckte, zum Deich hinauf, der hinter dem Anleger lag. Deutlich war das obere Stockwerk eines langen Gebäudes zu erkennen.

»Die bauen eine Flotte auf. Und diese …« Hinnerk suchte ein Wort, aber es fiel ihm nicht ein. »Also, mein Vetter hat denen sein ganzes Erspartes gegeben. Da gab's dann Papier für. Is was richtig Feines, diese …«

»Aktiengesellschaft«, half Hauke.

»Jo, genau!« Hinnerk sah ihn erleichtert von der Seite an. »Na ja, mein Vetter is ja auch Bauer. Die versteh'n wat vom Geldverdienen. Er hat mir erzählt, dass die Fischerei dann jedem gehört, der so ein Papier gekauft hat. Und wenn die Gewinne kommen, bekommst du dein Geld, oder so.« Er schob den zerkauten Priem in die andere Wange. »Weißt du, Hauke, die da oben woll'n noch in diesem Jahr raus. Vier Logger mit neuen Netzen woll'n die losschicken. Das wird 'ne große Sache. Dann ist Glückstadt der größte Hafen für Heringe im ganzen Reich. Der Kaiser selbst hat Geld geschickt, damit es losgehen kann.« Hinnerk lächelte breit. »Tscha, also, wenn ich du wäre, würde ich bei denen anheuern. Kannst doch als Steuermann für die fahren. Ach was, besser noch als Kapitän. Bist zehnmal mehr wert als der Jensen.«

Hauke schwieg. Er wollte nie wieder ein Schiff befehligen. »Lass man gut sein, Hinnerk. Bin auch so ganz zufrieden.« Das stimmte nicht. Und er ahnte, dass Hinnerk ihm nicht glaubte.

Er begann ein weiteres Tau aufzuschießen. Dann hängte er es über einen der hölzernen Belegnägel, die an der Reling in einem Brett mit Löchern steckten. Diese Knüppel waren aus hartem Holz. Man musste sie nur herausziehen, um das schwere Tau zur Hand zu haben. Plötzlich schoss Hauke ein heftiger Schmerz durch den Kopf. Er wankte, stützte sich am Mast ab. Eine kurze Erinnerung flammte in ihm auf. Kaltes Wasser, etwas lag in seiner Hand. Luft! Er bekam keine Luft mehr! … Da war das Bild auch schon verschwunden. Tief atmete Hauke ein, presste eine Faust auf den Kopf. Als der Schmerz nachließ, richtete er sich auf. Fragend sah Hinnerk ihn an.

»Alles gut«, log Hauke und tröstete sich. Auch das würde bald vorüber sein.

Knappe, rohe Worte flogen von Schiff zu Schiff, bellten über Köpfe hinweg, fragten nach Fängen, feilschten um Ladungen und tauschten die neusten Nachrichten aus.

Hauke betrachtete all das mit wenig Interesse. Da stieß Hinnerk ihm den Ellbogen in die Rippen und wies zum Deich hinüber.

»Hübsch, oder?« Hauke folgte seinem Blick.

Eingehüllt in einen dicken wollenen Mantel, den der Wind um ihre Beine flattern ließ, stand dort eine junge Frau. Am Arm trug sie einen Korb, während sie mit der freien Hand versuchte, ihren Hut am Fortfliegen zu hindern.

»Zu fein, um hier rumzustehen«, meinte Hinnerk, der mit seiner properen Agnes seit vielen Jahren verheiratet war und acht Kinder in diese Welt gesetzt hatte. Prüfend legte er den Kopf schief. »Und viel zu dünn«, entschied er nach kritischem Blick. Dann widmete er sich wieder seinem Priem, den er langsam auskaute. »Sach mal, Hauke. Wo kommst du in der Stadt eigentlich unter?«

Hauke schwieg. Er brauchte kein Bett mehr.

»Versuch es mal drüben bei Fräulein Thekla.« Er wies auf die andere Hafenseite, wo die Pferdebahn fuhr, hinter der die schmucken Häuser der Stadt lagen. Dort war auch ein rot geziegelter Speicher. »Dahinter wohnt sie. Fräulein Thekla vermietet Zimmer. Sauber is es da, sagt meine Agnes. Die muss es wissen.«

»Danke, Hinnerk. Ich weiß noch nicht, wie lange ich in Glückstadt bleibe.«

Hinnerk nickte. »Dachte ja man bloß, weil das Seemannsheim wohl nix für dich is.«

Das stimmte. Seit dem Untergang seines Schiffes konnte Hauke sich nicht mehr in engen Räumen aufhalten. Wellen der Angst überfielen ihn, sobald er eine Kammer betrat. Darum hatte er auf seiner Reise nach Glückstadt auch immer oben an Deck geschlafen. Die Männer hatten es anfangs sonderbar gefunden, aber Hauke konnte hart arbeiten, und nur das zählte an Bord eines Schiffes.

Jetzt prüfte der Heringswracker stirnrunzelnd endlich die Ware der »Alten Möwe«, während Kapitän Jensen ununterbrochen auf ihn einredete. So wie es aussah, konnte der Prüfer ihn nicht leiden. Damit stand es schlecht um den Preis für den Fisch und so auch um die Heuer der Männer.

Da riss die Wolkendecke über der Stadt auf, und ein Bündel Sonnenstrahlen ergoss sich in den Hafen.

Hauke blickte zu der jungen Frau hoch, die noch immer auf dem Deich stand und ihren Hut umklammerte.

»Wusstest du, Hauke, dass das alles hier mal dänisch war? Die Preußen hatten hier nicht immer das Sagen, weißt du.«

Hauke nickte.

Hinnerk kam ins Schwärmen, wenn er von seiner Stadt sprach. Dem Dänenkönig Christian IV. habe das Gebäude hinter dem Deich früher als schmucke Admiralität gedient, erzählte er. »Aber als die Dänen dann weg sind, ging's unserer Stadt nicht mehr so richtig gut.«

Aus dem schmucken Gebäude des Dänenkönigs wurde später ein Lager für die Walfänger und dann eine Zichorienfabrik, die Kaffeeersatz herstellte. Die letzten trüben Tage des Gebäudes schienen dank einiger Liter Farbe und einer großen Idee vergessen zu sein. Heute reckte es sich stolz einer glorreichen Zukunft entgegen, und Hinnerk konnte kaum den Blick davon lassen. Geld und Ansehen sollte die Heringsfischerei zurück in die Stadt bringen, Arbeit und Essen. Die kleinen Leute der Gegend setzten große Hoffnungen in das Unternehmen.

Hauke sah zum Deich hinüber. Kurz traf ihn der Blick der jungen Frau, die schnell ihren Kopf senkte.

Endlich brannte der Warenprüfer sein Zeichen in die Deckel der Fässer, um die Qualität des Fanges zu bestätigen, als auch schon der erste Händler auf Jensen zuging. Sie wechselten ein paar Worte. Dann zählte der Mann einige Geldscheine ab und reichte sie dem Kapitän, der sie hastig in der ausgebeulten Tasche seiner Jacke verschwinden ließ. Ein paar Männer, die sich als Tagelöhner im Hafen verdingten, kamen herbeigeeilt, um die Kantjes den Deich hochzurollen und auf dem Fuhrwerk des Käufers zu verstauen.

»Was meinst du, Hauke? Wie viel hat er bekommen?«, wollte Hinnerk wissen.

Hauke überschlug ein paar Zahlen. »Ich denke, an die zweihundert Mark sollten es schon sein.«

Hinnerk kratzte sich am Kopf. »Könnte mehr sein, aber es wird wohl reichen.«

Hauke beugte sich über die Reling und prüfte eines der eingeholten Seitenschwerter des Besanewers. Es mussten weit mehr als zweihundert Mark sein, doch es war besser, die Männer wussten es nicht, dachte er.

Aus den Augenwinkeln sah er, wie Hinnerk zu den anderen ging, die an der Reling standen. Sie warteten auf Jensen, um ihre schwer verdiente Heuer in Empfang zu nehmen. Unter ihnen war auch Friedrich, Hinnerks Sohn. Der Junge war ebenso hochgewachsen wie sein Vater, doch würde er nur die Hälfte des Lohns bekommen, weil er noch keine fünfzehn Jahre alt war.

Der dürre Kerl hatte Hauke in den letzten Tagen Achtung abgerungen, denn er arbeitete härter und verbissener als jeder andere an Bord. Oft hatten die Hände des Jungen geblutet, und Hauke hatte ihm gezeigt, wie er die Wunden versorgen musste, damit sie sich nicht entzündeten.

Während Hauke sich einer seit Tagen defekten Winsch widmete, behielt er die Männer weiter im Auge. Er sah, dass einige von ihnen die Hände in den Taschen zu Fäusten geballt hatten. Eisern schwiegen sie, als Jensen die Planke heruntergewankt kam.

Wenn der Kapitän heute nicht ordentlich zahlte, würden Hinnerk und die anderen eine Dummheit begehen. Hauke biss die Zähne zusammen. Alles, was er wollte, war, seine persönlichen Angelegenheiten ohne Scherereien zu Ende zu bringen.

Schwankend erreichte Jensen sein Schiff. Unter ihm schwappte das schmutzige Hafenwasser an die Kaimauer.

Er wollte an Bord gehen, doch die Männer machten keine Anstalten, zur Seite zu treten. Hauke sah, wie Friedrich unauffällig nach einem leeren Belegnagel griff und ihn hinter seinem Rücken versteckte. Das würde Ärger geben!

Er hatte sich nicht getäuscht, denn so betrunken Jensen auch sein mochte, er reagierte unerwartet schnell. Mit einem Satz war er an Bord, warf die Männer auseinander und versetzte dem Jungen eine mächtige Ohrfeige. Friedrich taumelte nach hinten, verlor das Gleichgewicht und stürzte nahe dem Achtersteven schwer auf den Rücken, direkt vor Haukes Füße. Das Holz in der Hand des Jungen fiel polternd zu Boden.

»Was willst du, Kleiner? Mich umbringen?«, keifte Jensen. »Bist wie dein Alter! Renitent. Arbeitsfaul! Hast keinen Schneid.«

Hinnerk trat vor. »Was hast du gegen meinen Sohn, Jensen?«

Der Kapitän lachte kehlig auf. »Erschlagen wollte mich der Hund. Lebenslänglich bekommt der feige Kerl! Dein feiner Sohn!«

Hinnerk wollte etwas erwidern, doch er kam nicht dazu, denn nun bauten sich die Fischer vor Jensen auf.

»Wo is unser Geld?«, verlangten sie zu wissen.

Das Gesicht des Betrunkenen verzog sich zu einer hässlichen Grimasse. Er erwiderte nichts. Grinste nur.

Hinnerk verschränkte die Arme vor der Brust und schien immer größer zu werden. »Denk noch mal nach, Jensen!«

Friedrich war aufgesprungen, wischte sich das Blut von der Nase und wollte zurück zu den Männern, doch Hauke hielt ihn am Ärmel fest und schüttelte warnend den Kopf. Jetzt traten die Fischer einen Schritt näher auf ihren Kapitän zu.

»Was wollt ihr, ihr faules Pack?«, schrie Jensen. In seinen Augen flackerte eine vage Angst auf. Mit einer Hand klammerte er sich an sein Schiff, die andere griff in die linke Jackentasche.

Haukes Nackenhaare richteten sich auf. Er hatte genau gesehen, wie Jensen das Geld zuvor in die rechte Seite gesteckt hatte. Was hatte er vor?

»War miese Ware«, behauptete der Kapitän jetzt. »Hab fast kein Geld bekommen. Ihr wart zu faul.« Die Männer begannen zu murren. »Mehr als zehn Mark pro Nase is nicht drin. Wem's nicht passt, der kann ja woanders anheuern.«

»Hol di de Düvel!« Hinnerk packte Jensen am speckigen Revers seiner Jacke. Doch der schien den Angriff erwartet zu haben, denn plötzlich zog er einen Revolver hervor.

Hauke sprang auf.

»Du Hund willst mich bedrohen?«, schrie Jensen Hinnerk ins Gesicht, der ruckartig seine Hand zurückzog. »Darauf steht Zuchthaus!« Die Stimme des Besoffenen trug weit über den Hafen. »Zuchthaus!«, brüllte er noch einmal, damit die Männer auf den umliegenden Kuttern ihn hören konnten.

Die Leute drehten sich zur »Alten Möwe«, hielten in ihrer Arbeit inne und versuchten herauszufinden, was da los war. Auch die junge Frau mit dem Korb schaute herüber.

»Himmel noch mal, wo hat der das Ding her?«, rief jemand.

Alle starrten den Revolver in der Hand des Betrunkenen an.

»Ja, damit habt ihr nicht gerechnet, was?«, grölte Jensen. »Den hab ich mir geholt, um mich gegen Pack wie euch verteidigen zu können. Faule Hunde seid ihr! Ihr werdet noch lernen, wo's langgeht!« Er fuchtelte mit dem Revolver in der Luft herum. »Ich werde ein Exempel statuieren«, lallte er. Dann nahm er den Webley mit beiden Händen, zielte schwankend und kniff ein Auge zu.

Hauke erstarrte. Die Mündung der Waffe zeigte genau auf Friedrich.

Blitzschnell schubste Hauke den Jungen zur Seite und hechtete vorwärts. Ein Schuss löste sich. Der Knall raste mit ungeheurer Gewalt durch den Hafen, prallte an den Mauern der Fischereigesellschaft ab, jagte zur anderen Seite hinüber, wo die schmucken Häuser standen, und preschte als Echo zurück zum Schiff, wo die erstarrten Fischer auseinanderstoben. Hauke riss den Betrunkenen auf die Planken, als sich ein weiterer Schuss löste und in die Takelage jagte.

Mit einer schnellen Bewegung drehte Hauke Jensen den Arm auf den Rücken. Ein greller Schmerzensschrei entfuhr dem Mann, gefolgt von einem leidigen Jammern. Hauke zerrte Jensen, der sich in seinem Griff zu wehren begann, auf die Füße.

»Weg mit der Waffe!«, zischte er und drückte den Oberkörper des Kapitäns gegen die Reling. Augenblicklich polterte der Revolver zu Boden.

Alles im Hafen schien stillzustehen, jeder blickte herüber, um etwas zu erkennen. Auf dem Deich hatte die junge Frau ihren Korb fallen lassen und die Hände vor den Mund gepresst. Jetzt warf sie sich herum und lief davon.

Da hörte man das Gerumpel eines schnell näher kommenden Pferdewagens und das Schlagen von Stiefeln auf dem Kopfsteinpflaster. Polizisten mit Knüppeln in der Hand liefen neben einem Gefängniswagen herbei und rannten zum Schiff hinunter. Gerade als Hauke den Griff um Jensens Arm lockern wollte, erreichten die Polizisten den Ewer.

»Im Namen des Kaisers: Loslassen!«

Jemand ergriff Hauke und zerrte ihn zu Boden.

»Verdammt! Wo kommen die denn her?«, rief Hinnerk. Er eilte zu dem Uniformierten, der Hauke auf die Planken drückte. »Lass den Mann los, sag ich!«, brüllte er. »Der wollte nur ein

Unglück verhindern!« Er versuchte, den Beamten von Hauke wegzuzerren, doch ein zweiter schlug ihm die Hand mit dem Knüppel fort.

Jetzt griff der Rest der Mannschaft ein.

Verschwitzte, nach Fisch stinkende Körper wälzten sich zusammen mit blauen Uniformen zwischen Taurollen und Netzen. Es hagelte Stockschläge. Doch je mehr Prügel die Fischer von den Polizisten bezogen, umso wütender schienen sie zu werden.

Da kam vom Kai Kampfgeschrei. Grölend rannten die Männer der anderen Schiffe herbei, um sich in das Getümmel zu werfen. Bald darauf war auf dem Ewer kaum noch Platz, um zum Schlag auszuholen. Ein heftiges Stoßen und Schubsen, ein paar Faustschläge.

Solange keiner ein Messer zieht, dachte Hauke zwischen zwei Hieben, die er einem der Hilfspolizisten verpasste, könnte die Sache vielleicht noch glimpflich ausgehen. Er war zornig, weil er sich hatte hinreißen lassen. Jensen und die anderen gingen ihn doch eigentlich nichts mehr an. Es war dumm gewesen, sich in diese Situation zu bringen. Er gab dem Mann vor sich einen besonders heftigen Hieb, sodass dieser über die Reling ins Wasser fiel.

Aus den Augenwinkeln sah Hauke, wie Kapitän Jensen auf allen vieren inmitten der Prügelnden zum Niedergang kroch und eilig unter Deck verschwand.

Kurze Zeit später war alles vorbei.

Die Polizisten verhafteten die Aufwiegler und zerrten sie den Deich hoch.

Dort stand der vergitterte Pferdewagen, auf dessen Bock ein Beamter saß. Aufgeregt schnatternd, aber dennoch genüsslich hatten Schaulustige dem Spektakel vor der Heringsfischerei zugesehen. Hauke hatte man die Hände auf den Rücken gebunden. Eine Wunde am Kopf blutete, und er humpelte leicht. Kurz suchte er unter den Umstehenden die junge Frau. Erleichtert stellte er fest, dass sie fort war.

Jemand öffnete den Verschlag des Gefangenenwagens. Hauke zögerte, als es an ihm war einzusteigen. Sofort stieß ein Sergeant ihm den Knüppel zwischen die Schulterblätter. »Zu fein für unsere Kutsche, was? Los, weiter!« Man bugsierte sie alle in den Wagen. Dann fiel die Gittertür ins Schloss, und der Karren fuhr an Richtung Polizeigefängnis, das hinter dem Rathaus lag.

***

Die steinernen Wände der Zelle waren mit einer glänzenden Schicht aus Eis überdeckt. Hauke umklammerte die Fensterstäbe. Eine der vier Glasscheiben fehlte. Mit jeder Minute, die er sich an den Eisenstangen festhielt, verloren seine Finger an Gefühl, doch er bemerkte es nicht, starrte hinaus in den grauen Himmel.

Die anderen Männer saßen so weit wie möglich vom Fenster entfernt um einen kleinen Ofen herum, den einer der Schutzleute mit nur einem Holzscheit angeheizt hatte. Bald würde auch dieses bisschen Wärme verloren sein.

Hauke zitterte, während die Wände der Zelle unaufhaltsam näher auf ihn zurückten. Er spürte sie in seinem verschwitzten Rücken, wusste, dass sie auf ihn einstürzen würden, ihn unter sich begraben, sobald er den Blick in ihre Richtung wandte.

Seit er hier eingesperrt war, mussten bereits Stunden vergangen sein. Nur mit größter Anstrengung hatte er die Angst von sich fernhalten können.

Wie ein Ertrinkender krallte er sich an die eisigen Stäbe und versuchte, langsam die kalte Winterluft einzuatmen. Sobald er die Luft, nach einem Moment erzwungener Ruhe, wieder ausstieß, bildete sich weißer Hauch vor seinem Mund. Indes suchte sein Kopf zwischen all den wirren Bildern und dem tiefen Entsetzen seiner Seele einen einzelnen Blitz der Klarheit zu finden.

Unordnung konnte nur mit Ordnung bekämpft werden, das wusste er. Darum murmelte Hauke immer wieder die Besegelung seines Schiffes vor sich hin: »Klüver, Binnenklüver, Vor-Stag, Focksegel, Vor-Untermarssegel, Vor-Obermars, Vor-Bram, Vor-Royal …« Er sah jedes einzelne Segel, ihre ausgebesserten Stellen, ihre weiße und graue Färbung, ihre zerfetzten Fäden, wenn ein Sturm sie zerrissen hatte. »Großmast: Stagsegel, Großsegel, Groß-Untermars, Obermars, Bramstag …«

»Halt endlich das Maul!«, brüllte einer der Männer. »Du machst mich ganz irre!«

Doch Hauke hörte ihn nicht. »… Groß-Royal, Groß-Sky, Groß-Spencer.« Wenn er mit den Segeln fertig war, würde er zur Takelung übergehen.

Die beruhigende Wirkung der Worte hatte er erkannt, als sie ihn damals in eine Irrenanstalt nahe London gebracht hatten, wo er auf den Ausgang seines Prozesses hatte warten müssen. Die Anklage des Crown Court hatte ihm den Untergang der »Revenge« und den Tod seiner dreiundfünfzig Männer angelastet. Das war nur rechtens gewesen, wie Hauke fand, denn er hatte das Kommando gehabt. Er, der einzig Überlebende.

Hauke löste die kalte Hand von den Gitterstäben und rieb sich die schmerzenden Augen.

Sie hatten ihm Fragen gestellt. Dutzende Fragen. Immer wieder wollten sie wissen, wo er war, als seine Männer starben, er aber nicht.

Er hatte sich an nichts erinnern können, was in jener Nacht vor Margate passiert war. Es schien ihm, als hätte jemand all seine Erinnerungen an das Ereignis fortgewischt.

»Warum segelten Sie in Richtung Norden statt in den Golf von Biskaya, wie es Ihnen befohlen war?«

Er hatte dem Gericht von der Depesche erzählt, die ihn kurz vor Auslaufen aus Portsmouth erreicht hatte. Sie war vom Privatsekretär Sir Rupert Cunninghams, einem gewissen William Fergusson, unterzeichnet worden. Darin hatte unmissverständlich gestanden, dass Kurs auf Helgoland zu nehmen sei.

Das Gericht hatte Hauke nicht geglaubt, denn natürlich war die Depesche mit dem Schiff untergegangen. Auch Rupert Cunningham konnte nicht bestätigen, dass ein derartiger Befehl jemals erteilt worden war.

»Simulant« und Schlimmeres hatten die Leute im Gerichtssaal geschrien. Er hatte es ihnen nicht verübeln können, denn fast alle toten Matrosen und Offiziere waren Briten gewesen.

Hauke selbst hatte sich die größten Vorwürfe gemacht. Wenn ein solches Unglück geschah, dann hatte ein Kapitän als Letzter das Schiff zu verlassen oder aber mit ihm unterzugehen.

Bevor das Urteil erging, hatte das Gericht sicherstellen wollen, dass der Deutsche sich wieder erinnerte. Man hatte ihn vom Gefängnis in die Irrenanstalt geschickt. Dort hatten die Ärzte gemeint, man könnte den Delinquenten mit Hilfe von Sturzbädern die verlorene Erinnerung zurückbringen, sofern er nicht simulierte. Monatelang hatte Hauke in einem Meer aus Angst vor den eigenen Träumen getrieben. Nur Anfälle der Ohnmacht hatten ihn ab und an erlöst. Tage und Nächte waren zu einem zähen Brei verschwommen, und er hatte nichts dagegen tun können.

Wieder und wieder waren die Wärter des Nachts in seine Zelle gestürmt und hatten ihn herausgeholt, ihm die Kleider vom Leib gerissen und ihn in eisiges Wasser getaucht, bis der Tod nur noch einen Hauch von ihm entfernt gewesen war. In jeder einzelnen dieser Nächte war Hauke ein ums andere Mal gestorben. Doch die Wärter hatten ihre Arbeit verstanden. Immer dann, wenn er den Tod herbeigesehnt und sich nicht mehr gewehrt hatte, ließen sie von ihm ab. Sie wollten nicht, dass er sich in die Arme des Todes flüchtete.

Man hatte ihn zurück in die Zelle gebracht, wo er bitterlich fror. Dort war er allein mit seiner Angst gewesen, die ihn bis ins tiefe Mark erschütterte, sobald er die Augen schloss. Plötzlich war es ihm unmöglich gewesen zu atmen, Luft in seine Lunge zu saugen.

Irgendwann hatte Hauke erkannt, dass er die Angstanfälle durch eiserne Kontrolle der Gedanken halbwegs in den Griff bekommen konnte. »Kreuz-Bram, Kreuz-Royal, Besansegel.«

Zur Urteilsverkündung hatten sie ihn in einen schäbigen Anzug gesteckt und in den übervollen Gerichtssaal gebracht.

Es hatte nach Tabak und Schmierseife, Schweiß und Hass gerochen.

Im Namen Ihrer Majestät Königin Victoria von Großbritannien und Irland war ein mildes Urteil gegen den feigen deutschen Kapitän ergangen, dem faktisch kein Vergehen hatte zur Last gelegt werden können, weil die Zeugen fehlten. Auch konnte ihm keine Trunksucht nachgewiesen werden oder anderes tadelnswertes Verhalten. Trotz des Verlustes von Ladung, Schiff und Mannschaft stellte Reeder Cunningham seinem Kapitän einen guten Leumund aus. Dem »Preußen ohne Ehre«, wie er damals in den Zeitungen genannt worden war, hatte das Gericht das britische Kapitänspatent entzogen und ihn außer Landes verwiesen.

Vor dem Gerichtsgebäude hatten aufgebrachte Engländer seinen Tod gefordert. Doch nicht nur sie. Ein Vertreter des deutschen Kaisers, ein gewisser Graf von Lahn, besuchte Hauke kurz vor der Urteilsverkündung im Gefängnis. Seine Worte waren unmissverständlich gewesen. »Sie wissen, was die Ehre gebietet und was der Kaiser von Ihnen erwartet.« Dann legte er den Revolver auf die Pritsche und ging.

Ja, Hauke wusste, was zu tun war, doch zuvor musste er sich von einer noch älteren Schuld befreien.

KAPITEL 2

Vermischtes. Folgen zu engen Schnürens. Das Mitglied des Carl-Theaters in Wien, Fräulein Bellini, ist im Rudolphinum an den Folgen allzu starken Schnürens gestorben. Die Schauspielerin, eine bekannte Schönheit, hatte die Gewohnheit, ihrer Taille durch Schnüren nachzuhelfen. Der Druck auf die Nieren hatte eine Entzündung zur Folge und nunmehr ist die junge Künstlerin ihrem überaus schmerzvollen Leiden erlegen. Fräulein Bellini war erst 24 Jahre alt.

Original: Glückstädter Fortuna, Januar 1894

Die schrille Stimme Tante Doras drang durch die geschlossene Tür des Arbeitszimmers auf den Flur hinaus. Sophie, die vor der Tür stand und wartete, knetete nervös ihre Hände. Sie wusste, was dort drinnen vor sich ging. Soeben trug die hagere Schwägerin ihres Vaters Vorwurf um Vorwurf gegen das undankbare Kind vor. Und dieses Mal konnte Sophie sich nicht sicher sein, dass ihr Benehmen ungestraft bleiben würde.

Tante Dora hatte in ihrem Schrank eine Ausgabe von Henrik Ibsens Theaterstück »Nora oder Ein Puppenheim« entdeckt, in dem eine Ehefrau und Mutter, die nichts weiter als der Besitz ihres Mannes war, auszubrechen versuchte. Dora hatte von diesem schändlichen Werk in den guten Salons der Stadt gehört. Sie hatte kein Wort gesagt, als sie das Machwerk in Sophies Zimmer entdeckt hatte. Mit steinerner Miene und spitzen Fingern hatte sie das Beweisstück an sich genommen und den Raum verlassen.

Sophie wusste, sie hätte vorsichtiger sein müssen. Vielleicht wäre es besser gewesen, wenn sie die Seiten in den Umschlag von »Backfischchens Leiden und Freuden« gewickelt oder in die neuste Ausgabe der »Gartenlaube« gelegt hätte. Diese und andere seichte Druckwerke kaufte Tante Dora ihr ständig. Bücher, in denen die werte Leserin unerbittlich auf ihre Stellung als

Frau reduziert wurde. Magazine, die die jungen Dinger auf ihre natürliche Berufung als Gattin und Mutter vorbereiteten.

Dabei fand Sophie, dass Doras Lektüren allesamt vertanes Papier waren. Ausschließlich gedacht, dumme Mädchen zu dummen Frauen zu machen, sie ohne Meinung und ohne Hirn in die Welt zu entlassen, damit sie in jeder Hinsicht folgsam waren.

So aber wollte Sophie, die Tochter des Möbelfabrikanten Hermann Struwe, nicht enden. Wozu hatte sie alle verfügbaren Bücher der Antike und der zeitgenössischen Literatur verschlungen? Wozu las sie heimlich Berichte über die wissenschaftlichen Entdeckungen ihrer Zeit, verfolgte aufmerksam die politischen Bewegungen im Kaiserreich? Seit drei Jahren durften Frauen sogar in der Schweiz ein Medizinstudium absolvieren. Und hatte nicht Dorothea Erxleben bereits vor über einhundert Jahren als Medizinerin promoviert? Es war Sophie unverständlich, warum sich die Welt im Deutschen Reich weiterhin ohne die Frauen drehen sollte.

Einen Verbündeten hatte Sophie jedoch. Es war der Direktor des örtlichen Gymnasiums, Dr. Detlef Detlefsen, den die Schüler hinter seinem Rücken Detel nannten. Er selbst war ein brillanter Kopf und hatte Sophie immer wieder ermutigt, eine eigene Meinung zu haben. Sie solle sie aber möglichst nicht allzu laut kundtun, schließlich sei sie eine Frau und man würde in einer kleinen Stadt leben.

Die Welt schien Sophie Struwe schon seit Langem verrückt. Je älter sie wurde, umso unfreier fühlte sie sich. Vielleicht würde alles einfacher, wenn sie endlich verlobt wäre. Doch anders als ihre Freundinnen hatte sich für Sophie bisher kein Galan gefunden. Aus diesem Grund hatte ihr Vater Tante Dora ins Haus geholt. Sie sollte sie unter die Haube bringen. Und so musste Sophie die immer drängender werdenden Bemühungen ihrer Tante, sie zu verscherbeln, aushalten: ein schnelles Jawort gegen eine solvente Fabrik und eine störrische Tochter. Sophie schüttelte sich.

Die Standuhr tickte.

Hinter der Tür fielen Worte wie »liederlich« und »unfolgsam«, »eigensinnig« und »Pflicht«.

Deutlich war Doras Stimme zu hören, die ihres Vaters hingegen war nur ein Gemurmel. Sophie versagte sich den Wunsch, ihr Ohr an die Tür zu halten, um seine Antworten zu hören. Würde Tante Dora ihm sagen, dass Sophie sich geweigert hatte, ein Mieder zu tragen?

Es gab gute Gründe, dies zu tun. Erst letzte Woche war eine ihrer Freundinnen ins Hospital gekommen. Beim Binden des Mieders war eine Rippe gebrochen und hatte die Lunge verletzt. Alles eingeschnürt, das konnte nicht gut sein, davon war Sophie überzeugt. Das aber schien niemanden zu interessieren.

Sophies Hände wurden feucht, und sie begann, im Halbdunkeln den getäfelten Flur auf und ab zu wandern.

Wohl eine gute Viertelstunde später wurde die Tür zum Arbeitszimmer aufgerissen, und Tante Dora rauschte heraus. Sofort erkannte Sophie, dass ihre Sterne nicht gut standen. Ein zufriedenes Lächeln lag auf Tante Doras faltigem Gesicht.

Mit einem mulmigen Gefühl in der Magengegend trat Sophie in das Zimmer ihres Vaters.

Das Arbeitszimmer Hermann Struwes war weniger düster als der Flur. Moderne Gaslampen an den Wänden warfen warmes Licht auf Möbel und Seidentapeten. Auf dem mächtigen Schreibtisch im angedeuteten Barockstil stand eine alte Petroleumlampe aus den ersten Tagen der Möbelfabrik Struwe. Sophies Vater legte Wert darauf, einen Tisch zu besitzen, der nicht kleiner war als der des Grafen von Brockdorff-Ahlefeldt. Und so dominierte das Möbelstück den Raum und herrschte über ihn. Man müsse als Mann wissen, wo man stehe, sagte Hermann Struwe stets. Ihm war es völlig egal, dass das schwerlastige Möbel für sein Arbeitszimmer viel zu groß war.

Überhaupt bestand die Einrichtung des ganzen Hauses aus einem Konglomerat nachgemachter Einrichtungsstücke aus verschiedenen Adelshäusern und Epochen. Diese weitverbreitete Mode, die Sophies Mutter bis zu ihrem Tod gepflegt hatte, führte Dora ganz im Sinne ihrer verstorbenen Schwester fort. Und so füllte sich die Wohnstatt zusehends, sodass Dora in letzter Zeit immer wieder anbrachte, man müsse über eine neue Villa am Stadtrand nachdenken. Sophie indes liebte ihr Elternhaus in der Königstraße. Und sollte sie eines Tages das Haus erben, würde sie es von Grund auf neu einrichten.

Sophie trat vor den Schreibtisch ihres Vaters und zwang sich, auf den Teppich zu schauen, den Mund zu halten und möglichst bescheiden zu wirken. Mit gefalteten Händen wartete sie, dass der Vater das Wort an sie richten würde.

Doch er schwieg. Vor ihm lag ein Journal mit schwarzem Einband. Konzentriert schrieb er Zeile um Zeile hinein, machte auf einem Extrazettel eine kurze Rechnung auf und notierte einige Namen.

Dann endlich schaute er auf. »Nun, mein Kind, was hast du mir zu sagen?« Streng sah er ihr in die Augen.

»Ich bin zu jung zum Heiraten, Papa!«, wollte Sophie schreien und von ihrer Freundin und dem Mieder erzählen. Auch die Besuche bei Apotheker Behrmanns Frau wollte sie erwähnen. Immer starrte dessen Sohn Karl Sophie an, als sei sie ein Stück Torte, in das er gleich hineinbeißen wollte. Tante Doras Versuche, sie unter die Haube zu bringen, waren unwürdig.

Wie immer schien es, als könne Hermann Struwe ihre Gedanken lesen.

»Tante Dora versucht, so gut es geht, deine Mutter zu vertreten. Dazu gehört es, dass sie deine Stellung in der Gesellschaft festigt. Insbesondere nach dem Fiasko in London.«

Betreten schwieg Sophie. Sie hatte sechs wunderbare Monate in der englischen Hauptstadt verbracht. Museen, Theaterbesuche, Vernissagen und Bälle hatten ihr junges Leben versüßt. Doch dann war es zu einem kleinen Tête-à-Tête gekommen, das nicht unbemerkt geblieben war. James wäre eine prächtige Partie gewesen, wenn das Schicksal es anders mit ihnen gemeint hätte. So aber hatte man Sophie vorzeitig und in Unehren nach Hause zurückgeschickt. Ihr Vater hatte sich drei Monate geweigert, ob dieser Schande mit ihr zu sprechen.

Hermann Struwe klappte das Heft vor sich zu. Dann erhob er sich. »Es ist unmöglich, einen Mann für dich zu finden, Kind, wenn du frei plappernd wie ein Fischweib herumläufst und Bücher liest, die deinen Kopf nur verwirren. Wo hast du bloß diese renitente Art her?«

Sophie spürte, wie sich ihr Hals zuschnürte.

Ihr Vater holte tief Luft. »Es gibt Dinge, die muss eine junge Frau tun.« Unbestimmt wedelte er mit der Hand in Richtung Sophies Körper, und sie wusste, jetzt sprach er von dem Mieder. »So ein Ding zu tragen gehört dazu. Es befördert eine elegante Figur und zeigt, wie selbstbeherrscht eine Frau sein kann. Es macht den Unterschied zwischen Kind und Frau aus.« Er versuchte ein Lächeln. »Kindchen, ich kenne mich mit so etwas nicht aus. Ich bin nur dein Vater. Mütter sind besser geeignet, ihren Mädchen beizubringen …«

»Sie ist nicht meine Mutter!«, fauchte Sophie und bereute es sofort.

Das Gesicht ihres Vaters verdunkelte sich. »Du weißt, dass ich mir von deinem Aufenthalt bei Worthing & Sons mehr versprochen hatte.« Sichtlich verärgert nahm er wieder Platz. »Alle deine Freundinnen sind in der Zwischenzeit wenn nicht verheiratet, so doch wenigstens verlobt. Du hingegen hast nicht einmal die Aussicht auf einen geeigneten Anwärter. Es wird für Dora immer schwieriger, einen …« Er stockte.

»… Abnehmer zu finden?«, fragte Sophie bissig.

Ihr Vater fuhr hoch. »Nein, einen Mann, der Manns genug ist, sich auf eine Ehe mit dir einzulassen. Ich werde deine Mitgift verdoppeln müssen, eine gleichrangige Partnerschaft in unserer Fabrik anbieten und noch einiges mehr.« Er tippte auf das Buch. »Aber all das ist wenig erfolgversprechend, wenn meine hochfeine Tochter die Kandidaten mit ihren modernen Reden verschreckt und die Herren verjagt, weil sie ihr nicht gut genug sind.« Seine Stimme hob sich bei jedem Wort, grollte wie Donner.

»Nun, wenn diese Männer sich so schnell verjagen lassen, fehlt ihnen vieles, was dein Nachfolger in der Firma haben sollte«, versuchte Sophie ihren Vater zu versöhnen.

Doch der drohte ihr mit ausgestreckter Hand. »Du wirst drei Tage nicht das Haus verlassen, Sophie-Louise! Ich wünsche, dass du dich bei Dora entschuldigst. Ich wünsche des Weiteren nicht, dass mir irgendwelche Klagen über dein Benehmen zu Ohren kommen.« Er ließ sich zurück auf den Stuhl sinken und griff zum Füller. »Und wenn Dora es für opportun hält, dich in den Familien der Gegend vorzustellen, wo heiratsfähige junge Männer …«, er überlegte, »vorrätig sind, dann wirst du dort hingehen und unsere Familie aufs Beste repräsentieren! Du bist eine Struwe, denke daran.«

Damit schien er genug von diesem Thema zu haben. Er schlug das Journal wieder auf und begann mit neuen Eintragungen.

Sophie war entlassen. Also machte sie einen Knicks und wünschte murmelnd eine gute Nacht. Bevor sie jedoch hinausging, richtete ihr Vater nochmals das Wort an sie.

»Vergiss niemals, Sophie: Die Möbelfabrik Struwe ist ein florierendes Unternehmen. Nur wenige können es mit uns aufnehmen. Der Name Struwe gehört in dieser Stadt zur guten Gesellschaft. Wir sind Teil der Zukunft von Glückstadt. Meine Verpflichtung als Vorstand für die neue Aktiengesellschaft festigt unsere Position weiter und bringt den Glückstädtern Einkommen und Wohlstand. Schon bald wird unsere Stadt es mit Hamburg oder Altona aufnehmen können. Der Reichtum wird zurück nach Glückstadt kommen, und wir Struwes werden dabei ein gewichtiges Wort mitzureden haben. Die neue Heringsfischerei ist nur der Anfang, glaube mir. Großes liegt vor uns, und deine Kinder werden dieses Erbe fortführen und mehren müssen.« Jetzt lächelte er. »Kürzlich ist mir ein Sitz im Stadtrat angediehen worden, und ich gedenke, diese Ehre anzunehmen.«

»Das ist wunderbar, Vater!« Sophie wollte zu ihm eilen, um ihn zu umarmen. Doch schon war das Lächeln wieder verschwunden, und ihr Vater blickte erneut ernst drein.

»Wegen deines frechen Mundwerks aber, so fürchte ich, finden, trotz bester Reputation der Familie, nur noch wenige junge Männer den Weg zu uns. Du solltest somit Dora für ihre unendlichen Bemühungen dankbar sein.« Er beugte sich wieder über sein Journal. »Dora und ich werden übrigens im Frühling heiraten«, sagte er, ohne seiner Tochter in die Augen zu schauen.

Heiraten? Sophie wollte etwas erwidern, aber sie konnte es nicht. Sie war sprachlos.

»Du kannst jetzt gehen.«

Fassungslos trat Sophie auf den Flur. Dort stand Tante Dora. Der Triumph in ihren Augen schmerzte Sophie mehr, als sie ertragen konnte. Diese Person sollte ihre neue Mutter werden?

Sie straffte ihren Körper und hoffte, eine würdevolle Gestalt abzugeben, als sie mit erhobenem Haupt an ihr vorbeiging und gemessenen Schrittes die Treppe zu ihrem Zimmer erklomm.

Kaum hatte sie die Tür hinter sich geschlossen, warf Sophie sich auf ihr Bett und weinte. Seit dem Tod ihrer Mutter war sie sich niemals wieder so hilflos vorgekommen.

KAPITEL 3

Nicht nur aus Sparsamkeit! Sondern um dem Kaffee einen besseren Geschmack und eine schöne braune Farbe zu geben, vor Allem aber aus Rücksicht auf unsere Gesundheit, nimmt jetzt fast jede tüchtige Hausfrau zu 2/3 guten Kaffee 1/3 Deutschen Natron-Kaffee von Thilo & v. Döhren. Dieser Zusatz wirkt wohlthätig gegen Herzklopfen, Unterleibsbeschwerden, Blutstauung und Kopfschmerz.

Original: Glückstädter Fortuna, Januar 1894

Sonnenstrahlen bahnten sich ihren Weg in den lang gezogenen Raum hinein, vorbei an schweren samtenen Vorhängen, die von noch schwereren Kordeln gehalten wurden. Die hohe Standuhr hinter ihrem Gatten verriet Mathilde Gräfin von Lahn, dass es keine acht Uhr war. Sie griff zur Butter und begann, eine Scheibe Weißbrot zu schmieren. Der Mops auf ihrem Schoß reckte sich ausgiebig, drehte sich einmal um die eigene Achse und legte sich wieder hin.

Die Gräfin blickte zu ihrem Mann hinüber, der wie immer hinter einer Zeitung Zuflucht gefunden hatte.

Die Uhr tickte. In vier Minuten würde sie acht Mal schlagen.

Der Graf blätterte die Seite der »Glückstädter Fortuna« um, ohne seiner Frau einen Blick oder gar Aufmerksamkeit zu gönnen.

Gräfin von Lahn nahm ihr Lorgnon zur Hand, das an einer silbernen Kette an ihrem Kleid hing und gewöhnlich vor ihrem mächtigen Busen schaukelte. Interessiert las sie die kleine Überschrift auf der Rückseite des Blattes. »Aha, der Kaiser hat sich also mit Bismarck versöhnt. Das ist gut«, kommentierte sie. Sie blinzelte ein wenig, um die kleine Schrift in der rechten Spalte entziffern zu können. »Der Ball zu Ehren des russischen Botschafters in der kaiserlichen Winterresidenz war ein fulminantes Erlebnis«, las sie laut und war sogleich verärgert. Man hatte sie und ihren Gatten ebenfalls geladen, doch der Graf hatte bedauerlicherweise ablehnen müssen. Er hätte in Glückstadt unaufschiebbare Geschäfte zu erledigen und könne nicht abreisen, da er unabkömmlich sei. Die Gräfin ließ die Sehhilfe aus ihren Fingern gleiten.

Vor drei Wochen waren sie in diesem primitiven Palais untergekommen, das nicht einmal Gaslampen an den Wänden hatte. Die Stadt war wohl eher ein Städtchen und konnte es mit jenen Orten, die sie schon bereist hatte, nicht im Mindesten aufnehmen. Nicht einmal ein ordentliches Theater gab es in Glückstadt, von einer standesgemäßen Gesellschaft ganz zu schweigen. Den Tratsch und Klatsch vom Kaiserhof erfuhr sie, wie eine einfache Bürgersfrau, aus der Zeitung, günstigstenfalls aus ihrer Korrespondenz mit der Gräfin Rantzau.

»Wie lange, sagtest du, müssen wir hier noch bleiben?« Sie versuchte, ihrer Stimme den Vorwurf zu nehmen und die Frage eher wie den Wunsch nach einer Information klingen zu lassen. »Es ist nur, weil ich den Lieferanten die korrekte Adresse nennen muss. Berlin oder hier.«

Ein unbestimmtes Brummen kam hinter der Zeitung hervor. Ihr Mann schien sie nicht zu hören.

»Natürlich, mein Lieber«, murmelte die Gräfin. Nach fast dreißig Jahren Ehe wusste eine Frau, wann sie zu schweigen hat.

Die Uhr tickte, der Mops schnarchte und der Kaffee dampfte.

Da zog Graf von Lahn die Zeitung dichter an seine Augen heran. Seine Gattin bemerkte, wie sich der Körper ihres Mannes anspannte.

»Was ist, mein Lieber?«

»Der Kapitän ist hier«, sagte ihr Gatte endlich und legte langsam die »Glückstädter Fortuna« zusammen. Auf seiner Stirn zeigten sich tiefe Falten, was ein untrügliches Zeichen für Ärger war.

»Welcher Kapitän?« Die Gräfin hatte viele von ihnen auf den

Empfängen in Berlin, London, Paris, Buenos Aires oder St. Petersburg kennengelernt.

Ihr Gatte stand auf. »Hauke Sötje. Man hat ihn verhaftet.«

Sie erschrak. »Der Kapitän, den du vor einem Jahr in London verteidigt hast? Der Kerl, der für den Untergang dieses englischen Schiffes verantwortlich ist?« Von Lahn nickte und warf seine Serviette auf den Tisch. »Behauptet er wieder einmal, sich nicht mehr erinnern zu können? Was will er hier, Werner? Ich dachte, du hast ihm geraten …« Sie stockte.

»Ja, ich riet ihm schon damals, einen ehrenhaften Weg aus dieser unleidlichen Angelegenheit zu wählen. Der Freitod des Mannes wäre für alle die beste Lösung gewesen.« Wütend schob der Graf seinen Stuhl zurück. »Aber dieser Dickkopf meinte, er hätte zuvor noch etwas zu erledigen.«

»Hier in Glückstadt? Was will er hier?«

Von Lahn kam zu ihr herüber und küsste sie flüchtig auf die Stirn, wie er es immer zu tun pflegte, bevor er das Haus verließ. »Er kommt wohl aus dieser Gegend.«

Verärgert blickte die Gräfin aus dem Fenster. »Er ist eine Schande für unser Reich. Die Briten lachen über uns, weil ein deutscher Kapitän sein Handwerk nicht versteht. Ja, vielleicht sogar absichtlich ein Schiff versenkte. Wahrscheinlich war er betrunken!«

Von Lahn legte die Hand auf ihre Schulter. »Die britischen Gerichtsbarkeiten waren anderer Ansicht. Sie haben ihn freigesprochen.«

Die Gräfin schaute ihren Mann an. »Es gibt Dinge, die stehen über einem Gericht. Er hat Schuld auf sich geladen.« Verärgert schubste sie den Mops von ihrem Schoß. Der Hund kommentierte dies mit einem beleidigten Schnaufen und ließ sich auf der Chaiselongue am Fenster nieder. Die Gräfin achtete nicht auf das Tier, denn ihr war ein Gedanke gekommen. »Wusstest du, dass er hierherkommen würde, Werner? Sind wir etwa seinetwegen in dieser schrecklichen Stadt?«

Werner von Lahn lächelte seine Frau an. »Liebste, wir sind hier, damit du deiner Gesundheit Gutes tun kannst. Die Seeluft und die Ruhe sind erholsam für deine zarten Nerven.« Er nahm die Hand von ihrer Schulter und ging zur Tür. »Aber vielleicht bietet sich mir hier eine günstige Gelegenheit, eine alte Schuld einzutreiben und gewisse Dinge neu zu regeln.«

Nachdem ihr Mann die Tür hinter sich geschlossen hatte, verdüsterte sich das Gesicht der Gräfin. »Meine Nerven? Unsinn«, fauchte sie. Jedoch war ihr aufgefallen, dass der Graf plötzlich bester Stimmung zu sein schien. Ganz wie ein Fuchs, der lange auf den Hasen gewartet hat.

KAPITEL 4

Dem Vernehmen nach trifft hier am Sonntag den 14. Januar ein Liliputaner-Schauspiel-Ensemble, bestehend aus 20 der kleinesten Zwerge der Welt, ein, um in Lübcke's Hotel einige Vorstellungen zu geben. Wir können den Besuch der Vorstellungen des kleinen Völkchens Jedermann auf's Beste empfehlen.

Original: Glückstädter Fortuna, Januar 1894

Graf von Lahn betrat das Vestibül des Glückstädter Rathauses in der Absicht, in dieser unleidlichen Angelegenheit ein Wort mit Bürgermeister Brandes zu wechseln. Als Vorgesetzter der örtlichen Polizei würde er die nötigen Schritte unternehmen, damit Hauke Sötje baldigst entlassen werden konnte. Was war schon eine kleine Prügelei gegen den Wunsch des kaiserlichen Diplomaten Werner von Lahn?

Mit Haukes Entlassung jedoch verfolgte der Graf alles andere als einen mildtätigen Zweck. Es ging um politische Notwendigkeiten. Gerüchte hatten ihn erreicht, wonach der anfänglich glänzende Aufbau der neuen Glückstädter Heringsfischerei eine aufs Höchste besorgniserregende Wendung nehmen könnte. Auf Wunsch des Kaisers sollten Glückstadt und Emden Vorbilder für weitere hundert Gesellschaften dieser Art sein, denn die steigende Zahl an Bürgern im Reich musste ernährt werden. Dieser kaiserliche Wunsch aber war weniger eine Frage von Menschlichkeit als eine Grundvoraussetzung, um es militärisch und wirtschaftlich mit den anderen Ländern wie Großbritannien oder Russland aufnehmen zu können. Jedoch gab es seit einiger Zeit Vorkommnisse, die von Lahn befürchten ließen, dass gewisse Mächte die aufstrebende Zukunft des jungen Kaiserreiches im Keim zu ersticken versuchten. Und da von Lahn wusste, dass es immer der erste Dominostein war, der die Dinge außer Kontrolle brachte, war er nach Glückstadt gereist. Ein Scheitern hier würde alle weiteren Vorhaben des Kaisers mehr als in Frage stellen.

Darum benötigte Graf von Lahn jemanden, der für ihn Augen und Ohren innerhalb der Gesellschaft aufhielt und Gefahren rechtzeitig erkannte, bevor sie Schaden anrichten konnten. Hauke Sötje schien ihm dafür bestens geeignet.

Der Sekretär im ersten Stock erklärte Graf von Lahn, dass Bürgermeister Brandes leider nicht in seinem Amtszimmer sei. Man erwarte ihn aber in den nächsten Tagen zurück. Dr. Halling vertrete ihn in dieser Zeit. Wo der Mediziner allerdings momentan zu erreichen sei, könne man ihm leider auch nicht sagen.

Verärgert eilte von Lahn die Treppe wieder hinunter, wobei sein Stock auf dem weißen Marmor vernehmlich klackende Geräusche machte. Unten angekommen, riss er die kleine Seitentür zur Polizeistation auf. Energischen Schrittes trat er in den Raum, doch auch dieser war leer. Nirgends stand auch nur ein Beamter am Pult, um Anzeigen aufzunehmen, aufgeregte Hausfrauen zu beruhigen oder verloren gegangene Portemonnaies in Empfang zu nehmen.

Von Lahn blickte sich um. Eine derartige Nachlässigkeit hätte er in seiner Abteilung niemals durchgehen lassen!

Ungehalten schritt er einen halbdunklen Flur entlang, dessen einziges Licht durch ein kleines Fenster oberhalb der Tür am Ende des Ganges kam. Da wurde diese aufgerissen, und zwei Uniformierte eilten heraus. Als sie den Grafen sahen, nahmen sie zackig Haltung an. Dann schoben sie sich an ihm vorbei, und von Lahn wurde unversehens an die Wand gedrückt.

Noch bevor er seinen Unmut darüber äußern konnte, kam der Vorgesetzte der Männer in den Flur.

»Denken Sie daran, Hagemann, ich will kein Sozialistenpack in meiner Stadt!«, brüllte der Reviervorsteher den Sergeanten hinterher. Da entdeckte er von Lahn. Schnell schloss er die oberen beiden Knöpfe seiner Uniformjacke. »Herr Graf!« Anton Rübcke salutierte. Die Hacken seiner blank polierten Stiefel schlugen mit einem Knall zusammen.

Von Lahn wischte einen unsichtbaren Fussel von seinem Revers und zwang sich zur Ruhe. »Ich möchte Sie in einer dringlichen Angelegenheit sprechen, Herr Reviervorsteher.«

Rübcke schlug erneut die Haken zusammen. »Jawohl, Herr Graf! Darf ich Sie in mein Dienstzimmer bitten?« Mit einer kurzen Handbewegung wies er von Lahn den Weg.

Rübcke hatte den Rang eines Polizeiobersergeanten inne und war daher berechtigt, einen Säbel mit Portepee zu tragen. Das gute Stück hing an einem Haken an der Wand. Daneben konnte man ein einfach gerahmtes Bild des Kaisers sehen.

Eine Pickelhaube mit dem verschlungenen »W« an der Stirnseite thronte auf dem akkurat aufgeräumten Schreibtisch, wo Stifte ordentlich aufgereiht neben einem Stapel Papier lagen.

Von Lahn sah sich nach einem Stuhl um, als Rübcke etwas in seinen Bart grummelte und verschwand. Kurz darauf kam er mit einem schweren Eichenstuhl zurück, den er in der Mitte des Raumes absetzte.

Von Lahn nahm Platz. »Ich nehme an, Sie wissen, warum ich hier bin, Herr Reviervorsteher?« Rübcke schien eine Antwort zu suchen. »Nun, dann will ich es Ihnen sagen: Hauke Sötje. Was liegt gegen ihn vor?«

»Hauke Sötje«, wiederholte Rübcke und trat hinter seinen Schreibtisch. Dort begann er, in einigen Papieren zu wühlen. »Die Schlägerei am Hafen, richtig?« Er griff zu einer Akte. Gerade wollte er sie aufschlagen, als er seinen Besucher noch einmal prüfend ansah. »Ich weiß nicht, ob ich Sie in diese laufende Untersuchung überhaupt …«

Von Lahn hob beschwichtigend die Hand. »Sie dürfen, mein Lieber. Da ich dem Diplomatischen Korps angehöre und zudem unserem Staatssekretär persönlich unterstellt bin, sehe ich hier keine Probleme.« Er griff in die seitliche Tasche seines Gehmantels, der am Kragen sowie innen mit Pelz versehen war, und reichte dem Polizisten seine Visitenkarte über den Tisch.

Rübcke nahm das feine Stück Karton zur Hand und blickte es lange an. Dann holte er tief Luft und schlug den Aktendeckel auf. »Wissen Sie, Herr Graf, unsere kleine Stadt ist ruhig. Schlägereien dieser Art kennen wir nicht«, murmelte er, während seine Finger flink die Seiten umblätterten. »Aber wir waren gewarnt.«

Der Graf horchte auf. »Wer hat Sie gewarnt?«

»Oh, niemand in persona. Die kaiserfeindlichen Umtriebe in letzter Zeit machen es nötig, ein besonderes Auge auf Fremde zu haben. Kürzlich fand wieder eine Versammlung der Sozialisten in meiner Stadt statt. Einer ihrer Agitatoren kam eigens aus Hamburg angereist.« Endlich hatte Rübcke ein bestimmtes Blatt gefunden. »Demonstrationen und Zusammenrottungen sind Geschwüre. Und ich werde sie zu verhindern wissen.« Er richtete sich auf.

»Waren Ihre Männer darum am Anleger, Herr Reviervorsteher?«

»Jawohl, Herr Graf. Ich lasse alle einlaufenden Schiffe kontrollieren. Ebenso müssen sich Neuankömmlinge, die mit der Eisenbahn oder der Kutsche kommen, binnen Tagesfrist bei mir avisieren.« Er blätterte von Neuem. »Ich befrage jeden Einzelnen aufs Peinlichste und lege eine Akte über verdächtige Personen an. Von dem Tumult am Anleger hatte man uns glücklicherweise rechtzeitig in Kenntnis gesetzt, sodass Schlimmeres verhindert werden konnte.« Zufrieden mit sich, sah er von Lahn an. Als der, statt seine Anerkennung zu äußern, jedoch schwieg, wandte sich Rübcke wieder der Akte zu. »Bitte über das Subjekt Hauke Sötje berichten zu dürfen, Herr Graf.«

Von Lahn nickte.

»Sötje, Hauke, geboren im Jahre 1851 in Wilster. Beruf: zurzeit Fischer. Letzter Aufenthaltsort: Amsterdam; erreichte Glückstadt gestern Mittag gegen zwölf Uhr mit dem Kutter ›Alte Möwe‹. Derzeit ohne Beschäftigung und ohne Wohnsitz. Gab an, das Grab seiner Familie besuchen zu wollen und dann wieder abzureisen. Nachweislich Verursacher einer Handgreiflichkeit auf besagtem Schiff. Intervention staatlicher Kräfte erforderlich, da Subjekt im Besitz einer Waffe war. Es liegt eine Anzeige des Kapitäns der ›Alten Möwe‹ bezüglich Meuterei und versuchten Mordes mit besagter Waffe vor. Die Anzeige wird zwecks Weiterleitung an das hiesige Amtsgericht derzeit von mir bearbeitet.

Subjekt steht für weitere Befragungen im Polizeigefängnis der Obrigkeit zur Verfügung.« Rübcke ließ die Akte auf den Tisch sinken und salutierte. Wieder folgte das Knallen der Hacken.

Von Lahn zuckte zusammen. Gehorsam war eine gute deutsche Tugend, doch die Angewohnheit, dabei immer die Stiefel lautstark zusammenzuschlagen, gab der Sache eine lästige Note, fand er. Er überlegte, ob er zu lange im Ausland gelebt hatte. »Bringen Sie mir Hauke Sötje! Ich will ihn persönlich verhören.«

»Hat der Mann noch mehr auf dem Kerbholz?«, wollte Rübcke wissen, doch von Lahn schwieg. Da leuchtete das rotwangige Gesicht des Polizisten auf. »Ich wusste es! Berlin sucht ihn!« Freudestrahlend griff er nach seinem Helm und dem Säbel an der Wand. »Bestimmt ein Sozialist!«, meinte er noch und verließ den Raum.

***

Graf von Lahn blickte die Gestalt in der Tür lange an. Man hatte den ehemaligen Kapitän der »Revenge« in Hand- und Fußschellen vorgeführt. Er war abgemagert. Seine Haltung glich der eines alten, gebeugten Mannes. Die Haare hingen ihm wirr in das Gesicht, Arme und Beine schienen nicht mehr Teil von ihm zu sein. Einige Blessuren und ein blaues Auge zeugten von dem Vorfall im Hafen und dem Zusammenstoß mit der Polizei. Der Graf überlegte, ob ihm der Zufall hier tatsächlich etwas Gutes tat. Er war sich nicht mehr sicher, ob seine Idee wirklich so brillant war, wie er beim Frühstück noch gedacht hatte.

Da hob Hauke Sötje den Kopf, blickte den Grafen fest an, und alle seine Unsicherheit hinsichtlich der Nützlichkeit des Gefangenen wich. Wie damals versetzte Sötjes Blick ihn auch heute noch in eine Beklemmung, die er selbst vor dem Kaiser nicht empfand. Was immer dem Körper dieses Mannes zugestoßen war, seine Augen schauten über adelige Titel hinweg, durch feine Kleider hindurch, bis ins tiefste Innerste seines Gegenübers. Und dort schien Sötje all jene Geheimnisse zu finden, von denen der Graf nicht wollte, dass sie jemals entdeckt wurden.

»Nehmen Sie ihm die Fesseln ab!«

Mit seinem Gehstock zeigte von Lahn auf Sötjes Ketten. Reviervorsteher Rübcke wollte widersprechen, doch von Lahn bedeutete ihm zu schweigen.

»Eine Prügelei, Kapitän Sötje?«, fragte von Lahn.

Hauke schwieg, doch Rübcke gab ihm einen Stoß in die Seite. »Der Graf hat dich was gefragt!«

Kurz verfinsterte sich Haukes Blick, dennoch blieb er nach außen ruhig.

Graf von Lahn räusperte sich. »Lassen Sie das, Rübcke. Nehmen Sie ihm nur die Fesseln ab und gehen Sie hinaus. Ich möchte mit Ihrem Gefangenen ein paar Worte allein sprechen.«

Dem Reviervorsteher war anzusehen, dass er nicht einverstanden war, doch er gehorchte, was von Lahn nicht anders erwartet hatte. Nachdem er Haukes Fesseln abgenommen hatte, salutierte Rübcke erneut, wobei er die Hacken zusammenknallen ließ. Schweigend schloss er die Tür seiner Schreibstube hinter sich.

»Möchten Sie sich setzen, Herr Kapitän?« Von Lahn stand auf und machte seinen Stuhl frei.

»Nein, danke. Aber wenn es möglich wäre, möchte ich ein Fenster öffnen.«

»Natürlich.«

Langsam ging Hauke zum einzigen Fenster der Amtsstube. Es führte zum Marktplatz der Stadt hinaus. Er öffnete es. Dann sog er tief die kalte Luft ein.

»Die alten Probleme?«, erkundigte sich von Lahn. Er wusste von Haukes Krankenakte, die ja einen wesentlichen Teil des Prozesses vor dem Crown Court ausgemacht hatte.

Hauke schwieg.

Von Lahn ging zu ihm und schaute ebenfalls auf den Markt hinaus. Der Platz lag in einem ovalen Rund vor ihnen. Direkt gegenüber, wo vor nicht allzu langer Zeit noch ein Wasserbrunnen gestanden hatte, thronte jetzt ein fünfarmiger Kandelaber auf einem Sockel. Öffentliche Brunnen waren nicht mehr nötig, seit immer mehr Menschen ihr Wasser mit Leitungen ins Haus bekamen. Gaslaternen säumten bereits viele Straßen der Stadt. Die neue Zeit hatte auch dieses Fleckchen Erde erreicht.

Damals, als die Dänen Glückstadt verließen, hatten sie die Stadt in eine provinzielle Bedeutungslosigkeit zurückkatapultiert, die die Menschen bis heute schmerzte. Doch jetzt, da die Eisenbahn die Stadt mit Hamburg verband, da Gaslaternen in den Straßen brannten, Häuser fließend Wasser hatten und die neue Heringsfischerei AG ihre Arbeit aufnahm, ja, da konnte man wieder auf eine bessere Zukunft hoffen.

»Was tun Sie hier, Herr Graf?«, fragte Hauke und riss den Diplomaten aus seinen Gedanken.

»Ich las in der ›Glückstädter Fortuna‹ von Ihrer Verhaftung. Da dachte ich mir, ich besuche Sie. Kann ich Ihnen helfen?«

Hauke lachte leise. »Nein, Herr Graf. Ich frage mich, was Sie in Glückstadt wollen.«

Von Lahn blickte auf den Platz hinaus. Er überlegte. Dort unten gingen die Menschen ihren alltäglichen Geschäften nach, nichts ahnende Geschöpfe.

Schräg gegenüber dem Rathaus stand die einzige richtige Kirche der Stadt. Dahinter lagen der Friedhof und ein paar kleine Gassen. Dann kam der Hafen, dessen prestigeträchtiges neues Unternehmen von Lahn Sorgen bereitete. Der Graf fasste einen Entschluss. »Ich brauche Ihre Hilfe, Sötje.«

Hauke sah ihn an. Lange. Schon bald verspürte von Lahn den Wunsch, seine Taschenuhr herauszuholen, eine Zigarre anzuzünden oder einen Sherry zu trinken, alles das, nur um dem Blick dieser grauen Augen zu entgehen.

Endlich erlöste Hauke ihn und wandte sich wieder dem Treiben vor dem Rathaus zu. »Ich denke nicht, dass ich Ihnen helfen kann, Herr Graf. Ich habe Verpflichtungen zu erfüllen. Unaufschiebbare Verpflichtungen.« Er sagte dies ganz ruhig, doch von Lahn dachte plötzlich an die Waffe, die er ihm damals in London gegeben hatte.

Er zwang sich zu einem Lächeln. »Es ist nur eine Kleinigkeit, mein lieber Kapitän. Es wird Ihre Zeit nicht über Gebühr in Anspruch nehmen.« Noch immer lächelte er, als er hinzufügte: »Der Kaiser wird es Ihnen danken.«

»Der Kaiser?«, fragte Hauke. Dann überlegte er einen Moment. »Ja, der Mann hat wohl tatsächlich ein Recht, etwas von mir zu fordern, nehme ich an.« Der Graf nickte zufrieden. »Immerhin schickte er Sie zu meiner Verteidigung nach London«, fuhr Hauke fort. Er hatte den Blick noch immer aus dem Fenster gerichtet. »Nur hatte ich den Kaiser nicht darum gebeten. Warum also waren Sie da, Herr Graf?«

Von Lahns Lächeln erstarb, und er ging zurück zum Stuhl, wo er sich setzte. »Sie missverstehen mich, Kapitän. Ich erwarte von Ihnen, dass Sie mir nur einen kleinen Gefallen tun. Ist das zu viel verlangt?« Er betrachtete Haukes breiten Rücken. »Ihr Freispruch, mein Lieber, hat den Kaiser eine Menge gekostet.«

Steif stand Hauke da. »Was mussten Sie tun, damit es zu einem Freispruch kam, Herr von Lahn? Bestechen? Drohen? Ein Deutscher durfte unter keinen Umständen für ein solches Unglück verantwortlich gemacht werden. War es nicht so?«

Von Lahn zögerte. »Nun ja, unser Verhältnis zu den Briten kühlt in der letzten Zeit merklich ab. Da wäre ein Schuldspruch einem Ausdruck von Schwäche gleichgekommen. Der Kaiser hat immerhin Großes vor.«

»Ah, ich verstehe. Ein unfähiger deutscher Kapitän hätte diesem kaiserlichen Wunsch entgegengestanden.« Hauke wandte sich von Lahn zu. Seine Lippen waren schmal. »Lieber Graf, bitte unterschätzen Sie nicht meine Intelligenz. Der Kaiser und auch Sie hatten einen anderen Grund als Nächstenliebe, mich aus einem englischen Gefängnis zu holen.« Er holte tief Luft. »Noch vor einigen Monaten hätte ich viel darum gegeben zu erfahren, welcher Grund das wohl gewesen sein mochte. Heute aber …«

»Ja, ja, Sie haben Verpflichtungen«, unterbrach der Graf ungehalten. »Ich biete Ihnen ein neues Patent, Kapitän Sötje. Ein deutsches Patent. Sie können wieder zur See fahren. Sie sind ein guter Kapitän, egal, was sich damals vor Margate zutrug.«

Haukes Stimme war fast ein Flüstern. »Ich werde nie mehr als Kapitän zur See fahren. Ich habe das Recht dazu verloren.«

Von Lahn wollte widersprechen, doch Hauke unterbrach ihn. »Ich spreche nicht von irdischem Recht, Herr Graf.«

Eine bleierne Stille legte sich über die Männer.

Von Lahn zog ein ledernes Etui aus der Innenseite seiner Manteltasche. Langsam holte er eine Zigarre heraus und roch daran. Unschlüssig, ob er sie anzünden sollte, rollte er sie zwischen den Fingern. Ein leises Knistern kam aus der Tabakrolle. Dann aber legte er die Zigarre zurück und ließ das Etui wieder in seinen Mantel gleiten. »Hauke Sötje, ich befehle Ihnen im Namen des Kaisers, einen Auftrag für mich zu erledigen.«

Amüsiert sah Hauke ihn an.

Von Lahn räusperte sich. »Wenn Sie sich weigern, landen Sie wieder in einer Irrenanstalt. Und dieses Mal holt Sie keiner raus!«

Haukes Augen verengten sich. »Sie drohen mir?« Eine steile Falte erschien auf seiner Stirn. »Die Angelegenheit scheint für Sie von größter Wichtigkeit zu sein.«

»Es sind nur ein paar Tage, über die wir hier reden. Nicht mehr. Danach können Sie gehen, wohin Sie wollen. Niemand wird Sie aufhalten.« Der Graf sprang auf. »Es geht um diese Glückstädter Heringsfischerei. Sie liegt unten am Binnenhafen. Heuern Sie dort an!«

Hauke lächelte kurz. »Sie sind schon der Zweite, der das von mir verlangt.«

»Deutschland wächst und gedeiht, Herr Kapitän. Der Kaiser möchte, dass diese Fischereigesellschaften überall an der deutschen Küste aufgebaut werden, damit die Menschen genug zu essen haben. Unser Land wächst und wächst. Fabriken, Eisenbahnen, Erfindungen!« Von Lahn begann, im Raum umherzugehen. »Deutschland wird täglich größer und bedeutender! Immer mehr Menschen müssen ernährt werden. Dafür sind diese Fischereigesellschaften unerlässlich.«

»Es geht dem Kaiser um Fisch?«, fragte Hauke ungläubig. »Nur Fisch? Keine Kanonen oder Kriegsschiffe?«

Von Lahn ärgerte sich. Er hätte wissen müssen, dass er Sötje nicht unterschätzen durfte. »Natürlich«, behauptete er. »Wer hungert, kommt auf dumme Gedanken. Diese verdammten Sozialisten haben einen immer größeren Zulauf.« Er musste vorsichtiger sein.

Hauke lachte auf. »Sozialisten? Herr Graf, geht es nicht eher darum, dass hochseetaugliche Logger vor den Küsten Englands und Frankreichs Augen und Ohren unseres Kaisers sein sollen?«

Von Lahn legte ein unschuldiges Gesicht auf, doch kochte er innerlich vor Wut.

»Lieber Graf, diese Taktik ist so alt wie die Griechen und noch älter. Unser Kaiser will eine Spionagearmada aufbauen. Nicht mehr und nicht weniger, habe ich recht?«

Graf von Lahn rieb sich das Kinn. Es hatte keinen Zweck, diesem Sötje etwas vorzumachen. Er schloss das Fenster. »Es gibt Dinge, die sollten nicht laut ausgesprochen werden.«

Zum ersten Mal grinste Hauke amüsiert. Dann endlich nickte er. »Wie kann ich meine Schuld begleichen?«

Erleichtert lächelte nun auch von Lahn. »Wie Berlin erfuhr, gibt es Anzeichen, dass die hiesige Glückstädter Heringsfischerei Probleme hat. Es scheint im Vorstand oder auch im Aufsichtsrat eine oder mehrere Personen zu geben, die das Vorhaben zum Scheitern bringen wollen. Bevor Berlin sich einmischt, müssen wir wissen, ob das stimmt. Gehen Sie dorthin, Sötje. Sehen Sie sich um und sagen Sie mir, welchen Eindruck Sie haben.«

»Wie stelle ich es an, dass man mich vorlassen wird?«

»Man sucht noch einen Kapitän für einen ihrer neuen Logger. Sie werden dort vorstellig.«

Hauke dachte nach. »Man wird mich nach der ›Revenge‹ fragen. Es ist unwahrscheinlich, dass ich den Posten bekomme.«

»Das ist auch nicht nötig. Ich brauche Ihre Einschätzung über den Vorstand. Etwas geht dort vor, und ich will wissen, was es ist.«

Skeptisch sah Hauke von Lahn an. »Was würde passieren, wenn Glückstadt scheitert, Herr Graf?«

Von Lahn sprach leise. »Nun, wenn die Gesellschaft scheitert, gäbe es sicherlich andere Möglichkeiten, einen kaiserlichen Sieg zu erringen.«

»Was will der Kaiser wirklich?«

Graf von Lahn verschränkte die Arme vor der Brust. »Geben Sie mir nur ein paar Informationen, Kapitän, damit ich weiß, was zu tun ist.« Dann schwieg er einen Moment. »Sie fragen mich, was der Kaiser will, Sötje? Ich aber würde lieber wissen, was Sie wollen.« Er musterte Hauke. »Freiheit und Reichtum?« Diese Frage beantwortete er sich selbst. »Nein, das ist es nicht, was Sie suchen. Sie wollen den Mann finden, der Ihnen damals die Depesche schickte, richtig?« Ein Zucken in Haukes Gesicht bestätigte von Lahns Vermutung. »Der Mann, der Sie damals Richtung Helgoland schickte und damit in eine Falle.« Zufrieden bemerkte er Haukes Interesse, als er diese Worte aussprach.

»William Fergusson?«

Von Lahn nickte. »Ich werde Ihnen helfen, diesen Mann zu finden. Nur er kann Ihnen sagen, warum er eine falsche Depesche schickte. Nur er weiß die Wahrheit.«

Jetzt war es an Hauke zu schweigen. Dann aber fasste er den einzigen Entschluss, der seiner Seele Frieden bringen konnte. »Gut.« Er reichte von Lahn die Hand. »Aber eines noch!«

»Was ist es?«

»Nennen Sie mich nie wieder Kapitän!«

KAPITEL 5

Glückstädter Fischerei Actiengesellschaft. Die Actionäre werden hiermit aufgefordert, die zweite Rate von 25% am 15., 16. und 17. d. Mts., vormittags von 10-12 Uhr, im Comptoir der Gesellschaft einzuzahlen. Der Vorstand.

Original: Glückstädter Fortuna, Januar 1894

»Wie lange werden Sie bleiben?«, fragte Fräulein Thekla, die hinter Hauke die fadenscheinige Überdecke des Bettes glatt zog.

Er öffnete das schmale Fenster der kleinen Kammer und blickte hinaus. Vor ihm lag der Binnenhafen, linker Hand die Gehlsenwerft und die Thodesche Mühle. Rechter Hand konnte er zwischen einigen noch kahlen Bäumen und dem Salzspeicher Teile der Heringsfischerei auf der anderen Hafenseite erkennen.

Nachdem der Graf für seine Entlassung gesorgt hatte – sehr zum Ärger des Reviervorstehers Rübcke –, hatte sich Hauke an Hinnerks Rat erinnert. Jetzt stand er in Fräulein Theklas Haus unterm Dach. Der kleine Raum war einfach, aber sauber. Das reichte Hauke.

Er wusste nicht, wie lange es dauern würde, seine Schuld bei von Lahn und dem Kaiser abzugelten. »Das kann ich Ihnen noch nicht sagen. Einige Tage, vielleicht auch eine Woche.«

Die hagere Frau nickte und hielt ihrem neuen Mieter die offene Hand hin. »Zwei Mark im Voraus. Es gibt eine warme Mahlzeit am Tag.« Dann warf sie einen verächtlichen Blick auf Haukes blaues Auge. »Dies hier ist ein anständiges Haus. Keine Frauenbesuche und kein Schnaps. Ich will kein Ärger mit der Polizei hab'n.«

Hauke nickte und reichte ihr das Geld, welches sie flugs in ihrer Kittelschürze verschwinden ließ.

»Waschtag ist immer am Mittwoch.« Mit diesen Worten ließ sie Hauke allein.

Seine Habseligkeiten waren schnell im Schrank verstaut. Einzig die hölzerne Kiste ließ er auf dem Bett liegen und setzte sich daneben. Lange starrte er den grob gezimmerten Kasten an.

Seine gesamte Vergangenheit hatte darin Platz, und mehr würde nicht hinzukommen. Er musste nur noch seine Schulden bezahlen, dann konnte er endlich gehen. Noch gestern hatten ihn davon nur wenige Stunden getrennt. Jetzt verlangte man von ihm zu warten.

Wütend schob Hauke die Kiste unter das Bett.

Da klopfte es an seine Kammertür.

Noch bevor Hauke etwas sagen konnte, wurde die Tür geöffnet, und ein wirrer roter Schopf lugte herein.

»Ah, ein neuer Gast!«

Der Mann, der dem Schopf folgte, war dürr und trug einen altmodischen Victor-Emanuel-Bart, dessen gedrehte Enden sich munter gen Himmel reckten. Der kleine Bart am Kinn lief unten spitz zusammen.

Ohne zu fragen, trat der Kerl in Haukes Kammer. Mit einer tiefen Verbeugung stellte er sich vor. »Winsmann. Theobald Winsmann. Künstler und Mitglied der Akademie.«

»Welcher Akademie?«, wollte Hauke wissen, doch der Mann überhörte ihn geflissentlich und schloss die Tür hinter sich.

»Ich erlaube mir, Herr Kapitän, Sie zu einem kleinen Begrüßungstrunk in mein Atelier zu bitten.« Wieder verbeugte er sich, wobei er Hauke nicht aus den Augen ließ.

»Ich trinke nicht«, sagte Hauke und blickte Winsmann an, unentschlossen, was er mit ihm machen sollte, ohne unhöflich zu werden.

Winsmann, der über Hemd und Hose einen seidenen Morgenmantel trug, schaute auf. »Aber Sie sind ein echter Seemann, wie ich hörte.« Seine Worte waren eine Mischung aus Frage und Antwort zugleich.

»Ich trinke dennoch keinen Alkohol«, wiederholte Hauke. Er ging auf den Mann zu, der ihm gerade einmal bis zur Schulter reichte, und öffnete die Kammertür, um ihn hinauszukomplementieren.

Doch Winsmann ignorierte die offene Tür. »Bleiben Sie länger?«

»Nein«, antwortete Hauke knapp.

»Das sollten Sie aber. Glückstadt heißt nicht nur so. Es bringt jedem Glück, der den Mut hat, sich ihm zu stellen.« Winsmann grinste breit. »Überlegen Sie es sich.«

Hauke schaute ihn fragend an. »Was?«

»Ob Sie nicht doch auf ein Glas ›Grüne Fee‹ zu mir hinunterkommen wollen. Ich habe besten Absinth in meinem Atelier.«

Gerade wollte Hauke ein weiteres Mal ablehnen, als Winsmann ihm ins Wort fiel. »Sie werden in Glückstadt bleiben, guter Mann. Ich kann es sehen.« Mit einem beschwörenden Blick drehte sich Theobald Winsmann um und verließ endlich Haukes Kammer, um in sein Atelier zu gehen, dass offenbar eine Etage unter Haukes Zimmer lag.

»Sie arbeiten auch als Hellseher?«, rief Hauke ihm nach.

Doch Winsmann wedelte nur mit der Hand. »Denken Sie an meine Worte: Sie werden Glückstadt nicht verlassen. Es wird Ihnen gehen wie jedem von uns.« Und damit verschwand er.

Hauke schüttelte den Kopf. »Künstler!«

***

Lange hatte die »Alte Admiralität«, wie die Leute das lang gestreckte Gebäude am Rethövel noch immer nannten, leer gestanden. Als Hauke durch das Portal in die neue Glückstädter Heringsfischerei trat, überfiel ihn eine Mischung aus Muff und dem Duft von Kaffee. Dieser Geruch aber musste Einbildung sein, überlegte er, denn in eine Zichorienfabrik dürfte sich wohl niemals eine echte Kaffeebohne verirrt haben.

Schwer fiel die Tür hinter ihm ins Schloss. Hauke blieb in der Dunkelheit des Treppenhauses stehen, bis sich seine Augen an die Lichtverhältnisse gewöhnt hatten. Er atmete tief ein, spürte, wie das vertraute Band um seine Brust sich langsam zusammenzuziehen begann. Er kämpfte kurz gegen die Beklemmung an und schaffte es, sie niederzuringen.

Eine halb offene Tür gab den Blick in ein kleines Comptoir frei. Zwei Schreiber saßen tief gebeugt über Listen und Blättern.

Hauke trat ein und nannte seinen Namen und den Grund seines Besuches. Brummend schickte der ältere der beiden Angestellten ihn hoch in den oberen Stock. Die Herren seien zu ihrer täglichen Sitzung im Saal versammelt.

»Melden Sie sich bei Sekretär Bohl«, sagte der Mann, dann wandte er sich wieder seiner Arbeit zu.

Hauke erklomm die knarzende Stiege, wo er rechter Hand eine Tür vorfand. Auf sein Klopfen antwortete niemand, also trat er ein. Dieses Büro war größer als die Schreibstube der beiden Männer im unteren Stockwerk. Hier standen an den Wänden Regale und vor dem Fenster ein Schreibtisch. Links von Hauke ging eine hohe doppelflügelige Tür ab, hinter der er den Sitzungssaal vermutete. Da kein Stuhl für Besucher vorhanden war, ging Hauke zum Fenster hinüber, das sich hinter dem Schreibtisch befand. Ein neumodischer Telefonapparat thronte darauf, wie Hauke ihn damals bei Sir Rupert Cunningham in dessen Londoner Comptoir gesehen hatte.

Neugierig trat Hauke näher. Dass Glückstadt bereits an das neue Telefonnetz angeschlossen war, beeindruckte ihn. Alle technischen Teile des Gerätes waren gut sichtbar zu einer Einheit zusammengebaut. Im Untergestell, das mit reichlich goldfarbenen Ornamenten verziert war, befanden sich die Induktionsmagneten. An der Seite war eine Handkurbel mit kleinem Holzgriff, die ein vernickeltes Zahnrad drehte. Eine geflochtene Schnur verband das Unterteil mit dem neuartigen Hörer, der auf einem silberfarbenen Gestell, dem Gabelumschalter, lag. Er schaute sich die Einrichtung von allen Seiten genau an.

Da spürte er, wie die Luft um ihn herum plötzlich stickig wurde. Er wusste, dass ein neuer Anfall bevorstand. Hektisch fuhr er sich mit dem Finger in den engen Kragen seines Hemdes. Schweiß trat auf seine Stirn, und er zwang sich, tief durchzuatmen. Eilig drehte er sich um und öffnete das Fenster neben dem Aktenschrank. Er blickte hinaus, versuchte die Gebäude auf der anderen Hafenseite zu fixieren, wo er deutlich auch das Haus von Fräulein Thekla erkennen konnte. Zu beiden Seiten des Binnenhafens lagen Schiffe in zwei Reihen dicht gedrängt nebeneinander.

Ihre kahlen Masten ragten in den grauen Himmel. Die Segel hatte man eingeholt. Hauke schaute zu den Wolken hinauf, die sich schwarz über den Dächern der Stadt auftürmten. Eine schwere Gewitterfront hielt Kurs auf Glückstadt. In weniger als einer Stunde würde es wie aus Kübeln regnen.

Über die kleine Schleuse hinweg sah Hauke die schmutzig grau dahinfließende Elbe. Die Ebbe schien die Einfahrt in den Glückstädter Außenhafen endlich eisfrei gemacht zu haben.

Der Deich vor der Heringsfischerei lag matschig braun im fahlen Winterlicht. Die »Alte Möwe«, die noch gestern hier gelegen hatte, war verschwunden.

Jemand betrat das Zimmer. Hauke drehte sich um und sah einen der beiden Schreiber eintreten. Reflexartig trat er einen Schritt zurück, sodass er zwischen dem Aktenschrank und dem Fenster stand. Der Mann mit den Akten im Arm bemerkte ihn nicht. Vorsichtig balancierte er die Unterlagen zu einem kleinen Tisch, der auf der anderen Seite des Raumes stand. Gerade als er die Last ablegen wollte, kam ein schriller Ton aus dem Apparat auf dem Schreibtisch. Erschrocken fuhr der Schreiber zusammen. Die Papiere landeten auf dem Boden, noch bevor das Telefon ein weiteres Mal geläutet hatte.

Dann wurde der Türflügel aufgestoßen. Ein untersetzter Mann mit halber Glatze eilte herein. »Sie Dummkopf!«, herrschte er den Schreiber zu seinen Füßen an, der hastig die verstreuten Blätter einsammelte. »Können Sie nicht aufpassen?«

»Entschuldigen Sie, Herr Sekretär«, murmelte der Mann und schob die losen Seiten in die Pappordner. Unterdessen klingelte das Telefon weiter.

Sekretär Bohl trat zu seinem Schreibtisch. »In Gottes Namen, gehen Sie mir aus dem Weg, Sie Stümper!«, bellte er den Schreiber an. Der Mann stammelte eine weitere Entschuldigung, doch mitten in das erneute Schrillen des Apparates hinein schrie Bohl ihn an: »Raus hier! Noch so eine Dummheit und Sie sind entlassen!«

Taumelnd rappelte sich der Schreiber auf und verließ den Raum, unschlüssig, was er mit den Akten, die er bereits eingesammelt hatte, tun sollte.

In zackiger Bewegung trat Bohl an den Telefonapparat und griff zur Kurbel des Induktors, die er einige Male drehte. Dann nahm er den Hörer und hielt ihn an sein Ohr. »Hier spricht die Glückstädter Fischerei Aktiengesellschaft, Sekretär Bohl am Apparat. Wer spricht?«, meldete er sich mit durchgedrücktem Rücken.

Hauke war beim Eintreten des Mannes unwillkürlich tiefer in den Schatten zwischen Aktenschrank und Fenster gewichen. Jetzt musterte er den Sekretär, der, den Hörer in der Hand, ihm den Rücken zudrehte. Bohls schwarzer Anzug war an den Hosenbeinen zu kurz, und die Manschetten seines weißen Hemdes lugten zu weit aus den Ärmeln hervor. Die wenigen Haare des Mannes waren geschoren und bildeten ein Halbrund auf dem Schädel, in dessen Mitte ein rotes Feuermal in der Form Madagaskars prangte.

»Wer spricht? Berlin?«, schrie Bohl in den Hörer hinein.

Hauke hatte schon gehört, dass die Übertragung der neuen Telefonapparate verbessert worden sei. Seit David Edward Hughes das Kohlemikrofon erfunden und Werner von Siemens den Hörer weiterentwickelt hatte, war es möglich, über sehr viel größere Entfernungen zu telefonieren. In Berlin brüstete man sich bereits damit, mehr als zehntausend private Anschlüsse verzeichnen zu können. Trotzdem schien die Verbindung nicht sonderlich gut zu sein.

»Mann, sprechen Sie lauter!«, rief er in den Hörer. »Reichsamt des Inneren? Verstehe!« Er lauschte so intensiv in den Knochen, als wolle er hineinkriechen. Sein enger Anzug spannte sich über dem Rücken. »Natürlich haben wir den Antrag fristgerecht nach Berlin geschickt! Wer ist da überhaupt?« Der Sekretär wurde rot vor Wut und seine Stimme noch lauter. »Natürlich hat Finanzvorstand Struwe die Papiere unterzeichnet. Vor meinen Augen. Es hat alles seine Richtigkeit. Wer, Himmeldonnerwetter, sind Sie eigentlich?«

Jetzt war deutlich eine bellende Stimme aus dem Telefonapparat zu hören. Bohl riss den Hörer vom Ohr. Die Haltung des Sekretärs änderte sich abrupt. Er schien in sich zusammenzufallen. Der Rücken krümmte sich nun regelrecht zu einem Buckel. Unruhig begann der Mann, von einem auf den anderen Fuß zu treten.

Vorsichtig hob er den Knochen wieder an sein Ohr. »Nein, natürlich möchte ich nicht widersprechen, Herr Obergeheimrat. Nicht im Geringsten.« Ein weiteres Grollen war zu hören. »Ja, selbstredend, sofort. Ich werde den Vorstand umgehend in Kenntnis setzen.« Hastig, als wäre der Hörer aus glühendem Eisen, legte Sekretär Bohl auf und starrte den Apparat an.

Dieser Moment schien Hauke günstig. Er trat aus der Ecke hervor und räusperte sich.

Bohl fuhr herum. »Wer sind Sie? Was machen Sie hier?« Hauke sah glänzende Schweißperlen auf der Stirn des Mannes. »Was fällt Ihnen ein? Wer hat Sie eingelassen?« Der Sekretär zerrte ein Taschentuch aus der Hosentasche und wischte über sein Gesicht. »Sie haben sich avisieren zu lassen!«, krächzte er wütend.

Der Kerl war Hauke zutiefst unsympathisch.

»Wie kommen Sie überhaupt dazu, hier herumzulungern und wichtige Gespräche zu belauschen?« Bohl musterte Hauke von oben bis unten

»Ich möchte Oberfischmeister Decker oder jemanden aus dem Vorstand sprechen.«

Bohl lachte auf, wobei er den Kopf nach hinten warf. »Glauben Sie allen Ernstes, dass das so einfach geht?« Er setzte sich auf seinen Stuhl und legte die Hände auf die Tischplatte. Mit hocherhobenem Kopf wies er Hauke an, auf die andere Seite des Schreibtisches zu treten. Hauke ging um den Tisch herum. »Ich entscheide, wer vorgelassen wird und wer nicht.« Bohls Augen waren jetzt klein und sein Blick boshaft. »Und ich kann Ihnen sagen, dass keiner der Herren Zeit für Sie hat. Weder heute noch morgen.«

Hauke trat einen Schritt näher an den Schreibtisch heran. Dann beugte er sich langsam hinüber. Bohl wich zurück, bis die Lehne in seinem Rücken ihn aufhielt. Mit einer Hand griff Hauke dem Mann an das Revers seiner Jacke und zog ihn zu sich. »Ich möchte Oberfischmeister Decker sprechen. Jetzt«, sagte er leise in das blasse Gesicht des Sekretärs. Als er ihn losließ, fiel der Mann auf seinen Stuhl zurück.

»Was fällt Ihnen ein, mich zu bedrohen! Ich hole die Sergeanten!«, schrie er. Mit lang ausgestrecktem Arm versuchte Bohl, zum Telefonapparat zu greifen.

Da wurde die Tür zum Sitzungssaal geöffnet, und Oberfischmeister Decker kam heraus. »Ah, Kapitän Sötje, Sie sind schon da.«

»Er hat mich bedroht«, stammelte Sekretär Bohl und zeigte auf Hauke.

Verständnislos blickte Decker zwischen den beiden Männern hin und her. Dann zuckte er gleichgültig die Achseln und reichte Hauke die Hand. »Treten Sie ein!«

***

Der Sitzungssaal der Glückstädter Heringsfischerei AG war zweckmäßig eingerichtet. Ein langer Tisch aus solider Eiche samt Stühlen stand in der Mitte des Raumes. An die schmalen Seiten hatte man hohe Schränke mit Glastüren gestellt, deren Fächer jedoch noch leer waren. Gegenüber der Fensterfront hing das obligate Gemälde des Kaisers. Durch die schmucklosen Fenster drang nur wenig Licht herein. Oberfischmeister Wilhelm Decker schritt voran und geleitete Hauke zu den vier Männern am entfernten Ende des Tisches. Decker hatte, das wusste Hauke, damals die Idee zur Gründung des Unternehmens gehabt.

»Meine Herren, das ist Hauke Sötje, ehemals Kapitän der britischen Cunningham-Reederei, er kommandierte …«

Einer der Anwesenden trug eine Kapitänsuniform. Er stand als Einziger hinter seinem Stuhl, während alle anderen saßen. Ungeduldig hob er die Hand und unterbrach Decker. »Wir wissen, wer er ist. Wir lesen Zeitung. Außerdem haben Sie und der Graf zur Genüge von ihm geschwärmt.«

Oberfischmeister Decker warf dem Mann, der ihn unterbrochen hatte, einen wütenden Blick zu. »Kapitän Haak, ich bin mir darüber im Klaren, dass Sie die Mannschaften aussuchen.

Dennoch ist hier die Stellung eines Kapitäns zu besetzen. Und das ist Aufgabe des Vorstandes.« Decker lächelte halbherzig und fuhr mit seiner Vorstellung fort, wobei er als Nächstes auf den Mann am Kopf des Tisches wies. »Herr Sötje, das ist Möbelfabrikant Hermann Struwe. Er ist für die Finanzen der Gesellschaft zuständig.«

Struwe blickte kurz von dem Stapel Papiere vor sich auf und deutete ein Nicken an. »Lassen Sie uns schnell machen, Decker. Wir haben noch viel zu tun.«

»Dann hätten wir hier Medizinalrat Dr. Halling«, brummte Decker mit einem verärgerten Blick auf Struwe.

Der Mediziner trug einen hohen Kragen mit engem Binder. Vor dem schlanken Mann lag eine lederne Arzttasche, daneben seine feingliedrige Hand, deren Finger unruhig auf die polierte Tischplatte klopften. Es schien, als wolle er sogleich aufspringen und gehen. Hauke hatte gehört, dass Dr. Halling neben seiner Arbeit als Physikus und Sanitätsarzt auch Aufgaben im Magistrat wahrzunehmen hatte. Vermutlich war er in seiner Funktion als Vertreter von Bürgermeister Brandes hier. Halling zog eine Taschenuhr aus der Weste und blickte darauf. Auch er schien diesen Termin für höchst überflüssig zu halten. Bevor Decker den vierten Mann in der Runde vorstellen konnte, tat der es bereits selbst.

»Sülau, Max. Emdener Fischereigesellschaft.«

Sein Akzent bestätigte Hauke das, was er aufgrund der Form des Gesichtes, des leicht nach unten gezogenen Mundes und der tief liegenden Augen bereits vermutet hatte: Sülau kam aus Ostfriesland.

»Er ist hier als Berater des neuen Glückstädter Vorstandes tätig«, ergänzte Decker und bat Hauke, sich zu setzen. Nun stellte der Oberfischmeister ihm noch Studienrat Detlefsen vor, der das örtliche Gymnasium leitete. Im Gegensatz zu den anderen schien Hauke der Mann weitaus freundlicher zu sein.

Kapitän Haak hingegen hatte begonnen, hinter den Stühlen der Männer auf und ab zu gehen. Missbilligend blickte Decker ihn an. »Haak, nun setzen Sie sich doch! Sie machen mich ganz nervös.«

Hauke atmete tief durch. Auch er hoffte, dass das Gespräch mit den Herren nicht allzu lange dauern würde. Schon spürte er, wie sich wieder einmal ein eiserner Ring um seine Brust legte und sich langsam zusammenzog.

Kapitän Otto Haak fungierte in der Gesellschaft offenbar als technischer Leiter und hatte ein besonderes Augenmerk auf die Besatzung der neuen Schiffe. Wortlos schritt er die Fensterfront zum Hafen ab. Eine Hand auf dem Rücken, in der anderen seine Kapitänsmütze haltend, durchmaß er den Raum, drehte kurz vor dem Regal zackig um und kam zurück. Mit einem Ruck blieb er vor Hauke stehen. »Lassen Sie uns gleich auf den Punkt kommen, Sötje«, blaffte er. »Ich halte dieses Gespräch für sinnlos.«

Der Ring um Haukes Brust wurde enger.

Wütend starrte Decker den Mann in blauer Uniform an. »Wir brauchen einen Kapitän, Haak! Und Sötje ist einer.« Er griff nach einem Stuhl und setzte sich.

Otto Haak schnaufte. »Unter seinem Kommando sind Männer umgekommen, Decker!« Mit ausgestrecktem Finger wies er auf Hauke. »Der trägt ja nicht einmal eine anständige Uniform, Mann! Und geprügelt hat er sich auch.« Verächtlich sah er Hauke an. »Was für ein Kapitän sind Sie eigentlich?«

Dr. Halling hob beschwichtigend die Hand. »Alles der Reihe nach, Haak.« Entschuldigend lächelte er zu Hauke hinüber. »Sie wurden uns vom Grafen wärmstens für die Gesellschaft empfohlen, Herr Kapitän. Sie scheinen beste Referenzen zu haben.«

Fast hätte Hauke gelacht. Gerade noch rechtzeitig riss er sich zusammen. Der Graf wollte, dass er diesen Posten bekam, und offenbar hatte er fleißig seine Fäden gesponnen, um sein Ziel zu erreichen.

Struwe sah auf. »Wenn Sie für uns fahren, Sötje, dann heißt das: Verantwortung und Loyalität!« Der Möbelfabrikant lehnte sich vor und fixierte Hauke genau. »Wir fragen uns, ob es klug ist, Ihnen ein neues Schiff anzuvertrauen, das immerhin stolze sechsundvierzigtausend Mark kosten wird. Geld, das unsere Glückstädter aufbringen müssen.«

»Und der Kaiser«, kam es von der anderen Seite des Raumes, wo Haak sich gerade auf den Rückweg machte.

Wieder hob Halling die Hand, um die Gemüter zu beruhigen. »Lieber Herr Sötje, zu Ihrer Information sei gesagt, dass wir den Bau von vier Loggern in Auftrag gegeben haben. Einer wird bei Junge in Wewelsfleth gebaut werden, einer bei Gehlsen hier in Glückstadt und zwei in Emden. Wir beabsichtigen, noch in diesem Jahr mit dem Fang zu beginnen. Unsere Mannschaften sind fast komplett. Wir suchen einen Kapitän für den Logger SG 3. Der alte Kapitän ist ...«, Halling räusperte sich, »verschwunden.«

Decker richtete sich in seinem Stuhl auf. »Die Männer im Hafen sagen, unser Kapitän Sötje habe statt Blut Salzwasser in den Adern. Das ist doch schon mal was.«

Dr. Halling lachte. »Ob das stimmt, lässt sich ganz einfach nachprüfen.«

»Und in Altona kennen sie Sötje auch. Nur beste Referenzen. Habe mich erkundigt«, ergänzte Decker.

Hauke sah den Oberfischmeister interessiert an und fragte sich, wie viel die Herren hier tatsächlich von seiner Geschichte wussten und was sie nur zu wissen glaubten.

»Seine Schuld an dem Unfall konnte nie nachgewiesen werden«, fuhr Decker zu Haukes Verteidigung fort. »Es ist nicht an uns, ihn zu beschuldigen.«

Erneut hörte man das verächtliche Schnaufen von Haak. Die Uniformknöpfe seine Jacke. »Herr Sötje!« Haak blieb stehen. »Es gibt Fragen, die geklärt werden müssen, guter Ruf hin oder her. Es war Ihr Kommando, unter dem die ›Revenge‹ sank. Warum mussten die Männer sterben? Leiden Sie an Suff?« Haak schlug mit der Faust auf den Tisch. Struwe schreckte hoch. »Und, verdammt! Warum leben Sie noch? Sie hätten Konsequenzen ziehen müssen! So, wie es sich für einen Kapitän gehört. Kann es sein, dass Sie ein Feigling sind, mein Herr?«

Hauke schwieg lange Sekunden, während Haak ihn anstarrte.

Eine Standuhr im muffigen Dunkel einer Ecke tickte vor sich hin. In den letzten Strahlen der Mittagssonne tanzten Staubkörner. Hauke atmete tief ein. Er musste die Frage des wütenden

Kapitäns zu dessen Zufriedenheit beantworten, wollte er von Lahns Auftrag erfüllen. Er wusste nur nicht, wie. Von Lahn hatte ihm versprochen, dass es hierzu nicht kommen würde.

Da streifte ein kalter Hauch Haukes Nacken. Jemand hatte die Tür geöffnet.

»Nicht jetzt, Bohl!«, rief Halling. Die Tür wurde wieder geschlossen.

»Die Explosion auf der ›Revenge‹ war ein Unfall. Die Kommission in London hat es bestätigt. Lloyds zahlte anstandslos die Versicherungssumme«, erklärte Decker. Hauke sah ihn an. Der Graf schien Decker bestens informiert zu haben.

»Warum beantwortet er die Frage nicht!«, schrie Haak. »Warum leben Sie noch?«

Oberfischmeister Decker sprang auf und funkelte Kapitän Haak an. »Freispruch, hieß es!«

»Freispruch? Verdammt! Die Männer sind tot. Und der lebt!« Mit ausgestrecktem Finger zeigte Haak auf Hauke. »Eine Schande sind Sie, Sötje!«

Plötzlich war da wieder dieser kalte Luftzug in Haukes Nacken. »Himmel noch mal, Bohl!« Dr. Halling hatte all seine Geduld verloren. »Raus!«

Langsam schob Hauke den Stuhl zurück und erhob sich. »Kapitän Haak, seien Sie versichert: Es vergeht nicht ein Tag, an dem ich mir diese Fragen nicht stelle. Ich hätte mit meinem Schiff untergehen müssen. Ich müsste schon seit Langem tot sein. Auf die eine oder andere Weise.«

»So hätte es sich gehört!«, zischte Haak, und seine Halsader pochte. Die rechte Hand krallte sich um den Schirm seiner Kapitänsmütze, als suche er daran Halt. Jetzt straffte er sich und stürmte aus dem Raum. Die hohe Tür knallte hinter ihm ins Schloss. Das Ticken der alten Standuhr holperte durch den Raum. Schweigen.

Dann sah Hauke aus dem Augenwinkel, wie Sekretär Bohl unsicher den Kopf ein drittes Mal hereinstreckte. Dr. Halling funkelte ihn wütend an, sagte dieses Mal jedoch nichts.

Mit rundem Kreuz und gesenktem Blick huschte der Sekretär zu Max Sülau hinüber, der am dichtesten an der Tür saß, und flüsterte ihm etwas zu. Sülau nickte. Dankbar eilte Bohl zurück zu seinem Schreibtisch im Vorraum.

Sülau schien etwas von Wichtigkeit erfahren zu haben, denn er begann, einige Zeilen auf ein Stück Papier zu kritzeln. Er faltete das Papier dreimal und reichte es Finanzvorstand Struwe. Während Medizinalrat Halling wortreich das Benehmen von Kapitän Haak entschuldigte, las Struwe den Brief. Hauke bemerkte, wie das Gesicht des Mannes an Farbe verlor. Schweißperlen traten auf seine Stirn, und die Hände begannen zu zittern. Dann sprang er auf, wobei sein Stuhl nach hinten fiel. »Ich habe noch einen wichtigen Termin. Können wir bitte zu einem Beschluss kommen?«, sagte Struwe.

Die Männer blickten ihn fragend an. »Ist etwas passiert?«, wollte Halling wissen.

Struwe schüttelte den Kopf. »Habe einen wichtigen Termin vergessen«, murmelte er, während er bereits seine Unterlagen zusammenraffte.

Die Uhr tickte.

»Nun ja«, meinte Dr. Halling. »Wir scheinen hier und jetzt zu keiner Entscheidung kommen zu können, zumal Kapitän Haak den Raum verlassen hat. Ich schlage daher vor, dass wir uns in den nächsten Tagen noch einmal treffen.« Halling erhob sich und reichte Hauke die Hand, während Struwe ohne ein weiteres Wort den Saal verließ. »Wir melden uns bei Ihnen, Herr Kapitän. Sie wohnen wo?«

»Fräulein Thekla. Am Hafen.« Man kannte die Vermieterin.

Oberfischmeister Decker geleitete Hauke zurück in das Vorzimmer und fand noch einige entschuldigende Worte.

Hauke lächelte kurz. »Danke für Ihre Mühe, Herr Decker.«

Mit einem Nicken wollte Decker wieder zurückgehen, als Hauke ihm nachrief: »Bevor ich es vergesse. Was ist mit dem Kapitän des Loggers SG 4 passiert?«

Decker sah Hauke verlegen an und kratzte sich den Bart. »Nun, der Mann ist verschwunden. Hat sich bei Nacht und Nebel auf und davon gemacht. Unerklärlich. War eigentlich ein ganz zuverlässiger Kerl.« Dann ging er zurück in den Saal.

Hauke und Sekretär Bohl waren allein im Vorzimmer. Bohl hockte hinter seinem Schreibtisch und blätterte eifrig in einem Stapel Papiere.

»Was haben Sie Max Sülau gesagt?«, fragte Hauke.

Bohl riss den Kopf hoch. Boshaft leuchteten seine Augen. »Das geht Sie nichts an!«

»Stimmt.«

Hauke trat in den dunklen Flur hinaus und lehnte sich gegen die kühle, feuchte Wand. Jetzt erst spürte er, dass nasser Schweiß an seinem Rücken klebte. Er begann zu frösteln. Gerne hätte er gewusst, was Hermann Struwe so aus der Fassung hatte bringen können. Er stieß sich von der Wand ab und verließ das Gebäude.

Über dem Hafen lag jetzt eine dichte Decke grauer Wolken. Keine Spur von Sonne. Ein scharfer Wind kam auf und zerrte an Haukes Hosenbeinen. Was hatte er erreicht? Ein Kapitän war verschwunden, doch war das ein Grund, an Unregelmäßigkeiten in der Gesellschaft zu glauben? Es gab Dutzende Umstände, warum ein Mann verschwand. Freiwillig oder unfreiwillig. Und dann Struwes Benehmen. Was bedeutete der plötzliche Aufbruch des Mannes? Hatte er etwas mit den Vorkommnissen zu tun, die von Lahn erwähnt hatte? Hauke war klar, dass er Struwe nicht einfach fragen konnte. Eine neue Einladung zu einem Gespräch würde es dank Kapitän Haak wohl auch nicht geben.

Zum Schutz gegen den Wind schlug Hauke den Kragen seiner Jacke hoch und ging am Deich entlang zurück zur Stadt. Er wusste, er hatte versagt.

KAPITEL 6

Hamburg. Ein hiesiger Rechtsanwalt ist mit Hinterlassung einer Schuldenlast von ungefähr 150.000 Mark verschwunden und hat dadurch einen anderen Rechtsanwalt in empfindliche Mitleidenschaft gezogen.

Original: Glückstädter Fortuna, Februar 1894

Es hatte zu regnen begonnen. Sophie zog die Kapuze ihres Umhangs tiefer ins Gesicht und eilte an der Seite ihrer Tante die Königstraße hinunter. Soeben hatten sie der Kaufmannsgattin Seibold einen Besuch abgestattet, da besagte Dame einen unverheirateten Neffen in Hamburg vorweisen konnte, für den sie eine geeignete Partie zu finden gedachte. Sophie hatte sich bei Gebäck und einer Tasse Tee wie auf einem Viehmarkt gefühlt, während ihre Tante sie anpries. Wortlos lief Sophie nun neben Tante Dora her, die mit dem Ausgang des Besuches äußerst zufrieden zu sein schien. »Dein Vater ist sehr großzügig, Kind. Er hat deine Aussichten auf einen Gatten erheblich verbessert, auch wenn das dem Unternehmen abträglich sein wird. Immerhin gedenkt er deine Mitgift auf zwölftausend Mark zu erhöhen.«

Sophie schwieg. Sie beschloss, sich sofort in ihr Zimmer zurückzuziehen, sobald sie zu Hause waren.

Als sie kurz darauf das Haus betraten, hörte Sophie wütende Stimmen aus dem Arbeitszimmer ihres Vaters in die Diele kommen.

Im selben Moment riss jemand die Tür auf. August Bohl, der Sekretär der Heringsfischerei, eilte heraus. Mit einem kurzen Gruß an die Damen hastete er zur Garderobe und griff einen dunklen Mantel vom Haken. Hinter ihm war Kapitän Haak aus dem Raum getreten. Eilfertig hielt Bohl ihm den Mantel hin. Der Kapitän schlüpfte hinein.

»Der Vorstand erwartet Ihren Rücktritt, Herr Struwe!«, rief Haak zurück ins Arbeitszimmer. Ohne einen Gruß an die Frauen griff er nach dem Regenschirm, den Bohl ihm hinhielt. »Wenn Berlin gegen unseren Antrag entscheidet, weil Sie sich bereichern wollten, Struwe, dann gnade Ihnen Gott!« Zackig drehte Haak sich um und riss die Haustür auf. Draußen regnete es noch immer.

Nun stand Studienrat Detlefsen im Flur. Offenbar gehörte auch er zu den Besuchern ihres Vaters. Automatisch knickste Sophie vor ihrem ehemaligen Schulleiter, wie sie es immer getan hatte.

»Ich bitte Sie!«, rief Detlefsen Haak nach. »Es könnte auch alles ein unglückliches Missgeschick gewesen sein. Jeder macht Fehler.«

»Das war Betrug!«, rief der Kapitän, der bereits auf der Straße unter seinem Schirm stand, zurück.

Als Letzter erschien Hermann Struwe in der Tür seines Arbeitszimmers. Sophie erschrak. Ihr Vater war kalkweiß im Gesicht und musste sich mit einer Hand am Rahmen abstützen.

Detlefsen drehte sich nochmals zu ihm um. »Die Bank wird Ihnen das Geld geben, Hermann. Ich werde mich sofort dafür einsetzen. Ihr Unternehmen ist solvent, das Haus schuldenfrei. Der Kredit ist eine reine Formalität.« Aufmunternd nickte er Struwe zu. Dann nahm er seinen Mantel aus der Hand des Sekretärs und setzte den Hut auf. »Fahren Sie mit Ihrer Tochter ein paar Wochen fort. Wenn Sie wiederkommen, kräht kein Hahn mehr danach. Glauben Sie mir!« Mit einem knappen Nicken verließ auch Detlefsen das Haus und trat auf die Straße. August Bohl huschte ihnen nach und schloss die Tür hinter sich.

Wie ein Sturm war all das an Sophie vorbeigezogen. Jetzt rannte sie zu ihrem Vater. »Was ist geschehen?«

Doch Hermann Struwe sah sie nur gequält an. Es schien ihr, als könne auch er nicht verstehen, was passiert war. Dann gab er sich einen Ruck, drehte sich um und schloss wortlos die Tür seines Arbeitszimmers hinter sich. Sophie hörte ihn den Schlüssel drehen.

***

Es war weit nach Mitternacht. Seit Stunden lief Hauke mit ausladendem Schritt den Deich entlang. Sein Mantel flatterte im Wind, Regen peitschte in sein Gesicht. Er war dem Fluss elbaufwärts gefolgt, bis die eiserne Fessel um seine Brust endlich nachließ. Atmen. Luft holen.

Irgendwann drehte er sich um und ging zurück. Jetzt sah er die Lichter von Glückstadt vor sich. Er blieb stehen, spürte nur noch einen leichten Schmerz in seiner Lunge. Ihn fröstelte, doch er wollte nicht weitergehen. Der Gedanke an seine enge Kammer hingegen erschien ihm ebenfalls unerträglich. Andererseits konnte er den Rest der Nacht aber auch nicht hier draußen verbringen.

Die Wolken rissen auf. Bleiches Mondlicht suchte seinen Weg hinunter zum Fluss. Hauke starrte auf die Elbe hinaus, deren Schwärze von einigen dünnen Lichtern unterbrochen wurde. Es waren Laternen auf den Schiffen, die nahe dem Fahrwasser ankerten.

Er spürte die Flut kommen. Nur ein paar Schritte. Mehr wäre nicht vonnöten. Die Strömung und die schweren Kleider würden sich seiner annehmen, ihn hinunterziehen in die Finsternis. Oben wäre unten, unten oben … alles kalt …

Ein Schauder lief über seinen Rücken. Was für ein erbärmlicher Feigling er war! Hauke dachte an die Kiste unter seinem Bett und den Revolver darin. Warum nur war der freiwillige Tod in den Wellen eine Schande, eine Kugel hingegen ehrenvoll?

Langsam ging Hauke weiter. Er sah, dass die Schleuse weit offen stand. Der Mond spiegelte sich im Wasser des Hafenbeckens. Hauke kam zu dem lang gestreckten Gebäude der Heringsfischerei, als im oberen Stock ein Fenster geöffnet wurde. Jemand stand dort und schaute hinaus. Der glühende Punkt einer Zigarre leuchtete auf und tauchte das schemenhafte Gesicht des Mannes kurz in einen roten Schimmer.

»Das wird nicht billig, mein Guter«, hörte Hauke den Mann sagen. Er erkannte die Stimme von Sekretär Bohl.

Hauke bemerkte, dass er genau unter einer Gaslaterne stand. Rasch wich er zurück, doch es war bereits zu spät. Hermann Bohl schien ihn gesehen zu haben und schloss eilig den Fensterflügel.

Hauke fragte sich, mit wem Bohl wohl geredet haben mochte. Doch dann setzte er seinen Weg fort. Er musste dringend die vom Regen durchnässte Kleidung loswerden. Alles, wonach er sich jetzt sehnte, war ein traumloser Schlaf. Aber er wusste, er würde ihn nicht finden.

***

Nachdem Bohl so eilig das Fenster geschlossen hatte, ging er zu einem Sessel, der nahe einem Ofen stand. Er setzte sich. Die Zigarre legte er in einem kleinen silbernen Aschenbecher ab und versuchte, den Anblick des Mannes, der eben dort unten gestanden hatte, zu verdrängen.

»Und die Anstellung in Berlin ist mir sicher?«, fragte er sein Gegenüber erneut.

»Ja, aber natürlich, mein lieber Bohl. Im Ministerium. Wie versprochen. Sie müssen mir nur noch diesen einen Gefallen erweisen, dann können Sie abreisen.«

Bohl zögerte. »Es ist nicht der erste Gefallen, den ich Ihnen tue. Und dieses Mal ist es gefährlich. Man könnte mich entdecken.«

»Nun, Sie wurden bisher doch sehr gut bezahlt, oder?«

»Ja, ja, natürlich«, sagte Bohl schnell. Er schwitzte und zog ein großes Tuch aus der Hosentasche, mit dem er sich über die feuchte Glatze wischte. Dann stopfte er das Taschentuch wieder zurück und nahm mit zitternder Hand die Zigarre aus dem Aschenbecher.

Tief sog er den Rauch des teuren Tabaks ein.

***

Leise schlich Hauke an der Ateliertür von Theobald Winsmann vorbei. Ein vernehmliches Schnarchen war aus der Kammer des Künstlers zu hören, ansonsten war es still im Haus. Vorsichtig nahm Hauke die Stufen bis unter das Dach. Da entdeckte er an seiner Tür einen gefalteten Zettel.

Es war eine Nachricht von Winsmann, der ihm ein hübsches Häuschen in der Danneddelstraße empfahl, welches für wenig Geld gerade zu haben sei. Hauke zerknüllte den Brief.

In seinem Zimmer zog er die regennassen Kleider aus und legte sie ordentlich über die Stuhllehne. Der Ofen war kalt. Er würde ihn später anheizen.

Mit nacktem Oberkörper ging er zum Fenster und öffnete es weit.

Eine frische Brise strömte herein. Der Geruch von Salz lag in der Luft. Diesen hatte der Westwind von der Nordsee mitgebracht. Der Regen hatte sich gelegt und zog gen Osten. Zwischen den letzten Wolken schien der Mond groß und weiß auf das Wasser des Binnenhafens. In seinem fahlen Licht konnte Hauke die in den Himmel ragenden Masten der Segler erkennen. Ihre Rümpfe lagen nebeneinander vertäut und schaukelten sacht.

Mit brennenden Augen starrte Hauke in die Dunkelheit hinaus. Linker Hand konnte er vor dem Eingang zur Korrektionsanstalt am Rethövel eine Laterne ausmachen, die im Wind gleichmäßig hin- und herschwang. Die Geräusche von Reep, das gegen Holz schlug, und von Wellen, die an Schiffswände rollten, drangen in seine Kammer. Diesseits des Hafens war kein Mensch zu sehen. Hauke blickte zwischen dem Gebäude des Salzspeichers und dem Brückenhaus hindurch zur Fischereigesellschaft. Was hatte Sekretär Bohl um diese Zeit dort verloren?

Langsam ging Hauke zu seinem Bett. Er beugte sich vor und holte die Holzkiste darunter hervor. Lange schaute er sie an. Dann öffnete er sie und legte ihren Inhalt ordentlich auf den Tisch. Das Medaillon an der zarten goldenen Kette, daneben die Todesanzeige. Ein schlichtes Papier, ausgeschnitten aus einer Zeitung. Man hatte es ihm gegeben, als er wissen wollte, warum seine Frau ihm nicht mehr ins Gefängnis schrieb. Die kleine Familienbibel mit nur drei Namen darin, nahm er als Letztes aus der Kiste. Schwer wog sie in seiner Hand. Er legte sie zu den anderen Dingen. Lange betrachtete er alles, strich mit den Fingern über das Medaillon.

Dann öffnete er den doppelten Boden des Kastens und holte

den Revolver heraus. Ruhig nahm er die Patronen aus den Kammern und begann, die Waffe zu ölen und zu reinigen.

Vor seinem Fenster kreischte eine Möwe.

Er klappte Lauf und Trommel nach vorn. Alle Handgriffe waren ihm vertraut. In der Dunkelheit griff er zu einem dünnen Stab, der mit einem feinen Wolltuch umwickelt war. Sorgsam führte er ihn in den Lauf ein.

Unten auf der Straße kontrollierte der Nachtwächter die Gaslaternen. Dumpf klangen die Schritte seiner Stiefel und das Klappern des Anleuchtstabes durch das geöffnete Fenster, als Hauke ein wenig Öl auf den Wollwischer tropfte und ihn in jede der sechs Öffnungen der Trommel schob.

Sein Auftritt in der Heringsfischerei war ohne Ergebnis geblieben. Sobald möglich, würde er zum Grafen gehen und ihn davon in Kenntnis setzen. Mehr helfen konnte und wollte er dem Mann nicht.

Hauke klappte den Revolver wieder zu. Dann polierte er das Äußere mit einem weichen Musselintuch und steckte anschließend die Kugeln in die Trommel zurück. Eine Weile saß er mit der geladenen Waffe in der Hand in der Dunkelheit seiner Kammer. Es wäre einfach, es jetzt zu tun. Dieser Moment war genauso gut wie jeder andere.

Doch dann schlang er das geölte Tuch um die Waffe, legte sie wieder in die Kiste zurück und befestigte den falschen Boden über ihr.

KAPITEL 7

Hamburg. Der Schneidermeister Dove hat nach Mittheilung einer Berliner Local-Correspondenz einen neuen kugelsicheren Panzer und zugleich neue Platzpatronen erfunden. Über die Einrichtung des Panzers verlautet noch nichts, doch soll er am nächsten Monat vor einer geladenen Gesellschaft in Berlin geprüft werden. Dove soll heute seine Erfindung beim Kriegsminister vorlegen.

Original: Glückstädter Fortuna, März 1894

Nachdem Graf von Lahn auf seine Nachricht nicht reagiert hatte, hatte Hauke beschlossen, ins Brockdorff-Palais zu gehen, wo die von Lahns residierten.

Es war bereits dunkel, als er sich auf den Weg Richtung Marktplatz machte. Er folgte dem Fleth Richtung Westen. Bald schon erreichte er das einstöckige Gebäude, dessen einfache Front direkt bis an die Straße reichte. Es war ein Adelssitz aus der Dänenzeit, der heute eher bescheiden anmutete. Fackeln links und rechts des Eingangs erhellten das Portal und ließen die kahlen Bäume auf der anderen Straßenseite wie Geister tanzen.

Hauke ließ den Messingklopfer auf das Holz der Tür fallen. Zu seiner Überraschung wurde sie sofort geöffnet. Der Butler bat Hauke herein, ohne nach seinem Anliegen zu fragen.

Das Foyer des Palais wurde von einem reichlich verzierten Spiegel in goldenem Rahmen dominiert, der bis an die Stuckdecke reichte. Er ließ den Eingangsbereich doppelt so groß wirken, als er tatsächlich war. Eine Standuhr neben dem breiten Treppenaufgang schlug in dem Moment, als der Mann Hauke den Mantel abnahm. »Man hat bereits begonnen, Herr Sötje«, näselte er.

Hauke blickte ihn fragend an.

Der Butler wies zur Treppe. »Die Soiree der Frau Gräfin«, erklärte er.

»Danke, nein. Ich bin hier, um Graf von Lahn zu sprechen.«

»Ich bedaure, der Herr Graf ist aushäusig. Er müsste allerdings bald zurück sein. Vielleicht möchten Sie im Salon warten.« Der Butler wies zu einer üppig geschnitzten Flügeltür, und Hauke trat ein.

Überall im Salon standen geschmackvoll ausgewählte Möbel, ein teurer orientalischer Teppich lag auf dem steinernen Boden, und Gemälde zierten die Wände. Die Gräfin hatte viel Aufwand betrieben, um das alte Gemäuer repräsentativ herzurichten, wenn man bedachte, dass das Palais sicherlich nur für kurze Zeit bewohnt wurde. Hauke konnte sich nicht vorstellen, dass das Diplomatenpaar Glückstadt zu seiner Heimat machen wollte.

Er hörte Stimmen, die von der Etage über dem Salon kamen. Als er gerade die ledergebundenen Bände in einem der Regale betrachtete, kam der Butler zurück. »Frau Gräfin bittet Sie, ihr Gast zu sein.«

Hauke stockte. »Es wäre mir lieber, wenn ich hier unten warten könnte.«

Der Butler ignorierte den Einwand und wies Hauke den Weg nach oben. »Frau Gräfin hat heute den Dichter Fritz Lau geladen. Er trägt den Gästen etwas …«, er räusperte sich, »… Ortstypisches vor.«

Widerstrebend folgte Hauke dem livrierten Mann die dunkle Eichentreppe hinauf, die unter jedem seiner Schritte knarzte, obwohl man sie mit einem dicken Teppich versehenen hatte. Gerne wäre Hauke zurückgegangen, hätte seinen Mantel genommen und gesagt, er würde morgen wiederkommen, aber er war kein Feigling. Er ergab sich in sein Schicksal, obwohl ein Raum voller Menschen ihm ganz und gar nicht gefiel. Sein Magen zog sich zusammen, als sei er seekrank. Er drückte den Rücken durch und nahm Stufe um Stufe nach oben. Sein Kopf dröhnte, und die Hände begannen zu schwitzen. Tief atmete er durch. »Klüver, Binnenklüver …« Sie erreichten den oberen Treppenabsatz. »Vor-Stag, Fock …«

Geräuschlos öffnete der Butler die Flügeltüren und ließ den Gast in den stickigen Saal ein.

Dort saßen die vornehmen Leute der Stadt in mehreren Reihen

auf Stühlen und lauschten einem jungen schmalen Mann, der vor dem Kamin stand. Den steifen Kragen hochgeschlossen, gezwängt in einen engen dunklen Anzug, der ihn mit eiserner Hand gefangen zu halten schien, rezitierte er munter ein plattdeutsches Gedicht.

Einige Zuhörer drehten sich um, als Hauke eintrat, doch sie wandten sich schnell wieder dem Dichter zu. Lautlos ließ Hauke sich auf einen leeren Stuhl in der letzten Reihe sinken.

Dieser Fritz Lau erinnerte ihn eher an einen Amtmann denn einen Dichter.

Soeben hatte Lau einen seiner Verse beendet, und die Leute klatschten. Einige lachten sogar. In der ersten Reihe stand eine Dame in grünem Samtkleid auf und applaudierte aufs Begeistertste. Sie forderte eine Zugabe. Andere Gäste erhoben sich ebenfalls und fielen ins Klatschen ein.

Hauke vermutete, dass die Dame die Gastgeberin des Abends war. Zu seinem Bedauern kam der Künstler ihrem Wunsch und dem der Gäste nur zu gerne nach und begann erneut zu rezitieren.

Wat is een Johr, wat is een Dag,
Wat is een Stünn, wat is een Nacht,
Wat is mien Leven, wat is dien:
en korten Stremel Sünnenschien,
en korten Stremel Ebb un Floot,
en korten Stremel Glück un Noot.
De Tiet de löppt un wi loopt mit,
de Tiet de röppt, hool Tritt, hool Tritt.
Uns Tiet is groot, groot is uns Dank,
dat wi dor noch sünd merrenmang.

Hauke fragte sich, ob Gräfin von Lahn die einheimische Mundart überhaupt verstand. Wahrscheinlich nicht.

Der Mann, neben den Hauke sich gesetzt hatte, weckte indes sein Interesse. Er war ein wuchtiger blonder Kerl, der offensichtlich Wichtigeres zu tun hatte, als Gedichten von Marsch und Meer zu lauschen. Stattdessen zeichnete er mit einem Bleistiftstummel etwas auf einen kleinen Block, der auf seinem Knie lag.

Hauke beugte sich vor und flüsterte: »Eine Ankerwinde?«

Der Mann sah auf. Ein struppiger Vollbart zierte sein Gesicht, sein verirrter Blick wirkte, als müsse er sich orientieren. »Sie sind vom Fach?« Schnell schob er eine Hand über die Zeichnung.

»Hauke Sötje«, flüsterte Hauke. Fast hätte er das Wort Kapitän hinzugefügt. »Fuhr mal zur See.«

Der blonde Mann stellte sich nicht vor, sondern widmete sich erneut dem Block. »Sie soll mit Dampf betrieben werden«, murmelte er. »Es kostet zu viel Kraft, wenn wir die Schiffe per Hand aus dem Wasser ziehen müssen.« Mit dem Bleistift wies er auf die Zeichnung. »Wir haben es hiermit versucht, aber die Kraftübertragung ist zu gering.«

Hauke nickte. »Haben Sie es schon mal statt mit einem Riemenvorgelege mit Zahnrädern probiert?«, fragte er flüsternd.

»Ja, aber eine Firma in Berlin baut taugliche Stahlriemen. Die bekommen wir günstiger als die Zahnräder, und sie wiegen viel weniger.«

»Ruhe!«, raunte jemand in der Reihe vor ihnen.

»Gustav Junge, Wewelsfleth.« Der blonde Mann reichte Hauke seine schwielige Hand. Er schien noch keine dreißig Jahre alt zu sein.

»Von der Junge-Werft?«

Der Mann nickte. »Ja, der Sohn.«

»Sie bauen einen der Logger für die Heringsfischerei, richtig?«

»Jo.«

Hauke lugte auf die Zeichnung. »Sie könnten die Winde auch auf Loggern einbauen. Für die schweren Netze.«

»Ja, daran habe ich auch schon gedacht.«

In der Reihe vor ihnen drehte sich eine großzügig ondulierte Dame um und musterte sie strafend. Hauke nickte ihr entschuldigend zu. Schnaufend wandte sie sich wieder nach vorn.

Die Männer sahen sich an. Jetzt ließ Gustav Junge grinsend wie ein Lausbub Stift und Block in seine Jackentasche gleiten und lauschte brav dem Dichter.

Hauke spürte, wie sich der Ring um seine Brust wieder enger wurde. Er schloss die Augen. Schon glaubte er, den Saal gleich verlassen zu müssen, als die Stimme des Dichters ihn zu locken begann. Die Worte Laus trugen ihn jäh zum Meer hinaus. Hauke konnte sich nicht wehren, wollte es auch bald schon nicht mehr.

Ruhig lag die See vor ihm. Er hörte sanfte Wellen gegen den Bug schwappen, fühlte den Wind auf der Haut, sah, wie sich die Sonne im Wasser spiegelte. Heimat.

»Bravo!«, rief da jemand vor ihm.

Hauke riss die Augen auf.

»Superb!« Die ondulierte Dame war aufgesprungen.

Offenbar war die Darbietung zu Ende, was Hauke bedauerte. Einige Gäste waren aufgestanden, darunter auch die Gastgeberin. Man scharrte sich um den Künstler und schüttelte Hände. Die große Flügeltür hinter Hauke wurde geöffnet. Man bat zum Souper. In dem Gedränge, das nun entstand, war es Hauke nicht mehr möglich, die rettende Tür vor der Meute zu erreichen. Der Kragen seines Hemdes schien immer enger zu werden. Er widerstand dem Wunsch, ihn zu lockern.

»Sie müssen Kapitän Sötje sein! Welch Freude!«

Plötzlich stand Gräfin von Lahn vor ihm und reichte ihm die Hand. Offenbar hatte der Butler sie informiert, dass er der zuletzt erschienene Gast gewesen war. Hauke deutete einen galanten Handkuss an und versuchte den abschätzigen Blick der Gastgeberin auf sein noch immer blaues Auge zu ignorieren. Wäre er doch nur rechtzeitig gegangen.

Hauke hoffte, die Karawane der Kulturbeflissenen würde weiterziehen, aber Frau von Lahn ergriff ihn am Arm und hakte sich ein. Überrascht ließ Hauke sich durch das Menschengewimmel ziehen.

Während die Gräfin die anderen Gäste mit einem bezaubernden Lächeln nach links und rechts bedachte, wisperte sie Hauke zu: »Ich erinnere mich, dass mein Mann erwähnte, wie sehr Sie die Weite des Meeres lieben. Und wie ungern Sie in geschlossenen Räumen sind.«

Weiter kam sie nicht, denn sie musste die Komplimente eines Herrn entgegennehmen. Kurz darauf fuhr sie fort: »Sie kennen meinen Mann aus London, hörte ich. Ich bedaure, dass er nicht hier ist. Er flüchtet, sobald ich zu einer Soiree lade.« Sie schmunzelte Hauke entwaffnend an, krallte aber ihre Fingernägel fester in seinen Arm. Er würde ihr wohl kaum entkommen können.

»Es ist der Sturm des Small Talks, der hier über Sie hereinbricht, Kapitän Sötje.« Sie sah Haukes fragenden Blick und lachte. »Das ist ein neues hübsches Wort für unser altes Chit-Chat.«

»Ah, verstehe, Geschwätz«, murmelte Hauke.

»Nun, mein lieber Kapitän, ich bin mir sicher, Sie werden ihm standhalten.« Es klang wie ein Befehl.

Lautlos fluchte Hauke in sich hinein. Er hätte gehen sollen.

Die Gräfin an seiner Seite begrüßte kurz einen Herrn im schwarzen Gehrock, den sie Hauke als Freiherr von Rechenberg vorstellte. Er sei der Bezirksrichter in Daressalam, welches in Deutsch-Ostafrika liege. »Freiherr von Rechenberg konnte es einrichten, auf seinem Weg nach Berlin unserem hübschen Glückstadt einen kleinen Besuch abzustatten.«

Der Mann nickte Hauke zu. »Und, guter Mann: Schon Aktien dieser famosen Fischereigesellschaft gezeichnet?« Von Rechenberg lächelte jovial. »Soll ja eine ganz feine Sache sein! Der Kaiser ist begeistert, wie ich hörte.«

Hauke kam nicht dazu, ihm zu antworten, denn schon wurde er von der Gastgeberin weitergezogen. Er hatte gerade noch Gelegenheit, sich zu fragen, was der Diplomat tatsächlich hier wollte, denn auf dem Weg von Afrika nach Berlin lag Glückstadt nun wirklich nicht.

Als Nächstes hielt die Gräfin vor einem kleinen Mann in dunklem Cut. »Bürgermeister Brandes, darf ich Ihnen Kapitän Sötje vorstellen?«

»Habe von ihm gehört«, meinte der Bürgermeister und inspizierte durch sein Monokel Haukes blau schimmerndes Auge. Auch er wollte von Hauke wissen, ob er schon Aktien der Heringsfischerei gekauft habe. »Jeder in der Stadt, der es sich leisten kann, ist an der neuen Gesellschaft beteiligt«, erklärte er nicht ohne Stolz. »Dieses Projekt wird Glückstadt wieder zum Erblühen bringen.« Seine Augen leuchteten. »Und das ist erst der Anfang, mein Lieber! Wir haben große Pläne.«

Ein führender Vertreter der britischen Cunard Line drängte sich zu ihnen. Die Gräfin kam nicht umhin, auch ihn mit Hauke bekannt zu machen. »Sir William, dieser Herr hier ist Kapitän Hauke Sötje.«

Wie elegant die Hausherrin diese Hürde meisterte. Sie hatte nicht umsonst das Wort Kapitän ausgelassen. Und Hauke fragte sich, wie viel sie von seiner Vergangenheit und dem Untergang seines Schiffes wusste. Sie schien auf alle Fälle eine Ahnung davon zu haben, wie gefährlich und vermint ein Gespräch mit Sir William werden könnte.

Bevor dem Briten einfiel, wo er den Namen Hauke Sötje schon einmal gehört hatte, ergriff Hauke selbst die Initiative und sprach ihn auf die »Campania« an. »Ein beeindruckendes Schiff, Sir William. Ich hörte, Sie haben auf der Jungfernfahrt über den Nordatlantik das ›Blaue Band‹ für Ihre Reederei zurückgeholt.«

Die Augen des Mannes leuchteten. »Ja, und in diesem Jahr werden wir es nochmals schaffen. Das zumindest habe ich unserer Königin versprechen müssen, als ich kürzlich die Gelegenheit hatte, ihr auf einem Empfang vorgestellt zu werden«, fügte er betont bescheiden hinzu.

Die Gräfin zog Hauke mit sich. »Nun, das war schon recht passabel, Herr Kapitän«, ermutigte sie ihn lachend.

Es schien Hauke, als habe sie ihren eigenen Hofstaat mit in die Stadt gebracht. Politiker aus Hamburg, Kaufleute aus Lübeck und sogar ein Dirigent aus Wien waren unter den illustren Gästen. Zwischen zwei Begrüßungen, die wie immer aufs Herzlichste ausfielen und den Angesprochenen offensichtlich das Gefühl höchster Wichtigkeit gaben, raunte die Gastgeberin Hauke zu: »Wie hat Ihnen Fritz Lau gefallen, Herr Kapitän? Sie sprechen doch sicherlich auch diese … urwüchsige Sprache.«

Während sie fragte, hauchte sie hier einen Kuss hin und dort einen Gruß. Ihre Fähigkeit, mehrere Dinge zur selben Zeit zu tun, war faszinierend.

»Ehrliche Gedichte in einer ehrlichen Mundart«, entgegnete Hauke schlicht.

»Ja«, sinnierte sie, »obwohl er es sicherlich könnte. Ich meine, richtiges Deutsch.« Hauke schwieg. »Bedauerlicherweise, mein Lieber, tragen Sie heute keine schmucke Uniform. Aber es wird auch so gehen. Ich möchte Sie nämlich mit einer jungen Dame bekannt machen.«

Haukes Nacken spannte sich an und seine Augen wurden schmal. Er hatte gehofft, dass Schlimmste bereits hinter sich zu haben.

Gräfin von Lahn schob ihn zu einem der Fenster hinüber, welches auf den mit Fackeln beleuchteten Garten hinausging. Dort stand eine junge Frau. Sie unterhielt sich artig mit einer älteren Dame, deren aufgebauschte Turnüre dem voluminösen Hinterteil eine aufstrebende Dynamik gab.

Die Gastgeberin stellte Hauke zuerst der Dame vor. »Meine liebe Freundin, die Verlegergattin Mathilda Augustin.«

Hauke nickte und deutete einen Handkuss auf die ihm gereichte welke Hand an. Die opulente Frau Augustin strahlte all die Wichtigkeit einer Familie aus, die sie sich über die letzten zweihundert Jahre angesammelt hatte, denn seit Anbeginn der Stadtgeschichte hatten die Augustins einen festen Platz in der Glückstädter Gesellschaft und würden es wohl auch weiterhin haben.

Nun wandte sich die Gräfin der jungen Frau zu. »Das ist Fräulein Sophie-Louise Struwe. Ihrem Vater gehört die Möbelfabrik Struwe, die die Amtsstuben zwischen Berlin und Dänemark mit praktischem Mobiliar ausstattet.«

Die junge Frau knickste, wie es sich gehörte, und lächelte artig. Sie trug ein blaues Samtkleid mit Spitzenbesatz. In ihre kunstvoll aufgesteckten braunen Haare hatte man Perlen gearbeitet. Doch eine Locke schien sich nicht bändigen lassen zu wollen und hing frech, dem Haarschmuck zum Trotz, heraus.

Als Hauke ihre ausgestreckte Hand ergriff und sich galant zum Kuss beugen wollte, zog sie sie rasch zurück. Ihre Wangen glühten. Sie senkte den Blick, nur um ihn gleich darauf wieder zu heben. Mit einer Mischung aus Neugier und Faszination betrachtete sie Hauke.

Der zögerte. War er ihr nicht kürzlich irgendwo begegnet?

Als sie das Wort an ihn richtete, fiel es ihm wieder ein. Sie war die Frau mit dem Korb, die auf dem Deich gestanden und alles beobachtet hatte.

»Mein liebes Kind, wo finde ich denn Ihre Tante?«, erkundigte sich die Gräfin und blickte kurz umher.

Sophie Struwe räusperte sich. »Sie spricht mit der Apothekergattin Behrmann«, antwortete sie.

Die Gräfin schien in der Menge jemanden entdeckt zu haben, der ihrer Aufmerksamkeit bedurfte. »Wohlan«, sagte sie. »Ich denke, meine Damen, Sie werden nichts dagegen haben, wenn ich Ihnen einen hochinteressanten Mann zur Seite stelle.« Sie drehte sich Hauke zu. »Zieren Sie sich nicht, Herr Sötje. Sie beißt nicht, jedenfalls nicht die Jüngere«, wisperte sie ihm ins Ohr. Dann marschierte sie einfach davon. Ihr Leib teilte die Menschenmenge wie Moses das Rote Meer.

Etwas verlegen blieb Hauke bei den beiden so unterschiedlichen Frauen zurück. Zu seiner Erleichterung übernahm die Verlegergattin den Großteil der gepflegten Konversation. Munter plauderte sie vor sich hin, während Sophie Struwe unsicher auf den blank polierten Holzfußboden schaute.

Wahrscheinlich amüsierte es sie, dachte Hauke, dass er so gar nicht wusste, was er auf das Geplapper der Verlegergattin antworten sollte. Die Regeln von Salonplaudereien waren ihm immer ein Rätsel geblieben. Er selbst zog Denken und Schweigen inhaltlosem Geschnatter vor.

So blickte er aus dem Fenster, kontrollierte seinen Atem und fühlte sich von der jungen Frau zu seiner Linken beobachtet, obwohl diese noch immer den Saum ihres Kleides anzustarren schien.

In einer der wenigen Pausen, die Frau Augustin machte, um Luft zu holen, ergriff Sophie Struwe plötzlich das Wort. »Wie ich sehe, haben mein Kleid und Ihr Auge etwas gemein«, sagte sie ein wenig zu laut und atemlos.

Die Frau des Verlegers hielt die Luft an. »Sophie-Louise, wie kannst du nur!« Peinlich berührt wandte sie sich Hauke zu. »Sie entschuldigt sich selbstredend.«

Interessiert sah Hauke die junge Frau an, die mit hochrotem Gesicht vor ihm stand.

»Ich weiß, was Fräulein Struwe meinte«, sagte er. »Es ist nur die Farbe. Beide sind veilchenblau.«

Dankbar nickte sie in seine Richtung.

»Ich hörte«, murmelte sie mit trockener Stimme, »Sie hätten sich gegen das Hafengesindel sehr wacker geschlagen.«

Hauke konnte ihr ansehen, dass sie versuchte, höflich zu sein. Es schien ihm, als fühlte sie sich hier ebenso fehl am Platze wie er selbst.

»Sophie!«, protestierte die Verlegergattin. »Dies mag zugegebenermaßen die einfachen Leute auf der Straße interessieren, doch gewiss ist es kein Sujet für den heutigen Abend.«

Sophie Struwe wollte widersprechen. Ihr Blick lag jetzt klar und offen auf Hauke. Ihre Augen waren blau wie das Mittelmeer.

»Es ist mir sehr unangenehm, Fräulein Struwe, dass Sie Zeuge des Vorfalls im Hafen werden mussten«, sagte Hauke leise.

Sie lächelte. »Glückstadt bietet bedauerlicherweise nur wenig Abwechslung. Ich nehme an, das ist in den Ländern, die Sie schon bereist haben, anders, Herr Kapitän.«

Bevor Hauke antworten konnte, stand der Butler des Grafen plötzlich neben ihnen. Sophie Struwe schrak sichtlich zusammen.

»Der Graf bittet Kapitän Sötje um eine kurze Unterredung in der Bibliothek.« Mit einer Verbeugung zog der Diener sich ebenso lautlos zurück, wie er gekommen war.

Obwohl Hauke gerade noch vor den Frauen hatte flüchten wollen, hätte er jetzt doch gerne ein oder zwei Worte mehr mit Sophie Struwe gewechselt. Mit ehrlichem Bedauern verabschiedete er sich von ihr und hätte dabei fast die Verlegergattin vergessen. Eilig holte er es nach.

Dann folgte er dem Butler.

KAPITEL 8

Der Kreisfeuerwehrtag unseres Kreises wird am 24. Juni hier in unseren Mauern abgehalten werden. Da die hiesige Freiwillige Feuerwehr in diesem Jahre auch ihren 20-jährigen Stiftungstag begeht, so gedenkt man, den Feuerwehrtag recht festlich zu gestalten; es hat sich zu diesem Behufe unter dem Ehrenpräsidium unseres Herrn Bürgermeisters ein Festausschuss, bestehend aus angesehenen achtbaren Bürgern unserer Stadt und Mitgliedern der hiesigen Feuerwehr, gebildet, welcher die Sache in die Hand genommen und die vorbereitenden Schritte bereits gethan hat.

Original: Glückstädter Fortuna, März 1894

Der Butler hielt Hauke die Tür zur Bibliothek auf. Gerade als Hauke eintreten wollte, ließ ihn das hektische Crescendo einer Trompete herumfahren.

»Was ist da draußen los?«, hörte Hauke die Stimme des Grafen aus dem Raum rufen.

»Es brennt!«, schrie jemand auf der Straße.

Hauke eilte die Stufen hinunter. Er wusste, dass, wie in vielen anderen Städten auch, Männer, die eine Trompete besaßen, dazu verpflichtet waren, bei Feuer auf die Straße zu laufen und in alle Richtungen Alarm zu schlagen.

Als Hauke die Tür des Portals aufriss, begannen auch schon die Kirchenglocken am Marktplatz zu läuten. Er hastete hinaus, blieb vor dem Brockdorff-Palais stehen. Sein Blick ging die Straße auf und ab. Auch die anderen Gäste strömten ins Freie. Aufgeregt sprachen sie durcheinander, reckten die Hälse, schauten in den Himmel über den Hausdächern, versuchten herauszufinden, wo es brannte.

Da lief eine Gestalt eilig durch den kleinen Park vor dem Palais in Richtung Marktplatz. Im Laufen zurrte der Feuerwehrmann den ledernen Helm unter dem Kinn fest. Die Uniformjacke stand offen und flatterte.

»Friedrich!«, schrie einer der Gäste. »Wo brennt es?«

»In der Reichenstraße!«, rief der Feuerwehrmann zurück.

Schon war am nächtlichen Himmel der rote Schimmer des Feuers zu erkennen. Immer mehr Menschen kamen aus ihren Häusern. Hauke lief los, und die jüngeren Männer aus der Gesellschaft des Palais folgten ihm. Jede Hand würde zum Löschen benötigt werden, denn ein Brand konnte die ganze Stadt in Schutt und Asche legen.

Als sie in die Königstraße liefen, kam ihnen der beißende Brandgeruch bereits in dicken Schwaden entgegen. Die Leute beugten sich aus den Fenstern und wollten wissen, was los sei. Einige Hausfrauen reichten den vorbeieilenden Helfern Zinkeimer, die die Männer ergriffen, ohne stehen zu bleiben.

An der nächsten Ecke, dort, wo die Reichenstraße begann, hörte Hauke schon das Knacken des Feuers, wie es sich gierig seinen Lohn holte. Aus dem Erdgeschoss eines Hauses schlugen Flammen. Sie hatten bereits das Firmenschild entzündet, das über dem Eingang hing: »Möbelfabrik Hermann Struwe« stand darauf.

Die Längsseite des Gebäudes lag zur Straße hin und beherbergte neben der Werkstatt auch ein Comptoir. Hinter dem Backsteingebäude befand sich ein Hof mit zwei ebenerdigen Holzschuppen. Darin lagerten Farben und Beize sowie unzählige Bretter, aus denen später Regale und Tische für preußische Amtsstuben im Land hätten gefertigt werden sollen.

Ein schmaler Zugang zum Hof lag zwischen dem lang gestreckten Bau der Fabrik und einem Wohnhaus. Hauke begriff sofort, dass ein Überspringen des Feuers auf die anderen Gebäude unausweichlich war und für die gesamte Stadt verheerend sein würde.

Immer mehr Menschen versammelten sich auf der Straße, sodass es für die Männer schwierig war hindurchzukommen. Einige Mutige rannten den engen Weg in den hinteren Hof hinein und versuchten, mit Hilfe einer Wasserkette das Farbenlager vor den Flammen zu schützen.

Das Feuer erhellte den Himmel von Glückstadt.

Aufruhr in den Straßen. Immer mehr Menschen schleppten Eimer mit Wasser aus dem nahen Dovenfleth herbei, Fuhrwerke eilten in mörderischem Tempo durch die Gassen. Unentwegt versuchten Feuerwehrleute, Neugierige von den Flammen fernzuhalten.

Jetzt kamen einige Aufseher der Korrektionsanstalt über die Zuchthausbrücke herbeigelaufen. In ihrer Mitte stolperten acht Gefangene, denen die Fußfesseln für den Einsatz abgenommen worden waren. Sie würden die Handspritze bedienen müssen, die in diesem Moment von einem Fuhrwerk herbeigeschafft wurde. Ein weiteres Fuhrwerk brachte einen großen Wassertank, an den eilig die Schläuche der Handspritze angeschlossen wurden. Je vier Gefangene begannen zu pumpen. Langsam drückten sie den breiten Griff auf der einen Seite der Pumpe herunter, während der Griff auf der anderen Seite hochschwang. Die Wippe sog das Wasser aus dem Bauch des Reservoirs und presste es durch zwei Schläuche, an deren Ende Feuerwehrleute standen. Eigentlich hätte es in einem breiten Strahl in die Flammen spritzen müssen, die aus den Fenstern schlugen, doch aus den Schläuchen tropfte das Nass nur spärlich. Die Aufseher brüllten ihre Gefangenen an, sich mehr anzustrengen, aber die Männer waren dünn und körperliche Arbeit nicht gewöhnt. Nur langsam hob und senkte sich die Wippe der Pumpe.

Hauke, der um einiges stärker war als die Männer aus dem Zuchthaus, eilte hinüber und schob einen von ihnen zur Seite. Dann übernahm er dessen Platz. Ein weiterer Mann kam aus der Menge gelaufen und positionierte sich auf der anderen Seite der Wippe. Hauke warf ihm einen kurzen Blick zu. Es war Hinnerk, der Fischer. Mit grimmigem Blick begannen sie zu pumpen. Sofort schoss das Wasser aus den Schläuchen. Die Feuerwehrleute lenkten den Strahl auf das brennende Gebäude.

Uniformierte versuchten, die Schaulustigen fortzudrängen. Doch fasziniert und zugleich verängstigt, war es den Menschen kaum möglich, den Aufforderungen der Männer zu folgen. Versteinert standen sie da, wisperten mit ihrem Nachbarn, konnten den Blick von den Flammen nicht abwenden.

Vor Jahren hatte Hauke so etwas schon einmal beobachtet. Damals hatte eine Bark im Hafen von Cadiz gebrannt und war untergegangen, weil niemand an Land diesem faustischen Schauspiel hatte widerstehen können. Drei Seeleute und ein Hund waren in den Flammen umgekommen.

In der Ferne hörte Hauke eine weitere Feuerwehrglocke, deren Klang schnell näher kam. Die neue Dampfpumpe wurde gebracht! Schon rasten die Pferde um die Ecke, dass Hauke befürchtete, das Gefährt könne umstürzen. Einer der Männer hatte bereits während der Fahrt den Ofen befeuert, der mit Dampfkraft eine Pumpe betreiben sollte. Noch bevor der Wagen hielt, sprangen die Feuerwehrleute ab und rissen Schläuche von der Seite des Wagens.

Die Augen der Pferde waren trotz ihrer Scheuklappen in Panik weit aufgerissen. Der Kutscher hatte größte Mühe, die tänzelnden Tiere am Durchgehen zu hindern. Einige Anwohner sprangen herbei, schirrten die Tiere ab und brachten sie fort.

Mittlerweile schlugen die Flammen aus der Werkstatt über dem Dach der Fabrik empor. Da dröhnte ein ohrenbetäubender Knall durch die Nacht. Hauke duckte sich. Flammen schossen in die Höhe. Es regnete Trümmer. Rauch quoll aus dem kleinen Gang.

»Das Farbenlager ist explodiert!«, brüllte jemand. Hauke sah Männer aus dem Gang taumeln, schwarz von Ruß, blutüberströmt. Wie Gestalten aus den Tiefen des Hades stolperten sie aus dem Rauch und brachen auf der Straße zusammen. Man schaffte die Verletzten fort.

Hauke schrie einem der Schaulustigen zu, er solle seinen Platz an der Handspritze übernehmen. Dann rannte er auf den schmalen Gang zu. Jemand fiel direkt vor seinen Füßen zu Boden und hustete.

»Ist noch wer hinten?«, brüllte Hauke gegen den Lärm des Feuers. Das Dröhnen der Flammen verschluckte fast seine Worte.

Der Mann am Boden nickte. Die Haut an seinen Händen war fort, dunkelrot glänzte das verbrannte Fleisch. »Karl! Der Karl war hinter mir.«

Hauke sprang auf, riss jemandem einen vollen Wassereimer aus der Hand und goss ihn sich über den Kopf. Dann jagte er den verqualmten Gang entlang. Den Ärmel seiner nassen Jacke hielt er vor den Mund. Schon nach wenigen Schritten war die Hitze unerträglich. Der Rauch brannte in seinen Augen und ließ ihm Tränen übers Gesicht rollen. Hauke hielt die Luft an. Lange würde er hier nicht bleiben können. Da stieß sein Fuß gegen etwas Weiches. Er griff in den schwarzen Rauch hinab und zerrte den leblosen Körper zurück auf die Straße.

Dort griffen feste Hände nach ihm. Seine Augen schmerzten. Er fühlte, wie seine Beine nachgaben und er hustend zu Boden sackte.

»Wir haben ihn!«, hörte er jemanden rufen.

»Lebt er?«, krächzte Hauke.

»Ja!«

Man brachte ihn ein paar Meter die Straße hinunter zu einer Stelle, wo die Frauen die Verletzten, so gut es ging, versorgten. Jemand legte Hauke kühle Tücher auf Kopf und Hände. Er kauerte am Rinnstein. Tränen aus beißendem Ruß rannten seine Wangen hinunter. Immer wieder wischte er sie ab. Er dachte an die verbrannten Hände des Mannes und wie viel Glück er selbst gehabt hatte.

Da bemerkte er eine Gestalt auf der anderen Seite der Straße. In all dem Qualm musste er blinzeln, um sie zu erkennen. Es war der Maler Winsmann, der mit Kohlestift und Skizzenheft die Bilder des Feuers festhielt. Wie im Wahn raste sein Griffel über das Papier, ohne dass er den Blick von der Szenerie ließ. Sein dünner Körper war aufs Höchste angespannt, und Hauke fragte sich, was im Kopf dieses Mannes nur vor sich ging.

Er bekam jedoch keine Gelegenheit, darüber nachzudenken, denn in diesem Moment kam Sophie Struwe aus der Königstraße gelaufen. Entsetzt blieb sie vor dem brennenden Gebäude stehen. Der Schein des Feuers zeichnete ihre Züge glutrot. Wie erstarrt stand sie da. Dann stürmte sie direkt auf die Flammen zu.

Hauke sprang auf und folgte ihr. Doch bevor er sie erreichte, hatte bereits jemand die junge Frau am Arm ergriffen und zog sie vom Feuer weg. Es war Max Sülau, der Mann aus Emden. Sophie Struwe riss sich los. »Vater! Wo ist mein Vater?«

Die Flammen zuckten immer höher, und die Hitze auf der Straße wurde schier unerträglich. Fast hatte Hauke Sülau und die junge Frau erreicht, als er einen starken Luftzug spürte, der seine Jackenschöße zum Feuer zog.

Das Feuer verbrauchte die Luft zum Atmen, wollte mehr.

Sophie schrie auf. Hauke griff nach ihrem Arm und zerrte sie fort. »Kommen Sie, Sülau!«, brüllte er. Gemeinsam rannten sie zurück.

Hauke übergab die weinende Sophie Struwe einer Gruppe Frauen. »Sorgen Sie dafür, dass sie keine Dummheiten macht.« Dann wandte er sich an Sophie. »Ich finde heraus, ob Ihr Vater im Haus war oder nicht. Aber, bitte, bleiben Sie hier!«

Ängstlich nickte sie, während Tränen über ihr Gesicht liefen.

Hauke eilte zurück. Einige Männer der Feuerwehr hatten inzwischen mit Leitern die Dächer des Nachbarhauses erklommen, um vorsichtig auf das Dach der Fabrik zu gelangen. Mit sich zogen sie einen dünnen Wasserschlauch, der gegen das Wüten des Feuers geradezu lächerlich wirkte.

Der Wehrführer, ein imposanter Mann namens Schröder, versuchte, den Männern von unten mit einem großen Sprechrohr Befehle zuzuschreien.

Hauke bemerkte, dass sich der Schlauch am Haken einer Regenrinne verklemmt hatte. Mühsam balancierten zwei der Männer zurück, um ihn zu lösen. Der eine hielt den anderen an der Jacke, während dieser sich weit vorbeugte.

Plötzlich hörte man ein dumpfes, knirschendes Geräusch. Der Feuerwehrmann an der Spritze taumelte. Das Dach unter dem Mann schien zu beben. Er schwankte. Sein Gesicht war vor Entsetzen verzerrt, als er in das Feuer unter sich blickte.

Mit einem Stöhnen, das wie der Laut eines sterbenden Tieres klang, stürzte das Dach mit dem Feuerwehrmann darauf ein.

Die Menschen auf der Straße schrien auf.

Rote Flammen schossen in den Nachthimmel. Hauke meinte,

gesehen zu haben, wie die Arme des Mannes noch durch die Luft ruderten, bevor er in das brüllende Flammenmeer hinabfiel.

Ungläubig starrte Hauke das Feuer an, versuchte zu verstehen, was passiert war, als er laute Stimmen hinter sich hörte. »Hast du den Brand gelegt, Struwe?«

Hauke drehte sich um. Über die Köpfe der Menschen hinweg konnte er Hermann Struwe sehen. Der Mann stand mitten auf der Straße, gekleidet nur mit einem Nachthemd und Filzpantoffeln, aus denen seine nackten Beine wie Zaunpfähle hervorragten. Bleich starrte er seine brennende Fabrik an.

»Mein Gott!«, murmelte er immer wieder.

»Das geschieht dir recht!«, keifte eine Frau. »Dein Reichtum ist verfault, Hermann Struwe!«

Eine andere Stimme fiel ein: »Betrogen hast du uns!«

»Und den Kaiser!«, rief jemand.

»Was hat er denn gemacht?«, wollte ein anderer wissen.

»In die Kasse der Heringsfischerei gegriffen hat er, der feine Herr!«

»Wahrscheinlich ist das Feuer auch kein Zufall! Heißer Abriss, sage ich nur!«

»Der will unsere Stadt in Schutt und Asche legen, der Kerl!«

Grob schubste jemand Hermann Struwe. Er stolperte und fiel auf die Knie. »Nein, nein, so ist es nicht. Ich kann es erklären«, rief er kraftlos. Die Leute um ihn herum aber schrien ihn nieder.

»Mein ganzes Erspartes habe ich in diese verdammte Aktiengesellschaft gesteckt!«

»Gnade dir Gott, Struwe, wenn deinetwegen alles weg ist!«

»Hängt den Dieb auf!«, brüllte jemand.

Hauke wusste, wie leicht Hass Menschen dazu brachte, Dummheiten zu begehen. Jemand trat Struwe ins Kreuz.

Mit Fäusten und Ellbogen bahnte Hauke sich einen Weg zu dem alten Mann, der jetzt am Boden lag. Ein immer enger werdender Kreis hatte sich um ihn gebildet. Struwe versuchte, sich aufzurappeln, während er sich kniend gegen die Knuffe und Schläge der Menschen wehrte.

»Ich bin unschuldig«, jammerte er.

Hauke sah, dass auch Sophie Struwe sich zu ihrem Vater durchdrängelte. »Lasst ihn in Ruhe! Er hat nichts getan!«, schrie sie die Leute an.

Einem baumlangen Kerl, der in diesem Moment zu einem mächtigen Schlag gegen Hermann Struwe ausholte, fiel sie in den Arm. »Hand runter oder du bekommst es mit mir zu tun!«, brüllte sie ihm ins Gesicht. Der Mann zögerte einen Moment. Dann ließ er ab. Fast gleichzeitig mit Hauke erreichte Sophie ihren am Boden schluchzenden Vater.

»Lasst den Mann in Ruhe!«, rief Hauke in die Menge. Jemand versetzte ihm einen heftigen Hieb gegen die Schläfe. Hauke taumelte zurück. Warmes Blut rann seine Wangen hinab. Kurz schüttelte er den Kopf, um wieder klar zu werden. Dann griff er nach Hermann Struwe und zerrte ihn auf die Beine. »Helfen Sie mir, Sophie!«

Sogleich sprang sie auf und legte einen Arm ihres Vaters über ihre Schulter, Hauke tat es ihr gleich.

Hermann Struwe konnte nicht mehr laufen. Sein Körper zitterte in Schüben. Die Augen voll Tränen, zog es ihn hin zu seiner Fabrik, die morgen früh nur noch Schutt und Asche sein würde. »Das Buch!«, jammerte er. »Das Buch! Ich kann es beweisen!« Dann sank er erneut zu Boden und riss seine Tochter mit sich.

Hauke wusste nicht, wovon der Mann sprach. Er wusste nur eines: Sie mussten hier schleunigst fort. Aus den Augenwinkeln glaubte Hauke, in der Menge eine aufblitzende Messerklinge gesehen zu haben. Mit Schwung zog er den ohnmächtigen Struwe hoch. Dann beugte er sich vor und ließ den Mann über seine Schulter fallen.

Brutal schob Hauke sich durch die Menge, die, erbost über das verlorene Opfer, ihren Unmut äußerte. Kurz sah Hauke noch Max Sülau, der Sophie Struwe zu Hilfe eilen wollte, doch sie stieß ihn fort und folgte Hauke.

Als Hauke Reviervorsteher Rübcke und einige seiner Männer ihm entgegenkommen sah, war er erleichtert. Die Beamten schoben die Umstehenden mit den Knüppeln in der Hand zur Seite, damit Hauke mit seiner Last durchkam.

»Tot?«, wollte Rübcke wissen.

»Nein«, keuchte Hauke schwer atmend und lief weiter.

»Gut. Er wird Fragen beantworten müssen. Bringen Sie ihn nach Hause. Ich schicke Dr. Halling vorbei.«

Dann eilte Rübcke zu seinen Männern, die damit begonnen hatten, alle Leute, die nicht mit dem Löschen beschäftigt waren, möglichst weit die Straße hinunterzudrängen.

Während Hauke die Königstraße zum Struwehaus entlanglief, hörte er Sophie Struwe immer wieder flüstern: »Er darf nicht sterben! Bitte, Gott! Er darf nicht sterben.«

Ein Fuhrwerk mit neuem Wasser raste an ihnen vorbei, hin zur Reichenstraße, wo der Kampf weiterging.

KAPITEL 9

Für Rettung von Trunksucht! Versende Anweisung nach 18-jähriger approbierter Methode zur sofortigen radikalen Beseitigung, mit, auch ohne Vorwissen, zu vollziehen, keine Berufsstörung, unt. Garantie. Briefen sind 50 Pfg. in Briefmarken beizufügen. Man adressiere: »Privat-Anstalt Villa Christina bei Säckingen, Baden.«

Original: Glückstädter Fortuna, Januar 1894

Während die Menschen zum Feuer liefen, huschte eine dunkle Gestalt durch die offene Tür in das Haus in der Königstraße. Sie blieb im Flur stehen und horchte.

Im Haus war es still.

Die Gaslampen an der Wand im Flur brannten nicht. Es war finster. Die Gestalt öffnete die Tür zum Arbeitszimmer des Hausherrn. Von draußen zuckte das Rot des nahen Feuers über die Fassade der gegenüberliegenden Häuser, legte ein unheimliches Flackern auf alle Möbel im sonst dunklen Raum.

Rasch sah sich die Gestalt um, dann – einem Schatten gleich – eilte sie zum Tresor hinüber, der hinter dem wuchtigen Schreibtisch stand. Obwohl niemand im Haus war, ging der Einbrecher leise zu Werke. Er holte einen Schlüssel aus seiner Jackentasche und schob ihn vorsichtig in das Schloss der schwarz lackierten Eisentür. Doch der Schlüssel ließ sich nicht drehen.

Die Gestalt fluchte.

Vor dem Haus hörte man Stimmen.

Der Einbrecher schreckte auf. Doch die Menschen auf dem Gehsteig eilten weiter. Das grelle Läuten eines Feuerwehrgefährts kam näher und entfernte sich wieder. Erst als es fort war, rührte sich der Mann. Erneut versuchte er, den Schlüssel zu drehen. Wieder tat sich nichts.

Er zog die Mütze vom Kopf und wischte sich mit einem Tuch

den Schweiß ab. Ein letztes Mal fuhr er mit dem Schlüssel in das Schloss. Endlich gab es nach, und er konnte die schwere Eisentür aufziehen.

Im oberen Fach des Tresors stand eine Reihe mit schwarzen Journalen, die jeweils eine Jahreszahl trugen. Er nahm den Band mit der Beschriftung »1893/94« heraus und versteckte ihn in der Innenseite seiner Jacke. Sorgsam schloss er den Tresor wieder, bevor er eilig das Haus verließ.

***

Sie legten Hermann Struwe auf ein Sofa, das in der Ecke seines Arbeitszimmers stand. Er war mittlerweile wieder bei Bewusstsein, doch sein Blick war fahrig und unruhig.

Sophie eilte hinaus, um ihm eine Wolldecke zu holen, denn ihr Vater zitterte vor Kälte. Als sie zurückkam, legte Hauke gerade alle Kissen, derer er habhaft werden konnte, unter die Beine des Mannes.

»Ich bin zwar kein Arzt, aber ich vermute, Ihr Vater steht unter Schock. Das Blut zirkuliert nicht mehr richtig.« Hauke hatte diese Symptome schon einmal bei einem Verletzten an Bord beobachtet: enge Pupillen, kalte Haut, Schweiß auf der Stirn, Zittern.

Draußen hörte man noch immer das Läuten der Feuerwehr. Das Brüllen des Feuers dröhnte sogar durch die geschlossenen Fenster herein.

Sophie entzündete die Gaslampen im Raum und schloss die Vorhänge.

In der Tür erschien jetzt Tante Dora, mit verkniffenem Gesicht. Sie verschränkte die Arme vor der Brust und machte keine Anstalten, Hauke oder Sophie zu helfen, sondern starrte nur den Mann auf dem Sofa an.

»Ich brauche noch eine Decke, Tante Dora«, sagte Sophie zu ihr, doch die Frau rührte sich nicht. Zwischen ihren Brauen stand eine steile, missbilligende Falte. Sophie warf ihr einen erbosten Blick zu, dann nahm sie ihren Wollumhang und legte ihn ihrem

Vater über. »Ich mache einen Tee«, sagte sie und drängte sich energisch an ihrer Tante vorbei.

Hauke legte seine Hand auf Struwes kalte, nasse Stirn. Der Mann atmete zu schnell, die Pupillen waren so klein wie ein Stecknadelkopf. Besorgt fühlte er den rasenden Pulsschlag, als Sophies Tante langsam zum Sofa trat.

»Die Fabrik ist also abgebrannt, Hermann. War sie versichert?«

Der Hausherr hörte sie nicht.

Sie baute sich vor dem Sofa auf und stemmte die Hände in die knorrigen Hüften. »Was soll jetzt werden?« Hermann Struwe schien in ihrem Schatten zu versinken. Er schloss die Augen.

Ihre Stimme überschlug sich. »Die Leute sagen es schon auf der Straße: Ein Betrüger bist du!«

Hauke richtete sich auf. Offenbar schien jeder in der Stadt der Meinung zu sein, dass Struwe die Heringsfischerei betrogen hatte und damit auch den Kaiser.

»Hast du das Feuer gelegt, Hermann?«

»Wie kannst du Vater nur beschuldigen!«, rief Sophie entsetzt und schob ihre Tante zur Seite, um sich schützend neben ihren Vater zu stellen. Sie nahm seine Hand und streichelte sie, ohne ihren wütenden Blick von der Tante zu lassen. »Hat er dich nicht in unserem Haus aufgenommen? Er war stets gut zu dir, ja, er wollte dich sogar heiraten!«

Tante Dora schnaufte verächtlich. »Ich habe euch Jahre meines Lebens geopfert. Jahre, in denen ich einen richtigen Mann hätte finden können. Jahre, die verloren sind.«

»Dann geh doch! Wir brauchen dich nicht!«, schrie Sophie ihr ins Gesicht.

Hermann Struwes Zittern wurde jetzt immer heftiger und ging in ein Schütteln über. Hauke beugte sich hinunter und versuchte in die wirren Augen des Mannes zu blicken. »Herr Struwe!«, sagte er eindringlich. »Hören Sie mich?«

»Wo bleibt nur Dr. Halling?«, rief Sophie und rannte hinaus.

Dora schrie ihr nach: »Undankbar und unerzogen! Du findest nie einen Mann!«

Sie wollte schon den Raum verlassen, als Hauke sie festhielt. »Lassen Sie sofort Dr. Halling herbringen!«

Sie schüttelte den erhobenen Kopf. »Das kann diese Göre tun! Es ist ihr Vater. Ich habe mit dieser Familie nichts mehr zu tun.«

Hauke glaubte seinen Ohren nicht zu trauen. Er richtete sich zu seiner ganzen Größe auf. Seine gewaltige Stimme ließ Dora zusammenfahren. »Sie holen sofort den Arzt oder ich prügel Sie vor den Augen der gesamten Stadt eigenhändig zu ihm!«

***

Als Dr. Halling wenig später erschien, umgab ihn eine Wolke beißenden Brandgeruchs. »Ein Toter, einige Verbrennungen. Feuer unter Kontrolle«, berichtet er kurz, als er sich seinen Mantel herunterriss und ihn Sophie gab, damit sie ihn im Flur aufhängte. »Wehrführer Schröder glaubt an Brandstiftung. Drei Brandherde gleichzeitig können kein Zufall sein.« Er blickte Hauke prüfend an. »Ihre Wunden sehe ich mir gleich an.«

Halling trat auf Hermann Struwe zu und begann, ihn zu untersuchen. »Die Stadt ist in Aufruhr gegen einen ihrer ehrenwertesten Bürger. Es ist mir schleierhaft, was so plötzlich in die Leute gefahren ist. Gestern noch wollte man ihn in den Stadtrat berufen, und heute wollen sie ihn lynchen. Das ist barbarisch, wenn Sie mich fragen. Ich habe Rübcke gebeten, zwei Männer vor der Tür zu postieren.«

Die Untersuchung des Arztes war kurz, aber gründlich. »Ein Schock, ein paar Prellungen.« Dr. Halling verabreichte Struwe ein starkes Beruhigungsmittel. »Das wird gleich wirken. Danach sollte er bis morgen tief und fest schlafen. Dann sehen wir weiter.« Jetzt wandte er sich prüfend Haukes Wunde zu. Das Blut daran war bereits getrocknet.

»Ist nur halb so schlimm, Doktor«, sagte Hauke, obwohl sein Schädel höllisch schmerzte.

»Wie Sie meinen«, brummte Halling. Dann bat er Sophie und Hauke, mit ihm auf den Flur zu kommen.

Mit Tränen in den Augen blickte Hermann Struwe Sophie nach, als sie mit Dr. Halling und dem Kapitän den Raum verließ. Sie war eine gute Tochter und ihrer Mutter wie aus dem Gesicht geschnitten. So hübsch und auch noch klug. Sie war immer schon sein ganzer Stolz gewesen.

Wie hatte das alles nur passieren können? Er hatte es nicht kommen sehen. Sie sagten, er sei ein Betrüger, aber das stimmte nicht.

Langsam setzte er sich auf. Ihm war schwindelig, doch er schaffte es, sich wankend vom Sofa zu erheben. Schritt für Schritt schlurfte er hinüber zum Schreibtisch.

Ja, sie war eine gute Tochter. Sobald alles vorbei war, würde er es ihr sagen. Jetzt aber musste er beweisen, dass ihn keine Schuld traf.

Zitternd griff Hermann Struwe nach einem Kästchen auf dem Schreibtisch. Er drückte auf den fast unsichtbaren Knopf auf der Unterseite. Sofort sprang seitlich ein kleiner Deckel auf. Er nahm den Schlüssel aus dem schmalen Fach.

Schwer stützte er sich auf der Lehne des Schreibtischstuhls ab. Er musste es schaffen, zum Tresor zu kommen. Darin lagen die Journale der letzten Jahre. Akkurat waren Einnahmen und Ausgaben verzeichnet, wichtige Verträge notiert und Bilanzierungen festgehalten. Das Journal aus dem Jahr 1893/94 würde beweisen, dass man ihn gezwungen hatte. Dass er eigentlich ein ehrlicher Mann war. Jemand hatte Lügen verbreitet, seine Unterschrift gefälscht, in seinem Namen Dinge getan, die er selbst niemals getan hätte.

Man musste jenen Verräter dingfest machen, der nirgends anders als in der neuen Heringsfischerei ein und aus ging. Jemand, der alles wusste, aber unsichtbar war.

Mühsam öffnete sich die eiserne Tür. Er brauchte einen langen Moment, bevor er begriff, was die Lücke zwischen den schwarzen Büchern zu bedeuten hatte.

***

Mit besorgtem Blick eröffnete Dr. Halling, dass im Fall von Hermann Struwe nicht nur mit einem vorübergehenden Schock zu rechnen sei. »Fräulein Sophie, Ihr Vater sollte die nächsten Tage unter ärztlicher Aufsicht bleiben. Ich mache mir große Sorgen um seinen Körper wie auch um seinen Geist. Wir haben es hier mit einem veritablen Nervenzusammenbruch zu tun.«

Sophie, die die gesamte Zeit einen starken Eindruck auf Hauke gemacht hatte, schien in sich zusammenzusinken.

»Aber was ist denn nur passiert?«, rief sie. »Warum sagt mir niemand etwas?«

Halling sah sie verwirrt an. »Haben Sie es nicht gehört?«

Sophie schüttelte den Kopf.

»Ihr Vater wird beschuldigt, die Aktiengesellschaft um Geld betrogen zu haben. Viel Geld.«

»Nein, das würde er niemals tun!«

»Fräulein Struwe, die Vorwürfe sind schwer und der Zustand Ihres Vaters ist besorgniserregend. Er sollte nicht alleine bleiben. Ja, ich überlege sogar, ob ich ihn ins Krankenhaus schicke.«

»Aber er ist nicht verletzt«, sagte sie.

Halling atmete tief ein. »Es geht in diesem Fall weniger um den Körper. Sein Geist scheint mir …«, er stockte, »instabil. Es war in den letzten Tagen hart für ihn.«

»Sie glauben, er wird irre?«, flüsterte Sophie. »Er soll in die Anstalt nach Schleswig?«

Ein kalter Schauer raste über Haukes Rücken.

»Nein, Fräulein Sophie, ich möchte Ihren Vater in meinem Krankenhaus haben. Ein oder zwei Tage zur Beobachtung reichen. Es ist zu seiner Sicherheit«, sagte Halling.

Da hörten sie ein verächtliches Schnaufen hinter sich.

Tante Dora stand auf dem Treppenabsatz zum oberen Stockwerk. »Ich habe es gewusst. Schwach ist der Herr, schwach an Geist und Körper.«

»Seien Sie still!«, raunzte Hauke sie an.

Sophies Tante drehte sich beleidigt um, um nach oben in ihr Zimmer zu gehen. »Für mich gibt es hier nichts mehr zu tun. Ich reise morgen früh ab.«

»Niemand wird Sie aufhalten, Frau Schott!«, schrie Sophie ihr nach.

In diesem Augenblick zerriss ein Knall die Luft. Er war aus dem Arbeitszimmer gekommen. Sein Klang raste in den Flur, erfüllte das Haus bis in den letzten Winkel, stieß sich von den Wänden ab und prallte gegen die Haustür. Dann fiel er in sich zusammen und verstummte.

Stille.

Sophie hörte jemanden schreien. Es dauerte, bis sie begriff, dass sie es selbst war.

Hauke riss die Tür zum Arbeitszimmer auf. Dr. Halling folgte ihm. Als Sophie ebenfalls hineinstürmen wollte, drängte Hauke sie zurück in den Flur.

»Lassen Sie mich zu meinem Vater!«, kreischte sie. Ihr Herz wusste längst, was geschehen war, aber ihr Verstand weigerte sich, es zu begreifen. Sie schlug nach Hauke, der sie gegen seine Brust drückte. Mit aller Kraft versuchte sie, sich loszureißen. Vergeblich. Er war stärker als sie.

Sie hielt inne, versuchte, vernünftig zu wirken. »Lassen Sie mich bitte zu meinem Vater«, sagte sie so ruhig wie möglich. »Ich weiß, was passiert ist.« Sie schluckte. »Bitte.«

Hauke zögerte, sah über seine Schulter hinweg zu Dr. Halling, den Sophie vom Flur aus nicht sehen konnte. Offenbar hatte der Arzt jedoch genickt, denn nach einem weiteren Moment des Innehaltens ließ Hauke sie los und trat zur Seite.

Vorsichtig ging Sophie in das Arbeitszimmer ihres Vaters. Als sie ihn da liegen sah, stürzte sie wimmernd zu ihm. Ihre Beine versagten. Sie sank zu Boden, kauerte am Knie ihres toten Vaters, der vornübergebeugt auf der blutverschmierten Marmorplatte seines Tisches lag, die Waffe noch in der Hand.

***

Der Schatten lief durch die Straßen der Stadt, in der heute keiner schlafen konnte. Immer wieder drehte sich der Mann um. Als er sicher war, dass niemand ihm folgte, wurden seine Schritte langsamer.

Deutlich war das Knacken des Feuers in einiger Entfernung zu hören. Auf dem Marktplatz brannten die fünf Lampen des Kandelabers. Ihr Schein erreichte kaum das hell erleuchtete Rathaus, in dem der Stadtrat gerade über die Krise beriet. Der Kirchturm ragte in den Himmel empor. Einzelne glühende Funken schwirrten durch die Luft. Der helle Putz der Kirche schimmerte in dieser Nacht rötlich. Jemand hatte die Tür zum Kirchenschiff weit offen stehen lassen. Alle Menschen waren in die Reichenstraße geeilt.

Schwer atmend blieb der Mann unter der Laterne stehen. Nochmals blickte er sich um, dann zog er das Buch aus seiner Tasche und blätterte darin.

Ein Fuhrwerk kam durch den Torbogen des Rathauses auf den Marktplatz gepoltert. Der Mann schreckte zusammen, schob das Buch eilig unter seinen Mantel. Doch niemand hatte ihn bemerkt. Alles war zu seiner vollsten Zufriedenheit verlaufen. Er zog die Mütze vom Kopf und wischte sich ein weiteres Mal mit einem großen Taschentuch den Schweiß ab.

Ein Feuermal in der Form Madagaskars prangte auf seinem kahlen Schädel.

KAPITEL 10

Glückstadt. Ein bei einem hiesigen Fuhrherrn bediensteter Knecht stahl in voriger Woche seinem Mitknecht aus dessen Koffer 140 M sowie eine Hose und Weste und wurde damit flüchtig.

Original: Glückstädter Fortuna, Februar 1894

Noch war es dunkel. Erschöpfte Ruhe lag über der dunklen Stadt. Die Gaslaternen warfen ein bescheidenes Licht auf das Kopfsteinpflaster. Kein Mensch begegnete Hauke. Nur ein paar Ratten huschten an den Häusern entlang. Hinter der mannshohen Mauer zu seiner Linken wiegten sich Dutzende festgemachter Schiffsrümpfe im trägen schwarzen Wasser des Binnenhafens. Ihre Taue ächzten bei jeder Bewegung. Die Turmuhr der Kirche am Marktplatz schlug.

Hätte nicht der Brandgeruch in der Luft gelegen, hätte man glauben können, es sei eine ruhige Nacht gewesen, in der nichts Bedeutsames passiert war. Doch so war es nicht. Glückstadt hatte in den letzten Stunden die eine große Angst zu spüren bekommen, die einem ins Gesicht schreit, man würde jetzt alles verlieren. Ob reich oder arm, keiner hatte sich diesem Gefühl entziehen können. Einzig Glück und eine Handvoll mutiger Männer hatten ein Übergreifen des Feuers auf die anderen Häuser verhindert. Fast wäre die gesamte Stadt abgebrannt. Die Stadt, durch deren Straßen Hauke jetzt ging, um in seine Kammer am Hafen zu gelangen.

Zögerlich begann der neue Tag, als wäre er sich nicht sicher, ob alles weitergehen könne wie bisher.

Hauke hatte Haus Nummer 32 soeben erreicht, da wurde die blaue Haustür von innen aufgerissen.

»Na, da ist er ja, unser Phönix!«, rief Theobald Winsmann. Der kleine Mann strahlte Hauke an. »Sie müssen mir alles erzählen, was ich verpasst habe!«

Der Künstler eilte in den düsteren Flur hinein und nahm die Stiege nach oben. Die alten Stufen knarzten selbst unter seinem Federgewicht. Aufgeregt plapperte Winsmann von den grandiosen Farben des Feuers.

Haukes geschundener Körper hingegen schrie nach einem Bett. Er zog den Kopf ein, um nicht gegen den niedrigen Sturz der Haustür zu stoßen. Mit einem Seufzer trat er ein.

Im ersten Stockwerk versuchte er, ungesehen an der offenen Kammertür des Malers vorbeizukommen, aber Winsmann zog ihn in sein Atelier. Mit freundlichem Nachdruck schob er Hauke auf einen Sessel mit fadenscheinigem Bezug nahe dem Kachelofen.

Angenehme Wärme erfüllte die kleine Stube, die eher wie ein Zimmer denn wie ein Atelier wirkte.

»Was haben wir denn hier?« Winsmann kam zu Hauke und drehte dessen Kopf im Schein einer der vielen Kerzen, die überall im Raum standen. Kritisch prüfte er die Wunde an Haukes Schläfe, die wieder aufgegangen war. Er nahm einen Lappen zur Hand und begann, das Blut von Haukes Gesicht zu wischen.

Vor lauter Müdigkeit bekam Hauke davon gar nichts mit. »Au, verdammt!« Hauke zuckte zurück. »Was ist das?« Angewidert starrte er auf den bunten Fetzen, den der Maler in der Hand hielt.

»So ein bisschen Ocker wird Sie schon nicht umbringen«, entschied Winsmann und tupfte weiter.

»Es ist nicht die Farbe, sondern das Terpentin darin.«

Der Maler wischte den Einwand mit einer vagen Handbewegung zur Seite, während er die Wunde versorgte. Wieder zuckte Hauke zusammen. »Lassen Sie das bitte.« Hauke schob ihn von sich.

Achtlos ließ Winsmann den Lappen auf den Boden fallen. Dann verschwand er munter schnatternd hinter seiner Staffelei. Nur die dünnen Beine lugten unter dem Holzgestell hervor.

»Lieber Herr Kapitän, ich möchte Ihnen ein Geheimnis anvertrauen.« Winsmann schaute um die Staffelei herum und grinste. »Unsere Vermieterin, das Fräulein Thekla, hat mir im Vertrauen mitgeteilt, dass sie Ihrer Person einiges abgewinnen könnte, wenn

Sie verstehen, was ich meine.« Er zwinkerte mit einem Auge. Verwirrt schaute Hauke ihn an. »Doch, doch! Sie ist vielleicht nicht mehr die Jüngste, aber sie hat ein Haus, ist auf ihre Weise recht hübsch und kann gut kochen.« Er verschwand hinter seiner Leinwand. »Wirklich, eine passable Partie.«

»Warum heiraten Sie sie dann nicht selbst?«, wollte Hauke wissen.

Ein Lachen rauschte herüber. »Ich? Oh nein, das überlasse ich den mutigsten unter uns Männern!«

Hauke wollte sich erheben und in seine Kammer gehen, als ihn die Müdigkeit zurück in den Sessel warf. »Können Sie mir eine Frage beantworten?«

»Aber ja, natürlich.« Neugierig lugte der Künstler an der Kante der Leinwand vorbei zu Hauke hinüber.

»Warum ist Ihnen so daran gelegen, dass ich in der Stadt bleibe?«

Winsmann hob die Augenbrauen.

»Seit ich angekommen bin, wollen Sie mir einträgliche Arbeiten in Glückstadt vermitteln, dienen mir ledige Weibsbilder zwecks Heirat an oder weisen mich auf günstige Häuser zum Kauf hin.«

Der Maler verschwand wieder hinter der Staffelei. Er schwieg.

»Gibt es für Ihre Bemühungen einen Grund?«, hakte Hauke nach.

»Nein, welcher sollte das sein?«, fragte Winsmann mit unschuldiger Stimme.

Ein ungutes Gefühl beschlich Hauke. Er mochte keine Geheimniskrämerei. Langsam erhob er sich aus dem Sessel und ging zur Staffelei. Er schob den Maler zur Seite und starrte auf die Leinwand.

In schweren Farben hatte Winsmann ihn gemalt. Jedoch als griechischen Helden mit einem Schwert in der Hand, gegen eine Hydra kämpfend. Dabei blickte sein Ebenbild nicht das Ungeheuer an, sondern den Betrachter. Es schien, als hätte er eine Frage gestellt und warte auf eine Antwort, während er zugleich das vielköpfige Schlangenwesen erschlug. Dunkle Augen voll

Traurigkeit starrten Hauke an. »Sie haben mich gemalt?«, wollte er wissen.

Entschuldigend fuchtelte Winsmann mit den Armen durch die Luft. »Ich hätte Sie fragen müssen, Herr Sötje, ich weiß. Natürlich hätte ich das tun sollen. Aber es ist die Inspiration. Ein Künstler darf sich ihr nicht entgegenstellen. Das verstehen Sie sicher.« Er kam näher. »Dies ist erst der Anfang. Ich werde von Ihnen ein Gemälde von unglaublicher Kraft schaffen.«

»Dieses Bild?«

»Oh nein! Größer! Viel größer!« Winsmann schritt durch den Raum, wobei er immer wieder Stapeln von Zeitungen und Büchern ausweichen musste. »Ein epochales Gemälde, der neuen Kunsthalle in Hamburg würdig! Ihr Blick, Hauke, der in die Weite geht, die Unendlichkeit durchmisst. Ein Blick mitten durch den Betrachter hindurch. Visionen, ein Gott …«

»Nein!«

»Aber diese Augen!« Entsetzt blickte Winsmann zwischen Hauke und dann der Leinwand hin und her.

»Nein«, wiederholte Hauke.

»Zweifeln Sie etwa an meinem Können?« Winsmann klang beleidigt.

»Ich möchte nicht im Salon eines Hamburger Kaufmanns hängen.« Hauke blickte den kraftstrotzenden halb nackten Mann auf der Leinwand missbilligend an. Er war ihm auf einmal völlig fremd.

»Salon? Ich male keine Sofabilder für das Bürgertum!«, ereiferte sich Winsmann. »Ich will ein einzigartiges Meisterstück unserer Zeit schaffen. Unbezahlbar!«

»Bitte suchen Sie sich einen anderen Odysseus«, sagte Hauke müde und ging zur Tür.

»Wie wäre es mit Ahab! Moby Dick!« Winsmann eilte hinter Hauke her und schloss die Tür wieder, die Hauke bereits halb geöffnet hatte. »Das Buch von diesem Melville. Sie kennen es doch sicher. Sie müssen es kennen! Bitte, Herr Kapitän«, flehte der Maler. »Ahab! Wie wäre das?«

»Nein.«

Winsmann wimmerte. »Herr Kapitän! Ich sehe es schon vor mir!« Weit breitete er die Arme aus. Seine Augen leuchteten. »Öl, mindestens vier Meter lang und drei Meter hoch.« Energisch schob er Hauke zurück in den Raum. »Kennen Sie die eine Wand in der neuen Kunsthalle in Hamburg?« Sein Blick bekam etwas Versonnenes. »Man schreitet die Treppe empor. Die letzten Stufen eröffnen den Blick in die Ausstellung, und dort, direkt vor dem geneigten Betrachter, das Werk der Werke! Ahabs verzweifelter Kampf gegen den weißen Wal! Erhaben, unbarmherzig!« Verklärt blickte Winsmann Hauke an. »Links hängt ein kleiner Otto Runge und rechts ein bescheidener Caspar David Friedrich, nicht mehr.«

Haukes Augen verengten sich.

»Gut, dann eben kein Ahab«, gab Winsmann eilig nach. »Wie wäre es mit Odysseus' Rückkehr nach Ithaka? Königlich, prunkvoll, siegreich.«

»Drei mal vier Meter in der neuen Hamburger Kunsthalle?«

»Ja, ja, mindestens.« Begeistert nickte Winsmann.

»Bitte, Herr Winsmann …«

»Sagen Sie Theo«, forderte er Hauke auf.

»Herr …«

»Theo«, unterbrach er ihn.

»Gut, also Theo«, gab Hauke erschöpft nach. »Als Liebhaber der alten Griechen sollten Sie wissen, dass Odysseus als Bettler in sein eigenes Reich zurückkam. Nur sein alter, blinder Hund erkannte ihn. Kein Prunk, kein Pomp.«

Der Maler wischte den Einwand fort. »Unsinn! Es geht nicht um die Wahrheit, sondern darum, wie es hätte sein sollen, wie es hätte sein müssen!«

»Geschrieben steht es nicht.«

»Bilder sind mächtiger als Worte, Hauke. Vor allem, wenn sie erst einmal in den Köpfen der Menschen sind.«

Hauke atmete tief ein. Es war sinnlos, mit einem Künstler über diese Dinge zu streiten. Ein Meisterwerk wollte Winsmann schaffen, und zu Haukes Leidwesen hatte er sich ihn als Helden erwählt. Warum auch immer. Hauke wusste, er musste hart bleiben, um sich der Begeisterung des Mannes entziehen zu können. »Nein, Theo.« Das Wort war gesprochen. Auf jedem seiner Schiffe hätte es Geltung gehabt.

Nur nicht hier.

»Aber Hauke!« Ein leicht weinerlicher Ton entwich Winsmann. »Dann trinken Sie wenigstens ein Glas mit mir!«

Warum wollte dieser Mann nicht aufgeben?

Der Maler wies auf einen runden Beistelltisch in der Ecke des Raumes hin. Ein filigranes Glasbehältnis mit Messingfüßen stand darauf. Der Behälter war mit Wasser gefüllt und hatte vier zierliche Auslaufhähne. Unter zweien von ihnen stand je ein Absinthglas, auf dem wiederum je ein silberner Löffel mit einem Stückchen Zucker obenauf lag. In den Gläsern leuchtete, in hellem Smaragdgrün, der Absinth.

»Eine kleine ›Grüne Fee‹ auf unsere neue Freundschaft.«

Hauke schüttelte den Kopf.

»Es ist Medizin, werter Herr Kapitän. Der Champagner der Boheme, das Lebenswasser der Künstler.«

Er ging zu der Absinthfontäne und öffnete die beiden Hähne über den Gläsern. Das langsam herauslaufende Wasser ergoss sich über den Zucker, tropfte in das Grün hinein und verwandelte es in ein Opalweiß. Winsmanns Blick wurde weich.

»Trinken Sie mit mir«, lächelte er. »Und dann erzählen Sie, wer das Feuer in der Reichenstraße legte und warum sich Hermann Struwe heute Nacht erschossen hat.«

KAPITEL 11

Concursverfahren. Über das Vermögen der Firma J. Stahmer & Co., Inhaberin: Laura Maline Stahmer, geb. Borchardt, in Glückstadt, wird, da dieselbe ihre Zahlungsunfähigkeit glaubhaft nachgewiesen hat, heute, nachmittags 4 Uhr, das Concursverfahren eröffnet. Der Kassierer Julius Reinhart hier wird zum Concursverwalter ernannt. Concursforderungen sind bei dem Gerichte anzumelden.
Königliches Amtsgericht zu Glückstadt, den 5. März, A. Kegel, Gerichtsschreiber des Königl. Amtsgerichts.

Original: Glückstädter Fortuna, 1894

Es hatte zum fünften oder sechsten Mal an der Tür geläutet. Sophie saß auf der obersten Stufe der Treppe und starrte in die dunkle Halle hinunter. Jemand hatte den Spiegel mit einem schwarzen Tuch verhängt. Sophie hätte nicht sagen können, wer es gewesen war. Vielleicht die Nachbarin.

Nach Mutters Tod hatte sich Vater geweigert, etwas im Haus ändern zu lassen. Jeder Raum war mit einem Schmuckstück ausgestattet: Im Esszimmer war es eine aufwendig geschnitzte Kredenz, in der das feine Porzellan ihrer Mutter seit Jahren ungenutzt stand. Im Salon die seidenbezogene Chaiselongue mit den glänzenden Nussbaumlehnen und im Arbeitszimmer ihres Vaters natürlich der Schreibtisch, wie ihn der Graf von Brockdorff-Ahlefeldt besaß.

Die Fensterläden im gesamten Haus waren geschlossen. All diese teuren Kostbarkeiten standen nun sinnlos in der Dunkelheit herum.

Es läutete noch einmal an der Haustür. Sophie hörte, wie jemand ihren Namen rief, aber es scherte sie nicht. Sie machte sich schwere Vorwürfe, weil sie Dr. Halling gefolgt war. Sie hätte im Raum bleiben müssen, bei ihrem Vater. Dann wäre all das nicht passiert.

Alles war so schnell gegangen, so wenig Zeit zum Denken. Vielleicht hätte sie es noch verhindern können. Woher hatte ihr Vater überhaupt die Waffe? Sophie wusste nicht einmal, dass er eine gehabt hatte. Aber was wusste sie schon?

Noch atmete sie die Luft im Haus, die ihr Vater geatmet hatte. Bald aber schon würde seine Seele fort sein.

Wieder rief vor dem Haus jemand ihren Namen. Wahrscheinlich ein weiterer Kondolenzbesucher, der nur abschätzen wollte, was es bei den Struwes zu holen gab. Warum ging der Störenfried nicht einfach weg? Er musste doch merken, dass sein Besuch nicht erwünscht war. Vielleicht aber war es auch nur jemand, der sich den grausigen Ort des Geschehens ansehen wollte. Diese Leute waren am schlimmsten.

Es konnte aber auch ein weiterer Gläubiger sein. Diese Schmeißfliegen wollten nicht einmal bis zur Beerdigung warten, um ihr Geld einzufordern. Mehrere Lieferanten der Fabrik behaupteten, es würden noch Rechnungen ausstehen. Auch der Bäcker und der Schneider forderten Geld. Sophie wusste nicht, ob zu Recht oder zu Unrecht. Niemals hatte ihr Vater sie in seine Geldangelegenheiten eingewiesen.

Sophie spürte Tränen auf ihren Wangen. Sie ließ sie einfach laufen.

Von der Haustür dröhnte jetzt ein lautes Klopfen durch das dunkle, leere Treppenhaus.

Warum kam ihr Vater nicht aus dem Arbeitszimmer, um dem Ruhestörer den Kopf zu waschen? Sophie blickte zum Arbeitszimmer ihres Vaters hinüber, wartete, hoffte, er würde herauskommen.

Wieder dieses aufdringliche Klopfen.

»Ja, Himmel noch mal!«, rief sie endlich und glaubte, wie ihr Vater zu klingen. »Ich komme ja schon.«

Halbherzig strich sie ihr Kleid glatt. Die Haare ließ sie, wie sie waren. Sie waren der Mühe nicht wert. Sophie öffnete die Tür einen kleinen Spalt. Sie blinzelte in die grelle Nachmittagssonne.

»Fräulein Struwe, mein Gott! Verzeihen Sie die Störung, doch man sagte mir, Sie hätten seit Tagen das Haus nicht verlassen.

Wir machen uns alle große Sorgen um Sie.« Erst jetzt, da sie die sonore Stimme erkannte, wusste sie, wer vor ihr stand. Es war ihr alter Schulleiter, Dr. Detlefsen, der kürzlich noch hier im Haus gewesen war. »Liebes Kind, wollen Sie mich denn nicht hereinlassen?«

Sophie hätte zu gerne Nein gesagt, verkniff sich diese harsche Antwort aber für den Moment. »Verzeihen Sie, aber ich bin nicht auf Besuch vorbereitet.« Die Worte kamen von allein über ihre Lippen, obwohl ihr klar war, dass auch dieser Satz höchst unhöflich war. Ihre Mutter hätte sich im Grabe umgedreht und geschämt wegen der Art und Weise, wie ihre Tochter einen Gast abfertigte. Doch Sophie hatte keine Kraft mehr für ein Lächeln, keine Kraft mehr, falsche Beileidsbekundungen oder Beschimpfungen über ihren Vater entgegenzunehmen.

Hermann Struwe hatte sich aus der Verantwortung gestohlen. Er hätte alles richtigstellen müssen, was man über ihn zu wissen glaubte. Stattdessen hatte er sie alleingelassen. So, wie es ihre Mutter damals auch getan hatte. Wenigstens war es bei ihr das kranke Herz gewesen und keine Feigheit.

Bei all dem Leid, das Sophie in sich trug, konnte sie zumindest ein wenig Freude darüber empfinden, dass Tante Dora am Morgen nach dem Tod ihres Vaters die erste Bahn Richtung Hamburg genommen hatte. Sie hätte es nicht ertragen können, wenn diese Frau sich um den Nachlass gekümmert hätte, all jene Dinge in ihre knochigen Finger genommen hätte, an denen Sophies Kindheit und Erinnerung hing. Was auch immer jetzt auf sie zukommen würde, sie würde Tante Dora dafür nicht brauchen.

»Ich möchte mit Ihnen in einer sehr dringenden Angelegenheit sprechen, Fräulein Struwe«, sagte Detlefsen und wartete, dass Sophie ihn endlich einließ.

Sophie zögerte. Dann öffnete sie langsam die Haustür. Detlefsen nahm den Hut vom Kopf und schob sich an ihr vorbei in das dunkle Haus hinein. »Es ist besser, wenn Sie es von mir erfahren. Ich war ein Freund Ihres Vaters.«

Ich war ein Freund Ihres Vaters. Wie oft hatte sie diese Worte in den letzten Tagen schon gehört! Und keiner, der sie gesagt hatte, erwies sich dieser Worte würdig. Ihrem alten Studienrat hingegen glaubte Sophie. Bevor sie die Tür schloss, erhaschte sie einen kurzen Blick auf die Menschen, die auf der Straße ihren Geschäften nachgingen, klönten und lachten. Es kam ihr falsch vor.

»Hätten Sie einen Tee für mich?«, fragte Detlefsen und erinnerte Sophie an ihre Pflichten als Gastgeberin. Unwillig ging sie in die Küche und setzte einen Kessel Wasser auf den Herd, dessen Feuer sie erst einmal entzünden musste. Sie überlegte, wann sie das letzte Mal etwas gegessen hatte.

Als Sophie in den Salon kam, sah sie, wie Detlefsen sich umschaute.

»Es stimmt also, Sie leben hier allein«, bemerkte er, und es klang wie ein Vorwurf.

Sie nickte ernst. Die Köchin und auch die Zugehfrau waren von einem Tag auf den anderen nicht mehr erschienen. Sicherlich hatten sie die Befürchtung, der schlechte Ruf der einst ehrbaren Familie Struwe könne auf sie übergehen. Was soll's, dachte Sophie.

Detlefsen sah sie aufmunternd an. »Ein Tee bewirkt Wunder. Natürlich muss er friesisch sein.«

Sie nahmen in den blauen Sesseln im Salon Platz. Sophie hatte das feine Teeservice aus Porzellan aus der Kredenz genommen, um sich auf ihre Art für die unfreundliche Begrüßung zu entschuldigen. Jetzt tranken sie und Dr. Detlefsen den Tee aus den hauchfeinen Tassen, die ihre Mutter stets nur für vornehme Gäste bereitgehalten hatte.

Sophie starrte in den Tee. Sie konnte durch die goldgelbe Flüssigkeit hindurch die zierliche, fast durchsichtige Blume auf dem Porzellanboden erkennen. Nur diese eine Tasse hatte diese Art Wasserzeichen im Weiß. Als ihre Mutter noch lebte, hatte sich derjenige, dessen Tassenboden diese Rose schmückte, etwas wünschen dürfen. Meistens hatte die kleine Sophie das große Glück gehabt. Doch das war lange her.

Detlefsen riss Sophie aus ihren Gedanken.

»Fräulein Struwe, es gibt wichtige Dinge, die Ihrer Aufmerksamkeit bedürfen.« Er rührte mit einem Silberlöffel den Tee, damit sich der Zucker auflöste. Draußen zwitscherten Vögel.

Überrascht sah Sophie auf. Detlefsen musste die Fensterläden geöffnet haben, während sie in der Küche den Tee zubereitet hatte.

Steif saß Sophie auf der Kante des Sessels und atmete vorsichtig die frische Luft ein.

»Mein liebes Kind, ich denke, Sie brauchen Hilfe.« Es klang wie eine Feststellung.

»Ich bin nicht verrückt!«, stieß Sophie hervor.

Irritiert schüttelte Detlefsen den Kopf. »Nein, nein, das meine ich nicht. Bitte, verstehen Sie mich richtig. Sie werden in drei Monaten volljährig. Der Rat der Stadt ist bereit, Sie schon jetzt in die Volljährigkeit zu entlassen, da Sie keine Familie und keinen Mann haben. Es gibt viele Dinge, die Sie regeln müssen und von nun an zu bedenken haben.«

Wie aus unendlicher Weite hörte sie, was sie schon seit Tagen ahnte: Niemand wollte ihr helfen, den Scherbenhaufen ihres Vaters zu beseitigen. Stattdessen erwartete man von ihr, dass sie erwachsen würde. Wahrscheinlich nur, damit man sie die Verantwortung für all das tragen lassen konnte. Es schauderte sie. Würde sie ins Gefängnis müssen für einen Betrug, den ihr Vater niemals begangen hatte?

»Sie müssen überlegen, wie es weitergehen soll, Sophie. Sie müssen Entscheidungen treffen.«

»Was meinen Sie damit?«, fragte sie vorsichtig.

Detlefsen räusperte sich. »Nun, das Haus sei als Beispiel genannt.«

Nie hatte man ihr beigebracht, wie die Finanzen für ein Haus zu führen waren. Immer hatte man sie von diesen komplizierten Dingen ferngehalten. Nur Tante Dora hatte versucht, sie zumindest an die Führung eines Haushaltsbuches zu gewöhnen. Sophie hatte sich verweigert. Wie dumm sie gewesen war! Jetzt erwartete man von ihr, dass sie Rechnungen bezahlte, das Haus in Ordnung hielt, neues Personal einstellte, überlegte, wo sie

Geld herbekommen sollte, um das Haus überhaupt zu behalten, ja, man wollte, dass sie ihre eigene Zukunft in die Hand nahm.

Aber, überlegte sie, war es nicht genau das, was sie immer hatte haben wollen? Das, worüber sie wieder und wieder mit Tante Dora gestritten hatte?

Vielleicht würde das Kommende nicht gar so unangenehm werden, wie es im ersten Moment schien. Sie würde die Herrin im Haus ihrer Eltern sein. Sie würde ein eigenes Leben nach ganz persönlichem Gusto führen können. Niemandem würde sie Rede und Antwort schuldig sein. Eigene Entscheidungen könnte sie treffen. Die Dinge der Vergangenheit wieder ins Lot bringen. Sie hatte von Frauen gehört, die Unternehmen leiteten. War da nicht diese Margarete Steiff mit ihren Spielzeugbären? Und die Frau war sogar noch an den Rollstuhl gefesselt!

Ein Sonnenstrahl wärmte ihre Hand, und Sophie lächelte zum ersten Mal seit Tagen. Ihre Mutter hatte oft gesagt, dass im Wort »Unglück« auch das Wort »Glück« enthalten sei. Man müsse es nur finden. Ja, dachte Sophie, vielleicht meint das Schicksal es doch besser mit mir, als ich im ersten Moment gedacht habe.

»Gut«, sagte sie dann und setzte sich aufrechter hin. »Sie haben recht, lieber Herr Detlefsen, es gibt viel zu tun, und ich habe mich tatsächlich in den letzten Tagen ein wenig gehen lassen.«

Detlefsen zögerte einen Moment. »Sie müssen jetzt stark sein, Kindchen.« Er stellte die Tasse vor sich auf dem Tisch ab.

Sophie begriff, dass sie jetzt den eigentlichen Grund seines Besuchs erfahren würde.

»Sie haben von den Anschuldigungen gegen Ihren Vater gehört?« Er sah sie an, um zu sehen, ob sie verstand. Ihr Gesicht verfinsterte sich. »Unter seinem Namen ging in Berlin ein Antrag für die Förderung unserer Aktiengesellschaft ein, dessen Inhalte jedoch«, Detlefsen suchte nach den richtigen Worten, »… ähm, die künftige Entwicklung der Gesellschaft vorweggenommen haben.« Er nahm die Tasse wieder zur Hand und rührte darin. »Es scheint so, als habe er mehr Geld in Berlin beantragt, als dem Unternehmen derzeit zusteht. Dieses Geld ist verschwunden.«

Sophie dachte an das lautstarke Gespräch ihres Vaters mit

Kapitän Haak und Detlefsen am Tag vor seinem Tod. Darum war es also gegangen.

»Berlin zahlt pro Logger eine Prämie, die sich nach der Tonnage des Schiffes und den bereits gezeichneten Aktien richtet. Ihr Vater hatte zwei Schiffe mehr angeführt, als wir in diesem Jahr tatsächlich haben werden. Die Kaufverträge waren gefälscht, die Belege der Bank über die verkauften Aktien ebenfalls.«

Sophie blickte auf. »Und Sie denken, mein Vater wollte sich an dem Geld bereichern?«

»Wir haben Ihren Vater überzeugt, die Sache gütlich zu regeln.«

»Aber wenn er es gar nicht war?« Sophie stellte ihre Tasse auf den Tisch. Ihr war nicht entgangen, dass ihr Gast einer Antwort auswich.

»Er sollte Aktien der Gesellschaft auf Kredit zeichnen, damit genügend Geld für weitere Schiffe zur Verfügung stünde. Wir hätten also nachträglich die Umstände dem Antrag entsprechend angepasst. Er sollte vom Posten als Vorstandsmitglied der Glückstädter Fischereigesellschaft zurücktreten.«

»Ja, ich denke, ich bin im Bilde, Herr Detlefsen«, unterbrach Sophie ihn. »Seine *Freunde*«, sie spuckte das Wort fast aus, »gingen niemals davon aus, dass mein Vater unschuldig sein könnte. Für alle war von vornherein klar, dass er über Nacht zum Betrüger geworden sein musste.«

Detlefsen sah sie direkt an. »Sie wissen leider nicht alles, Fräulein Struwe.«

Wieder klang es wie ein Vorwurf, Sophie verstand nur nicht, was man ihr vorwarf. War es, dass sie als Frau nichts von den wichtigen Dingen um sich herum wusste?

»Ihr Vater sollte wegen Betrugs anklagt werden.«

Damit hatte Sophie nicht gerechnet. Steif saß sie da. »Das ist nur logisch, wenn seine Freunde und Berlin gemeinsam davon ausgingen, dass er sich wie ein gemeiner Dieb bereichern wollte.«

»Durch den Aktienkauf hätte die Klage abgewehrt werden können, indem nachträglich das Stammkapital erhöht worden wäre. Damit wären die Bücher wieder ausgeglichen gewesen.«

»Wie viel?«

»Achtzigtausend Reichsmark.«

»Weil er jetzt aber tot ist, benötigt er das Geld nicht mehr.«

»Nein, aber die Gesellschaft.«

Sophie versuchte, ihn zu verstehen. »Bedeutet das, man will mich für mündig erklären, damit ich das Geld an seiner statt aufnehme?«

Detlefsen schwieg betreten und rührte wieder in seinem längst kalt gewordenen Tee, von dem er noch nicht einen Schluck genommen hatte.

»Bitte, Herr Detlefsen, sagen Sie etwas.«

»Ihr Vater hatte seine Fabrik sowie das Haus bereits als Sicherheit der Bank überschrieben. Der Notartermin war am Tag seines Todes. Nur aufgrund dieser Sicherheiten war man bereit, Ihrem Vater das Geld zu geben.«

»Mein Vater ließ sich darauf ein? Das kommt einem Schuldeingeständnis gleich.« Detlefsen nickte. Langsam dämmerte Sophie das Ausmaß der Katastrophe. »Und als Erbin meines Vaters würde ich auch seine Verpflichtungen übernehmen.« Sie legte ihre eiskalten Hände in den Schoß. »Das heißt also, entweder verzichte ich auf das Haus und alles was darin ist. Dann muss ich auch keine achtzigtausend Mark Kredit für die Gesellschaft aufnehmen. Oder aber ich trete das Erbe an, mit allen Konsequenzen.«

»Die Angelegenheit ist mittlerweile noch komplizierter, Fräulein Struwe. Die Kreditvergabe beruhte auf zwei Sicherheiten: dem Haus und der Fabrik. Letztere aber ist bedauerlicherweise abgebrannt.«

»Aber, die Versicherung wird doch sicherlich den Verlust tragen?«, hoffte Sophie.

Detlefsen schüttelte den Kopf. »Es handelte sich um Brandstiftung. In derartigen Fällen zahlt die Versicherung nicht. Zumindest so lange nicht, bis der Täter gefasst wurde.«

Sophies Hals wurde trocken. »Das bedeutet also, egal wie ich mich entscheiden werde, mein Elternhaus fällt an die Bank?«

Detlefsen räusperte sich verlegen. »Man wird Ihnen erlauben, einige persönliche Dinge mitzunehmen.«

Sophie stand auf, faltete ihre Hände, damit Detlefsen nicht merkte, dass sie zitterten. Sie ging zum Fenster und blickte in den Garten. Gelb leuchtete der Winterling, *Eranthis hyemalis*, drüben an der Mauer. Einige Schneeglöckchen standen um den Stamm der Eiche herum. Lange konnte der Winter nicht mehr dauern, und der Frühling würde kommen. Sie wäre dann ohne Obdach.

Detlefsen stellte seine Tasse auf den kleinen Bonheur-du-jour-Tisch und stand auf. Mit besorgtem Blick trat er neben sie.

Sophie wusste, dass er von ihr eine Ohnmacht erwartete. Das war die typische Lösung aller Frauen, wenn die Dinge schwierig wurden. Ein Symbol ihrer Zartheit, Verletzbarkeit, die Aufforderung an das starke Geschlecht, sie zu beschützen. Dabei waren daran nur diese einschnürenden Korsagen schuld und nicht die Unfähigkeit der Frau, Probleme zu meistern.

Detlefsen stand schweigend neben ihr.

»Danke, aber ich trage kein Mieder«, sagte Sophie zu ihm.

Überrascht trat Detlefsen zwei Schritte zurück, als hätte er eine tote Ratte auf der Fensterbank entdeckt.

»Wohin?« Sophie starrte in den blauen Winterhimmel. »Wohin soll ich gehen?« Mit einem Ruck wandte sie sich um und fasste Detlefsen fest ins Auge. Schon seit Menschengedenken waren es die Überbringer der schlechten Nachrichten, die diesen Blick aus Hass und Verachtung, Angst und Verzweiflung aushalten mussten. Sophie hatte kein Mitleid mit dem Studiendirektor.

»Fräulein Struwe, Sie müssen dringend überlegen, wie Ihr Leben weitergehen soll«, sagte Detlefsen, ihren Blick meidend. Dann ging er zum Sofa, nahm Hut und Stock zur Hand und machte sich bereit zu gehen. »Haben Sie Verwandte, bei denen Sie leben können?«

Bei Verwandten leben … Zum ersten Mal verstand Sophie plötzlich ihre Tante Dora. Irgendwo leben zu müssen, auf Gedeih und Verderb den Angehörigen ausgeliefert zu sein, die man vielleicht nicht einmal leiden konnte. So ein Leben blühte also jetzt auch ihr. Die Vorstellung war geradezu beängstigend.

Das Gefühl von Mitleid für die Tante verflog allerdings

schnell, als Sophie an das Familiensilber dachte, das seit ihrer Abreise verschwunden war. Bisher hatte Sophie sich darüber keine Gedanken gemacht, jetzt aber fiel ihr auf, dass es wohl Diebstahl gewesen sein musste. Vermutlich hatte Tante Dora es gestohlen, um damit ihren eigenen Lebensunterhalt die nächsten Monate bestreiten zu können. Sophie war es egal. Nach allem, was sie eben erfahren hatte, gehörte ihr weder das Haus noch irgendetwas darinnen. Sollte Tante Dora mit dem Silber glücklich werden.

Eine Welle aus Wut und Tränen brach über Sophie herein. »Ich habe keine Verwandten, denen ich zur Last fallen könnte!«, schrie sie Detlefsen ins Gesicht.

Detlefsen blickte beschämt zu Boden. »Dann sollten Sie sich Arbeit suchen.« Sein Ton war sachlich, aber Sophie schien er kalt.

»Arbeit?«, rief sie, und ihre Stimme überschlug sich fast. »Welche Arbeit denn? Ich habe doch nichts anderes gelernt als nett, hübsch, brav und dumm zu sein!« Tränen schossen in ihre Augen und rollten über ihr Gesicht. Mit dem Ärmel wischte sie sie fort.

Detlefsen fühlte sich sichtlich unwohl. »Es wäre einfacher, wenn Sie einen Verlobten hätten. Oder wenigstens einen ernst zu nehmenden Heiratskandidaten«, murmelte er. Er setzte den Hut auf und wandte sich erneut zum Gehen. »Sie könnten vielleicht Gouvernante bei einer wohlhabenden Familie werden. Sicherlich hat Graf von Lahn gute Kontakte und wird Ihnen behilflich sein.«

Er verließ den Salon und trat in den Flur. »Es war mir wichtig, Sie über die kommenden Umstände in Kenntnis zu setzen, Sophie. Bitte verzeihen Sie mir.«

Mit der Hand auf der Türklinke drehte er sich noch einmal um. »Die Bank wird für Sie die Dinge in die Wege leiten. Das Konkursverfahren, der Verkauf des Hauses, alles muss geregelt werden. Einige Herren der Bank statten Ihnen in den nächsten Tagen einen Besuch ab, um die Werte zu taxieren. Dann wird ein Termin für die Veräußerung des Hauses vereinbart und …«

Sophie hielt sich mit beiden Händen die Ohren zu.

»Ja, Sie haben recht, Fräulein Struwe.« Kurz nickte er, dann öffnete er die Haustür und trat auf die Straße hinaus.

Lange, nachdem Dr. Detlefsen gegangen war, saß Sophie auf den Stufen der Treppe. Es schien ihr, als hallten die Worte ihres Besuchers noch immer von den Wänden.

Konkurs, Verkauf, Betrug.

Sophie riss das schwarze Tuch vom Spiegel. Vor ihr stand sie selbst, und doch war es eine fremde Frau.

Es wurde Zeit, dass sie etwas unternahm. Mit wenigen Handgriffen hatte sie ihre Haare gerichtet. Dann riss sie ihren Umhang von der Garderobe und verließ ihr Elternhaus.

KAPITEL 12

Dem Fräulein B. C. zu ihrem 35. Wiegenfeste ein 999-mal donnerndes Hoch, dat dat ganz Dörp wackelt. Ob se sick wull bald wat marken lett? Johann Blankrock.

Original: Glückstädter Fortuna, Januar 1894
(Einen Monat später wurde an selber Stelle die Vermählung zwischen Frl. B. C. und J. B. bekannt gegeben. Anm. d. Verf.)

Die Herren des Vorstandes und des Aufsichtsrates hatten sich im Hinterzimmer von Mohrs Gasthof am Hafen versammelt. Graf von Lahn blickte sich um. Am Kopf des Tisches saßen Dr. Halling und Oberfischmeister Decker. Sie würden sich anstrengen müssen, wenn sie die Gemüter im Raum beruhigen wollten.

»Wo ist Detlefsen?«, raunte Halling seinem Nachbarn zu. Der aber hob nur die Schultern.

Von Lahn hatte sich an das Ende des Tisches neben Kapitän Haak gesetzt. Er beobachtete die Anwesenden genau. Sie waren allesamt wütend, da sie befürchteten, ihre Träume könnten jetzt zerplatzen, denn ohne Berlin konnte das Geld für die Logger nicht aufgebracht werden. Damit war all das Vermögen, das jeder von ihnen in die Gesellschaft gesteckt hatte, verloren. Jetzt sahen sie in ihr Bier oder tranken einen Schnaps nach dem anderen.

Da wurde die Tür zum Schankraum aufgerissen, und Studiendirektor Detlefsen trat ein.

Endlich!, dachte von Lahn.

»Entschuldigen Sie meine Verspätung«, murmelte Detlefsen, gab Hut und Stock der Bedienung und setzte sich zu Halling und Decker an den Kopf des Tisches. »Ich habe Fräulein Struwe noch einen Besuch abgestattet, um sie über die Situation aufzuklären.«

»Dann können wir ja anfangen.« Decker erhob sich. »Vor einem Jahr sprachen wir zum ersten Mal über eine Glückstädter

Heringsfischerei. Und sehen wir uns an, was bisher alles geschafft wurde!« Er wies mit der Hand zum Fenster hinaus. Hätten die Männer die Köpfe gehoben, hätten sie das frisch getünchte Gebäude auf der anderen Hafenseite erkennen können. »Aufträge für vier Logger wurden erteilt, Mannschaften angeheuert, die Alte Admiralität für unsere Zwecke umgebaut, eine Stöpe in den Deich getrieben, Netze gekauft und Salz geordert.« Decker schlug mit der Faust auf den Tisch. »Himmel, das kann doch nicht für nichts gewesen sein!«

Viele der Männer am Tisch hatten damals den Antrag für Berlin begeistert unterschrieben. Jetzt starrten sie mit ernstem Gesicht vor sich hin. Schwer lag ihr Schweigen in der Luft.

Die Männer aber waren von Lahn egal. Ein Scheitern dieser Fischereigesellschaft würde unübersehbare politische Folgen haben. Folgen, die diese Leute hier nicht einmal im Ansatz ahnen konnten. Der Kaiser würde den Aufbau der gesamten deutschen Fischereiflotte nochmals überdenken, sollte Glückstadt scheitern. Was, um Gottes willen, hatte diesen Struwe nur getrieben?, überlegte von Lahn. Er nahm einen Schluck des lauwarmen Tees, den man ihm serviert hatte.

Jetzt erhob sich Dr. Halling. »Lassen Sie uns zur Sache kommen.«

»Genau! Was ist mit Struwe?«, wollte einer wissen.

Halling räusperte sich. »Es scheint so, dass Hermann Struwe ein Fehler bei der Antragstellung für die Berliner Gelder unterlaufen ist.«

Die Männer lachten auf.

»Ein Fehler?«, schnaubte ein untersetzter Herr mit Zwicker auf der Nase. Es war Apotheker Behrmann, der als Gründungsmitglied im Gesellschaftervertrag stand, wie von Lahn wusste.

»In dubio pro reo!«, rief Detlefsen. »Solange wir nicht sicher sein können, dass Hermann Struwe wissentlich falsche Anträge einreichte, müssen wir von seiner Unschuld ausgehen.«

Doch Max Sülau, der neben ihm saß, schüttelte verächtlich den Kopf. »Achtzigtausend Mark sind kein Versehen, Herr Doktor!«, sagte er.

»Das wird zu klären sein«, widersprach Detlefsen.

Sülau erhob sich. »Hermann Struwe richtete sich selbst, oder?«, fragte er in fast klerikalem Tonfall. »Er konnte die Schuld nicht ertragen, die er auf seine Schultern geladen hatte.«

»So ist es! Struwes plumper Versuch, Berlin und uns zu betrügen, wird Folgen haben!«, rief Kapitän Haak und drohte mit der Faust.

Von Lahn musste an sich halten, um nicht einzugreifen. Sein Auftrag war es, die Vorgänge hier zu beobachten. Mehr nicht. Es fiel ihm allerdings sehr schwer. Wie sollte er dem Minister erklären, dass ein dummer Betrugsversuch den gesamten Plan des Kaisers zum Scheitern bringen konnte? Ein Plan, der weit über die Gründung von Fischereigesellschaften hinausging.

Was war bloß in dieser Stadt los? Erst verschwand der Kapitän eines Loggers, dann dieser Betrug und zu allem Überfluss auch noch ein Feuer. Von Lahn hoffte, dass es sich hier nur um unglückliche Zufälle handelte und nicht mehr dahintersteckte. Hoffentlich brachte Kapitän Sötje Erkenntnisse von seinem Vorstellungsgespräch mit. Es war ihm egal, ob Sötje den Posten bekam oder nicht. Wichtiger war, dass er Einblicke in die Heringsfischerei bekam, wie auch immer.

»Bald wird der ›Tümmler‹ bei der Gehlsenwerft vom Stapel laufen«, versuchte Oberfischmeister Decker die Gemüter zu beruhigen. »Stimmt's, Gehlsen?«

Der Angesprochene saß dem Grafen gegenüber. Er nickte und sog bedächtig an seiner Pfeife. »Jo, alles im Plan. Ober ick wull dat restliche Geld vörher hebben. Wegen de Sekerhiet.« Während er das sagte, griente er gemütlich in die Runde, als verstünde er die ganze Aufregung nicht.

»Das Geld vor Auslieferung?« Halling lachte. »Das kommt nicht in Frage. Vertrag ist Vertrag. Die letzte Rate wird nach der Abnahme bezahlt.«

»Schall mi recht sien. Dacht ja man nur, dat dat 'n Versuch wert 'wesn sien kunnt.«

»Die beiden Schiffe in Emden sind auch schon fast fertig«, erinnerte Decker die Leute. »Versteht doch, wenn all unsere Schiffe erst einmal unter Segeln aus dem Hafen laufen, dann ist das alles hier vergessen. Habt Geduld, Männer!«

Max Sülau meldete sich zu Wort. »Ich komme gerade aus Wewelsfleth. Die Arbeiter auf der Junge-Werft sind weder gestern noch heute zur Arbeit erschienen. Sie nennen es Streik.«

Von Lahn konnte die plötzliche Stille im Raum in seinem Nacken fühlen. Alle starrten Sülau an. Langsam setzte der Mann sich wieder.

Dann brach ein Sturm los. »Wir wollen unser Geld zurück!«, rief Apotheker Behrmann, und andere stimmten zu.

»Feiglinge!«, zischte der Oberfischmeister in die Runde.

Fabrikant Mahn, der dank seiner Leibesfülle kaum aufstehen konnte, schrie: »Ich habe über viertausend Mark investiert! Wenn die jetzt weg sind, mache ich Sie haftbar, Decker! Das Ganze war Ihre Idee!«

Alle waren aufgestanden und begannen, aufgebracht durcheinanderzureden. Dr. Detlefsen griff nach einer kleinen Messingglocke, die vor ihm auf dem Tisch stand. Er ließ sie in seiner Hand mehrmals bimmeln. Keiner der Männer reagierte. Ärgerlich warf Detlefsen das lächerliche Ding in die Ecke. »Ruhe!«, donnerte er.

Die Leute zuckten zusammen.

Detlefsens Gesicht leuchtete rot. »Setzen!«

Zögerlich nahmen die Männer wieder Platz.

Detlefsen holte tief Luft. »Lassen Sie uns sachlich bleiben, meine Herren!«

»So ist es.« Max Sülau erhob sich erneut. »Es ist meine Pflicht, meine Vorgesetzten über die hiesigen Vorfälle zu informieren.« Lange ließ er den Blick über die Runde gleiten. »Das Ministerium erwartet Empfehlungen meiner Vorgesetzten bezüglich der Weiterführung des Glückstädter Vorhabens, und natürlich habe ich bereits ein Schreiben nach Emden aufgesetzt. Meine Vorgesetzten werden sich in dieser Sache an Berlin wenden. Die Situation in Ihrer Stadt ist nur als schändlich zu bezeichnen.« Er setzte sich. »Der Reichskanzler wird prüfen müssen, ob der Glückstädter Fischerei auch nur eine Mark gegeben werden sollte.«

Verdammt!, dachte von Lahn. Was hatte dieser übereifrige Hund nur angerichtet?

Apotheker Behrmann riss sich den Zwicker von der Nase und sprang auf. »Wollen Sie uns ruinieren?«

Mahnend hob Sülau den Zeigefinger. »Und meine Vorgesetzten werden Berlin des Weiteren empfehlen zu prüfen, ob die Stadt das Recht behalten sollte, in dieser Form überhaupt jemals wieder aktiv zu werden.« Fassungslos starrten die Männer Sülau an.

Dr. Halling sprach aus, was alle dachten: »Das bedeutet, unsere Investitionen sind verloren? Die Aktien sind nichts mehr wert?«

Detlefsen nickte. »Das gesamte Geld der Bürger wurde für die Anschaffung und die Umbauten des Gebäudes verwendet, für die Logger, die Netze, das Salz, die Kantjes! Wir können nichts mehr zurückzahlen.« Er stützte den Kopf in die Hände. »Mein Gott!«

Sülau nickte. »Das haben die Herren selbst zu verantworten. Sie hätten diesem Herrn Struwe keine Vollmachten erteilen sollen.« Er schob den Stuhl zurück. »Wie Sie sicherlich wissen, hat ein Ort namens Blankenese beim Reichskanzler den Antrag gestellt, ebenfalls einen Fischereihafen einrichten zu dürfen. Sollte Glückstadt nicht in der Lage sein, Ordnung in seine Angelegenheiten zu bringen, wird wohl Blankenese einen neuen Fischereihafen nebst Gesellschaft erhalten.« Sülau warf seinen Mantel über und verließ den Raum.

Von Lahn wunderte sich, wie gut dieser Mann informiert war. Dann stand auch er auf. »Meine Herren«, sagte er. »Vielleicht kann ich in dieser Angelegenheit behilflich sein. Ich fahre sogleich nach Berlin und hoffe, die Dinge in Ihrem Sinne richten zu können.«

Er wusste, dass Reichskanzler von Caprivi ihn so oder so zum Rapport bestellen würde. Und es war besser, wenn von Lahn vor dem Eintreffen der Briefe dieses Sülaus die Dinge in Berlin in gewisse Bahnen lenken konnte. »Vergessen wir nicht, dass Glückstadt in der Lage ist, schon bald mit den Fängen zu beginnen. Blankenese hingegen müsste erst einmal mit der Planung anfangen«, sagte von Lahn. Er zog seinen Mantel an. »Das alles sind Dinge, die sollte man trotz der Aufregung nicht außer Acht lassen.«

Detlefsen lächelte ihn dankbar an. »Danke, Herr Graf. Bitte verwenden Sie sich für unser Unternehmen in Berlin. Jeder in der Stadt hängt mit seinem Herzen an der Glückstädter Heringsfischerei.«

Jemand am Tisch grummelte hörbar: »Und mit seinem Geld!«

Detlefsens strenger Blick fand den Schuldigen. Schnell sah der Ertappte auf sein leeres Bierglas hinab.

KAPITEL 13

Schleswig-Holstein. In Mühlenberg bei Blankenese beabsichtigt man, einen Fischereihafen anzulegen. Interessenten haben bereits einen bez. Plan ausgearbeitet und wollen den Versuch machen, die Staatsregierung für das Project zu gewinnen.

Original: Glückstädter Fortuna, Januar 1894

Es war ungehörig, das wusste sie. Doch was, so fragte Sophie sich, während der Butler sie in den Salon geleitete, hatte sie schon zu verlieren?

»Ich werde der Gräfin melden, dass Sie sie zu sprechen wünschen.« Sein Ton hatte eindeutig etwas Säuerliches.

Eigentlich wollte Sophie den Grafen sehen. Da der aber bei einer wichtigen Sitzung zu sein schien, musste sie wohl mit dessen Gattin vorliebnehmen, was unter Umständen von Vorteil sein konnte, denn die Gräfin würde sicherlich mehr Verständnis für Sophies Lage haben als ein Mann.

Als die Standuhr im Salon zweimal schlug, wurde Sophie erst bewusst, wie schlecht sie sich benahm. Es war eine ungehörige Zeit, um Besuche zu machen. Sie hätte nicht so übereilt aus dem Haus stürzen sollen, sondern bis zur Teezeit warten müssen. Wahrscheinlich ruhte die Gräfin gerade und musste sich für ihren Gast erst einmal herrichten. Nun, zum Weggehen war es jetzt zu spät. Also nahm Sophie auf der Chaiselongue Platz und wartete.

Kurz darauf läutete es an der Tür.

Sophie konnte die Stimme des Butlers hören, der versuchte, den neuen Gast fortzuschicken. Auch dieses Mal schien er keinen Erfolg zu haben, denn die Tür zum Salon wurde geöffnet, und Hauke Sötje trat ein.

Sophie setzte sich auf.

»Guten Tag, Fräulein Struwe«, murmelte der Kapitän. »Ich hatte Sie hier gar nicht erwartet.« Er ging zum Fenster.

»Guten Tag, Herr Kapitän«, erwiderte sie und schaute auf ihre Hände, die in ihrem Schoß lagen.

Die Standuhr tickte. Vom Park vor dem Haus war das Rufen eines Fuhrmanns zu hören. Im Haus klapperte es irgendwo.

»Wie geht es Ihrem Auge?«

»Ich glaube, es wird langsam besser.«

»Ja«, sagte Sophie.

Bevor das Gespräch erneut starb, fragte Hauke sie leise: »Wie geht es Ihnen, Fräulein Struwe?«

Es klang ehrlich. Verblüfft stellte Sophie fest, dass sie genau das schmerzte. In den letzten Tagen hatte sie gelernt, auf die scheinheilige Verlogenheit von Nachbarn und Freunden kurz und knapp zu antworten, ohne über Gebühr unhöflich zu sein. Aufrichtigkeit aber schien ihr Schmerzen zu bereiten.

Dennoch wollte sie Kapitän Sötje gegenüber mehr als nur freundlich sein. »Ich brauche die Hilfe des Herrn Grafen. Wie Sie sicherlich bereits gehört haben, verdächtigt man meinen Vater, Gelder unterschlagen zu haben. Ich weiß aber, dass er unschuldig ist. Graf von Lahn muss mir helfen, es zu beweisen.«

»Verstehe.« Hauke Sötje blickte aus dem Fenster. »Wo werden Sie leben?«

»Oh, es hat sich also bereits herumgesprochen, dass ich bald auf der Straße sitzen werde.« Sophie knetete ihre Hände. »Aber so einfach mache ich es den Herren von der Bank nicht! Ich werde dagegen vorgehen.«

»Sie sind noch keine einundzwanzig Jahre alt, Fräulein Struwe.« Er drehte sich zu ihr. »Und Sie sind eine Frau.«

Das schien alles zu erklären. Trotzig erhob sich Sophie. »Ich werde beweisen, dass all das ohne das Wissen meines Vaters begangen wurde. Ich werde ihn rehabilitieren. Man wird alle eingeleiteten Schritte gegen ihn zurücknehmen müssen. Und mein Elternhaus wird nicht in die gierigen Hände jener fallen, die meinen Vater ohne viel Federlesens haben fallen lassen.«

»Sie scheinen fest davon überzeugt zu sein, dass Ihr Vater unschuldig war.«

»Natürlich.«

Lange schaute Hauke Sötje sie an, sodass Sophie sich zusammenreißen musste, seinem Blick nicht auszuweichen. »Darf ich fragen, was Sie hierherführt, Herr Kapitän?«

»Kapitän? Nein, ich war früher einmal Kapitän.« Er drehte sich fort. »Heute bin ich nur noch Hauke Sötje.«

»Verzeihen Sie meine Neugier.«

»Der Graf bat mich um einen Gefallen«, antwortete er schließlich. »Doch leider habe ich nicht Ihren Mut zu kämpfen, Fräulein Struwe. Ich werde ihm sagen, dass ich ihm in seiner Angelegenheit nicht weiterhelfen kann.«

Bevor Sophie fragen konnte, was er damit meinte, wurde die Tür zum Salon aufgestoßen, und der Graf stürzte herein. Sein Mantel war offen, und er hielt einen einfachen grauen Zylinder in der Hand. Ohne Begrüßung kam er gleich zum Thema. »Ich muss sofort nach Berlin reisen. Dieser Sülau hat einen Brief geschrieben, der die Gesellschaft ruinieren wird. Ich will sehen, was ich noch retten kann.« Er machte kehrt und eilte ins Foyer zurück. Zwei Stufen auf einmal nehmend, lief er die Treppe hoch.

Hauke und Sophie blickten einander verwundert an. Dann folgten sie dem Hausherrn in die Bibliothek.

Der Raum war voller Bücherregale. Ein imposanter Schreibtisch stand in der Mitte, darauf thronte einer dieser neuen Telefonapparate, von denen Sophie schon gehört hatte. Der Graf begann gerade, einige Unterlagen zusammenzusuchen, die auf dem Tisch verstreut lagen. Sophie zögerte. Offensichtlich beunruhigte den Grafen etwas. Durfte sie ihn da mit ihren eigenen Problemen behelligen?

Sophie schaute Hauke an, der ihr zunickte und einen Schritt zurücktrat. »Herr Graf«, begann sie. »Ich muss Sie in einer wichtigen Angelegenheit sprechen, bevor sie die Stadt verlassen.«

»Nicht jetzt, Fräulein Struwe.«

»Sie müssen mir helfen, bitte!«, rief sie. All die Worte, die sie sich zuvor zurechtgelegt hatte, waren aus ihrem Kopf verschwunden.

Von Lahn warf einige Papiere in eine Mappe. »Wobei soll ich helfen?« Er schloss seine Mappe und kam auf die Tür zu, in der Sophie stand.

»Mein Vater hat diesen Betrug nicht begangen«, sagte Sophie, als der Graf sich auch schon zwischen ihr und Hauke Sötje hindurchzwängte.

Auf dem Treppenabsatz drehte sich der Graf noch einmal zu ihr um. »Haben Sie Beweise, Fräulein Struwe?«

»Nein.«

»Oder irgendeinen noch so kleinen Hinweis, dass Ihr Vater unschuldig ist? Es würde mir bei meinem Besuch in Berlin ungeheuer helfen.«

Sophie trat zu ihm. »Mein Vater hätte so etwas niemals getan.«

Von Lahn lachte kurz auf. Dann rannte er die Stufen hinunter. »Zum Bahnhof!«, rief er dem Kutscher zu, der bereits vor der Tür wartete. »Schnell! Der Zug geht gleich.« Der Graf setzte den Zylinder auf, bevor er aus der Tür stürmte. Da drehte er sich ein letztes Mal um. »Haben Sie Neuigkeiten für mich, Sötje?«

»Nichts, was Ihnen nicht schon bekannt ist.«

»Das ist schade. Wohlan, dann bitte ich Sie, Beweise zu suchen, die den Vater von Fräulein Struwe entlasten könnten. Es muss Unterlagen geben! Irgendwelche Durchschläge oder Notizen, Zettel, Briefe. Durchsuchen Sie Struwes Sachen.« Er schien seinen abweisenden Blick zu bemerken. »Sie sind mir etwas schuldig, Herr Sötje. Denken Sie daran! Und passen Sie auf Fräulein Struwe auf. Etwas sagt mir, dass die Dinge noch nicht zu Ende sind.«

Der Butler wollte die Tür hinter seinem Dienstherrn gerade schließen, als von Lahn nochmals zurückkam.

»Kann ich auf Sie zählen, Sötje?«

Widerwillig nickte Hauke.

»Gut, dann rufe ich Sie übermorgen um zehn Uhr in der Frühe an.«

»Wo?«

»Hier. Man wird Sie einlassen. Wenn Sie bis dahin keinen Hinweis auf die Vorgänge in der Heringsfischerei gefunden haben, wird das Ministerium sie wohl oder übel schließen müssen. Mit allen Konsequenzen.« Graf von Lahn richtete den Blick auf Sophie. Dann stürmte er davon.

KAPITEL 14

Bismarck-Heringe,
sehr zart und pikant,
pro Stück 10 Pfg.,
empfiehlt Jul. Benorden.

Original: Glückstädter Fortuna, Januar 1894

Witwe Bruns stand in der kleinen Küche ihres Hauses in der Armenstraße. Sie nahm gerade Teller und Löffel vom Tisch und stellte alles in eine Emailschüssel, um es abzuwaschen. Dieser Mieter würde ihr noch die Haare vom Kopf fressen. Vier Teller Suppe! Sie musste wohl mehr Wasser in den Topf schütten, damit für morgen noch etwas blieb. Wenigstens hatte er heute endlich seine Miete gezahlt. Jetzt konnte sie ihrer Tochter Martha ein Paar neue Schuhe kaufen.

Dass Kinder aber auch immer so schnell wachsen müssen, überlegte sie. Sie hoffte, dass von dem Geld noch etwas übrig blieb, damit sie ein wenig Saat für ihren Garten im Frühjahr kaufen konnte. Dennoch: vier Teller Suppe! Sie schüttelte fassungslos den Kopf. Dabei arbeitete ihr Mieter nicht einmal richtig. Saß den ganzen Tag nur in einer Amtsstube.

Sie griff in das kleine hölzerne Fass auf der Fensterbank und fingerte eine Handvoll Seife heraus. Den Klacks warf sie in die Schüssel mit dem Geschirr. Dann ging sie hinüber zum Herd, griff einen Lappen vom Haken und nahm damit den heißen Kessel mit dem Wasser hoch. Das goss sie über den Abwasch in der Schüssel. Ohne zu zögern, tauchte sie ihre groben Hände in das Spülwasser hinein.

Der Dampf füllte die enge Küche und legte sich an die Innenseite der kleinen Fenster, die in den Hof hinausführten. Draußen war es schon längst dunkel, und es hatte zu regnen begonnen. Der scharfe Geruch der Fassseife zog durch das Häuschen.

Da klopfte es.

»Wer ist denn das?«, wunderte sich Witwe Bruns. »Und dann um diese nachtschlafende Zeit.« Sie schrubbte die Suppenkelle, die sie in der Hand hielt. »Der kann morgen wiederkommen.« Es klopfte erneut. Wütend warf sie die Kelle zurück ins Wasser. »Das ist eine Frechheit! Um diese Zeit!« Schimpfend lief sie den Flur entlang, an dessen Wänden die Farbe bereits abblätterte, während sie die nassen Hände an ihrer Schürze abtrocknete. Eine Strohpuppe lag auf den Stufen der Treppe, die in die obere Etage führte.

Sie öffnete die Tür einen Spaltbreit. »Was ist?« In der Dunkelheit war der Mann vor der Tür nicht zu erkennen. Die Armenstraße hatte noch immer keine Gasbeleuchtung vom Stadtrat bekommen, aber dennoch konnte Witwe Bruns sehen, dass der Mann einen Zylinder trug, der ihn als feineren Herren auswies.

»Was kann ich für Sie tun, mein Herr?«, fragte sie etwas vorsichtiger.

»Wo ist Ihr Mieter?«, wollte der Mann wissen. Seine Stimme hatte den Klang einer Säge, die über Stein ging.

»Herr Bohl? Ich denke, der wird oben sein.«

Der Mann drängte sich an ihr vorbei in den Flur hinein. »Bringen Sie mich zu ihm!«

Noch bevor Witwe Bruns etwas sagen konnte, stand er vor ihr. Kurz überlegte sie, was sie tun sollte, entschied aber, den Mann nach oben zu führen. Mit den Reichen sollte man sich nicht anlegen. Das hatte sie in ihrem Leben gelernt. Viel anderes blieb ihr ohnehin nicht übrig. Im ersten Stock klopfte sie an die Kammertür ihres Untermieters. »Herr Bohl, Besuch für Sie«, rief sie durch die geschlossene Tür, die aus unbehandelten Brettern zusammengezimmert worden war. Als sie keine Antwort erhielt, trat sie ein.

August Bohl saß auf einem Schemel und putzte sein einziges Paar Schuhe. Überrascht blickte er auf.

Witwe Bruns machte dem Besucher Platz und konnte gerade noch sehen, wie ihr Mieter beim Anblick des Mannes blass wurde.

»Sie?«

Schon war der Fremde in der Kammer verschwunden und schloss die Tür vor ihrer Nase.

»Frechheit!«, zischte sie im Dunkel. Andererseits ... Sie wurde neugierig ... Was wollte der feine Herr von ihrem Untermieter? Wobei ... So fein schien er ihr dann doch nicht zu sein. Seine Kleider vielleicht, aber das Benehmen? Da stimmte etwas nicht. Zudem hatte der Mann auf sie einen wütenden Eindruck gemacht. Und Ärger mit den Gendarmen wollte sie um nichts in der Welt haben.

Witwe Bruns stand noch immer da und grübelte, was zu tun sei, als die Tür plötzlich aufgerissen wurde. Sie fuhr herum.

»Lauschen Sie etwa?«, herrschte der Mann sie an. »Verschwinden Sie!«

Wütend straffte sie den Rücken und warf den Kopf in den Nacken. »Was erlauben Sie sich?«, fauchte sie zurück. Energisch drehte sie sich zur Stiege und stapfte hinunter.

Der Mann wartete, bis sie unten angekommen war. Dann knallte er die Tür zu.

Aufgebracht stand Witwe Bruns in ihrer Küche. »Was fällt dem Flegel ein?«, schimpfte sie vor sich hin. »Das lasse ich mir in meinem eigenen Haus nicht gefallen!«

Sie nahm die Petroleumlampe vom Tisch und trat durch eine Hintertür in den dunklen Hof hinaus. Auf der Rückseite des Hauses gab es eine Außenstiege in einen kleinen Raum unter dem Dach, den sie als Trockenraum für Kräuter und Wolle nutzte. Der Verhau war nur durch eine Bretterwand von Bohls Kammer getrennt.

Deutlich hörte sie die Männer. Sie traute sich kaum zu atmen, als sie Bohls ängstliche Stimme vernahm.

»Ich weiß alles! Mit mir machen Sie nicht, was Sie mit Struwe gemacht haben!«

Ein Klatschen war zu hören. Etwas Schweres fiel zu Boden.

Witwe Bruns presste die Hände auf den Mund.

***

Sophie trat durch die Haustür in den dunklen Flur ihres Elternhauses. Die Erkenntnis, dass ihr Vater noch hier war, überfiel sie ohne Vorwarnung. Sie konnte seine Anwesenheit spüren, doch unterdrückte sie den Wunsch, in sein Arbeitszimmer zu laufen und nach ihm zu sehen.

Hinter ihr stand der Kapitän. Er hatte sie vom Brockdorff-Palais des Grafen in die Königstraße begleitet. Gemeinsam würden sie die Unterlagen ihres Vaters durchsehen.

Er ging zu der geschlossenen Tür hinüber. Sophie wollte ihm folgen, doch er drehte sich zu ihr. »Fräulein Struwe, bleiben Sie draußen. Vielleicht könnten Sie uns einen Tee kochen.«

»Reden Sie nicht mit mir, als sei ich ein Kind!«, hörte sie ihre eigene Stimme. »Noch ist dies mein Haus, und natürlich gehe ich hinein.«

»Es wird Ihnen nicht guttun.«

Sie schob ihn zur Seite. »Ich bin es leid zu hören, was gut und was schlecht für mich ist.« Sie marschierte in den Raum. »Das ist mein Kampf, und ich werde ihn gewinnen. So oder so.«

Die Luft im Raum roch süßlich und schmeckte nach Metall. Wie angewurzelt blieb Sophie stehen und starrte auf den Schreibtisch, der mit dem getrockneten Blut ihres Vaters bedeckt war.

Hauke Sötje öffnete die Vorhänge und das Fenster. »Ich dachte mir schon, dass Sie seitdem nicht mehr hier gewesen sind.« Er schob die Läden zur Seite, und helles Sonnenlicht flutete in den Raum.

Sophie schwankte. Sie konnte den Blick nicht von dem Blut lösen.

»Wir sollten anfangen«, sagte er leise und begann, umherliegende Dokumente zu sichten.

Wie gelähmt stand Sophie mitten im Raum, hörte kaum, was er zu ihr sagte.

»Wussten Sie, Fräulein Struwe, dass die Linien an den Fingerkuppen eines jeden Menschen verschieden sind?« Er nahm einige Papiere zur Hand und überflog die Zeilen darauf. »Es gibt neuerdings eine Möglichkeit, die vermeintlich unsichtbaren

Abdrücke von Fingern sichtbar zu machen«, fuhr er scheinbar zusammenhanglos fort.

Vorsichtig trat Sophie näher an den Tisch.

»Ein britischer Kolonialbeamter in Bengalen, ich glaube, Herschel ist sein Name, kam auf die Idee, Personen anhand ihrer Fingerabdrücke zu unterscheiden.« Sötje sah von den Papieren auf und blickte Sophie besorgt an. »Damit konnte der Mann verhindern, dass Leute zwei- oder dreimal ihre Pensionen erhielten.«

Endlich riss Sophie den Blick vom Stuhl ihres Vaters los und schaute den Kapitän an. Lange sah sie in seine Augen und versuchte, sich zu erinnern, warum sie hier waren.

Er lächelte. »Vor zwei Jahren wurde sogar ein Doppelmord in Argentinien mit Hilfe eines Fingerabdrucks aufgeklärt. Daktyloskopie nennt man diese Technik.«

Zögerlich griff Sophie nach irgendeinem Gegenstand auf dem Tisch. Es war ein mit Intarsien übersätes Kästchen, an dem eine kleine Lade an der Seite hervorlugte. »Diese Fingertechnik hilft uns aber nicht weiter, richtig?«, stellte sie leise fest. Als sie die Schatulle anhob, entdeckte sie einen zusammengefalteten Zettel.

»Stimmt.« Der Kapitän blätterte Dokumente durch. »Ich wollte nur irgendetwas sagen.«

Sophie reichte ihm den Zettel.

Mit gerunzelter Stirn faltete er ihn auseinander und las die Zeilen. Unfähig, ein Wort zu sagen, starrte er die Notiz in seiner Hand an. »Ich kenne die Schrift«, sagte Sötje langsam.

Sophie trat um den Tisch herum und nahm ihm die Notiz wieder aus der Hand. Die Schrift hatte eine schwere Neigung nach links, und einige Buchstaben waren erheblich eckiger, als es üblich war.

Denken Sie an Ihre Tochter. Die Vergangenheit kann nicht schlafen.

Plötzlich schwankte der Raum um sie herum. Sie warf das Papier von sich, als schlügen Flammen daraus empor. »Wer hat das geschrieben?«

Lange starrten sie die Zeilen an.

»Wir müssen sämtliche Korrespondenz Ihres Vaters prüfen!«,

sagte Hauke Sötje plötzlich. »Jedes Dokument, das er erhalten hat. Jeden Brief und jede Notiz müssen wir lesen.«

»Warum? Was wollen Sie beweisen?« Sophie begriff, dass der eigentliche Grund seines Besuches plötzlich eine Wendung genommen hatte, die nichts mehr mit ihrem Problem zu tun hatte. Mit einem Problem, dass soeben sehr viel größer geworden zu sein schien. Wer hatte die Worte geschrieben? Und was glaubte derjenige zu wissen? Wessen Vergangenheit schläft nicht? Ihre?

»Fräulein Struwe, ich befürchte, Ihr Vater kannte einen Mann, der für mich von größter Wichtigkeit ist. Ein Mann, der mir Fragen beantworten muss.«

»Fragen?«

»Ja.« Noch einmal nahm er den Zettel. »Es steht kein Datum drauf. Die Nachricht könnte Ihr Vater vor einem Monat oder auch erst vorgestern erhalten haben.«

Sophie schüttelte den Kopf. »Nein, diese Nachricht lag nicht hier, als er mich kürzlich hereingebeten hatte.« Sie dachte an die unangenehme Auseinandersetzung wegen Tante Doras Indiskretion. Was immer die Zeilen bedeuten mochten, je länger sie darüber nachdachte, umso sicherer war sie, dass der Zettel doch schon länger hier gewesen sein musste. »Aber sind wir nicht hier, um die Unschuld meines Vaters zu beweisen?«

»Ja«, sagte der Kapitän. »Meine Angelegenheiten spielen keine Rolle. Vielleicht irre ich mich auch, was die Schrift angeht. Lassen Sie uns anfangen, nach Indizien zu suchen, die Ihren Vater entlasten.«

Sie begannen, Ablagen und Bücher, Mappen und Schubladen zu prüfen. Fieberhaft gingen sie alle Stapel Papier mehrmals durch. Als das erfolglos blieb, wandte Sophie sich dem Tresor zu. »Mein Vater hatte die Angewohnheit, jeden Abend Eintragungen in ein Journal zu machen.«

»Ein Tagebuch?« Hauke Sötje trat zu ihr.

Sie holte die Hefte heraus. »Es ist eine Mischung aus persönlichen und geschäftlichen Notizen, nehme ich an. Ich habe gesehen, wie er Rechnungen darin aufmachte.«

Gemeinsam gingen sie die Bände durch.

»Der Jahrgang 1893/94 fehlt. Hat Ihr Vater die Tresortür immer offen gelassen?«

»Nein, natürlich nicht. Das widerspräche dem Sinn eines Tresors.«

Kapitän Sötje begann, die schwere Stahltür genauer zu untersuchen. »Das Licht ist schlecht, aber ich habe den Eindruck, jemand hat sich am Schloss zu schaffen gemacht. Ungewöhnliche Kratzer. Sehen Sie.« Mit dem Finger zeigte er auf eine größere Abschürfung am linken Rand des Verschlusses. Sophie kam näher und beugte sich vor.

Kurz berührten sich ihre Schultern. Sophie schreckte zurück.

Schnell richtete Hauke Sötje sich auf. »Vermute, jemand hat eine Kopie des Schlüssels angefertigt, die nicht sonderlich gut passte«, murmelte er verlegen.

»Sie meinen, jemand stahl das Notizbuch?«

»Sofern Ihr Vater es nicht in seinem Comptoir in der Fabrik gelassen hatte oder in der Heringsfischerei ...«

Sophie richtete sich auf. »Wir sollten zur Gesellschaft hinübergehen und dort nachschauen.«

»Ich werde alleine gehen.«

Sophie stellte sich vor ihm auf. »Nein, ich komme mit.«

Nachsichtig lächelte er sie an. »Nein, das werden Sie nicht.«

***

Die schwere Tür fiel hinter ihm ins Schloss. Die beiden Schreiber im Comptoir blickten von ihren Listen auf. Mit einem kurzen Gruß eilte Hauke an ihnen vorbei und lief, zwei Stufen zugleich nehmend, die Treppe hinauf. Struwes Schlüsselbund hatte ein Bote bereits abgeholt, sodass Hauke sich nicht ohne Weiteres in Struwes Büro umsehen konnte.

Widerwillig klopfte er an die Tür von Sekretär Bohl. Er musste ihm helfen. Doch von innen kam keine Antwort. Hauke klopfte ein zweites Mal, dann trat er ein.

Der Schreibtisch vor dem Fenster war aufgeräumt. Am Kleiderhaken in der Ecke hing kein Mantel.

»Was suchen Sie hier?«

Hauke fuhr herum. Dort stand der Schreiber, der bei seinem ersten Besuch die Akten hatte fallen lassen.

»Ich möchte das Büro von Herrn Struwe sehen«, erklärte Hauke. »Seine Tochter beauftragte mich, einige persönliche Dinge abzuholen. Wo finde ich es?«

Unsicher deutete der Mann mit dem Finger zum Ende des Ganges. Hauke lief an ihm vorbei, den Flur entlang. Der Mann folgte ihm.

»Ich weiß nicht, ob ich Sie hier einfach einlassen darf«, gab er vorsichtig zu bedenken. »Ist der Vorstand informiert?«

»Wie ich schon sagte, Fräulein Struwe bat mich herzukommen.« Hauke sah ihn streng an. »Nun machen Sie schon auf.«

Zögerlich holte der Mann einen Schlüsselbund aus seinem Kittel und schloss auf.

Der Raum war ähnlich dem privaten Arbeitszimmer des Verstorbenen eingerichtet. Ein voluminöser Schreibtisch nahm die Mitte des Zimmers ein, dahinter ein Stuhl. In der Ecke stand ein Aktenschrank und gegenüber ein schwarzer Tresor.

Schreibtisch und Regale waren leer.

»Das ging aber schnell. Wer hat den Raum ausgeräumt?«

»Herr Bohl gab mir Anweisung, die Sachen in Kisten zu verpacken und zu ihm zu bringen.«

Im Büro des Sekretärs aber hatte Hauke eben keine Kisten entdecken können. »Haben Sie ein schwarzes Notizbuch gefunden?«

Der Schreiber überlegte kurz. »Nein.«

»Sind Sie sicher?«

Der Mann nickte. »Ja. Es waren nur Papiere und Listen. Keine persönlichen Unterlagen.«

Interessiert musterte Hauke den Tresor. »Wer hat hierfür den Schlüssel?«

»Sekretär Bohl, nehme ich an.«

»Und wo ist Herr Bohl jetzt?«

Der Mann kratzte sich verlegen hinterm Ohr. »Tja, das wissen wir nicht. Er ist heute Morgen nicht zur Arbeit erschienen.«

Hauke horchte auf.

»Das ist recht ungewöhnlich, denn Sekretär Bohl ist äußerst zuverlässig.«

»Hat noch jemand einen Schlüssel zum Tresor?«

»Nur Herr Struwe und Herr Bohl.«

»Wissen Sie, wo Sekretär Bohl wohnt?«

Wieder kratzte der Mann sich am Kopf. »Ich glaube, in der Armenstraße bei Witwe Bruns.«

Hauke lächelte. »Ich danke Ihnen für Ihre Hilfe. Ach ja, und bitte erwähnen Sie meinen Besuch nicht bei den anderen Herren. Man hat zurzeit sicherlich genügend zu tun. Den privaten Nachlass des Finanzvorstands zu regeln, dürfte für sie nicht von Interesse sein.« Er klopfte dem Mann auf die Schulter. »Und sollten Sie das schwarze Journal irgendwo finden, sorgen Sie dafür, dass es Fräulein Struwe bekommt.«

»Das tue ich gerne«, antwortete der Schreiber.

***

»Witwe Bruns?«

Die Frau, die durch den engen Türspalt lugte, war hager und verhärmt, obwohl sie kaum älter als dreißig Jahre alt sein konnte. Sie wischte sich ihre Finger an dem fadenscheinigen Tuch in ihren Händen ab. »Ja?«

»Mein Name ist Hauke Sötje. Ist Ihr Untermieter Bohl im Haus?«

Die Frau sah neugierig an Hauke hinunter. »Was wollen Sie von ihm?« Ihr Ton war abweisend.

»Nun, was denken Sie, möchte ich von ihm?«

Irritiert schaute sie in sein Gesicht. »Na ja.« Noch immer wischte sie ihre rissigen Hände trocken. »Es ist ja nur, weil er sonst nie Besuch bekommt und dann plötzlich gleich zwei Mal in einer Woche.«

»Ach.« Hauke horchte auf.

»Aber der Herr Bohl ist so oder so nicht da. Ist auf der Arbeit in der Gesellschaft.« Sie nickte mit dem Kopf in Richtung Hafen.

»Nein, dort ist er nicht.«

Sie sah Hauke erstaunt an. »Nicht da? Das ist ja komisch. Er ging heute früh um kurz vor sieben rüber.«

Hauke beobachtete sie genau. Ihre Pupillen wurden kleiner, und einige Schweißperlen erschienen auf der faltigen Stirn der Frau. Sie schien Angst zu haben.

»Kommen Sie morgen wieder!«, sagte sie und wollte gerade die Tür schließen, als Hauke seinen Fuß in den Spalt stellte.

»Nehmen Sie den Fuß da weg!«, rief Witwe Bruns. »Oder ich schreie um Hilfe.«

»Wir sollten mit Reviervorsteher Rübcke darüber reden«, schlug Hauke vor.

»Warum denn das? Nur weil ich Sie nicht in mein Haus lassen will?«

»Sie verbergen etwas.«

Wütend schnappte die Frau nach Luft. Dann überlegte sie kurz. »Kommen Sie rein.« Sie blickte die Straße vor ihrem Haus auf und ab, als fürchte sie, jemand könne ihren Besuch gesehen haben.

Als Hauke in die schmale Diele trat, stieß er sich den Kopf an einem Balken der niedrigen Decke. Es roch nach feuchten Wänden. Sofort wurde ihm unwohl.

Sie ging den Gang entlang, nach hinten, wo sich die Küche befand. »Kann nicht den ganzen Tag klönen. Muss noch kochen.«

Hauke folgte ihr.

Ein Holzofen mit Herdplatte stand in der einen Ecke des Raumes. An den Wänden hingen einfache Regale mit Tiegeln und Töpfen, Tellern und Schneidebrettern darauf. Haukes Stirn streifte einige Bündel Rosmarin und Lavendel, die zum Trocknen von der Decke hingen. Auf einem der beiden Stühle am Küchentisch nahe dem Fenster saß ein Mädchen von knapp vier Jahren. Sie fütterte ihre Strohpuppe aus einem leeren Suppenteller.

Hauke nahm den freien Stuhl und setzte sich. Egal, wie lange er hier sitzen bleiben musste – er würde erst wieder gehen, wenn er herausgefunden hatte, was diese Frau ihm verschwieg.

Auf dem Tisch stand eine Schüssel mit einem frisch geschlachteten Huhn darin. Schlaff hing der verrenkte Kopf des toten Tieres über den Rand.

Witwe Bruns schob das Kind vom Stuhl. »Martha, bring der alten Jette zwei Eier rüber. Kannst Püppi mitnehmen.«

Neugierig blickte die Kleine Hauke an. Eine Locke hatte sich aus ihrem Zopfband gelöst und hing frech vor ihren großen braunen Augen.

Witwe Bruns' Ton wurde schärfer: »Martha, geh!«

Die Kleine legte vorsichtig die beiden Eier in die Tasche ihrer Schürze und klemmte die Puppe unter den Arm. Dann verließ sie die Küche durch die Tür in den Hof. Witwe Bruns wartete, bis das Kind draußen war. Dann setzte sie sich auf den freien Stuhl. »Sind Sie von der Polizei?«

Hauke beschloss, diese Frage vorerst nicht zu beantworten. Mit etwas Glück machte sie die Angst vor der Obrigkeit gesprächiger. Vielleicht aber auch nicht. »Möchten Sie lieber mit Reviervorsteher Rübcke sprechen? Ich kann ihn holen lassen.«

»Nein, nein, das ist nicht nötig.« Witwe Bruns hob die Schüssel auf ihren Schoß und begann, das Huhn zu rupfen.

»Wo ist Herr Bohl?«, wollte Hauke ein weiteres Mal wissen.

Sie zuckte mit den Achseln. »Ich weiß es nicht.«

Hauke holte tief Luft.

»Na, wenn ich es doch nicht weiß!«, entschuldigte sie sich aufgebracht. »Er muss mir nicht sagen, wo er hingeht. Ist ja nicht mein Mann.«

Hauke gab seiner Stimme etwas Offizielles. »Frau Bruns, ich muss Sie darüber in Kenntnis setzen, dass Ihr Untermieter den Behörden für eine inoffizielle Befragung zur Verfügung stehen soll.«

Erschreckt sah sie ihn an. »Aber ich weiß nicht, wo er ist. Heute Morgen ging er aus dem Haus. Ganz so wie immer.« Sie rupfte dem Tier eine Handvoll Federn aus und warf sie in einen Eimer unter dem Tisch. »Ich dacht doch, der geht rüber zur Heringsfischerei.«

Hauke überlegte. »Wie benahm er sich?«

Sie sah das halb nackte Huhn nachdenklich an. »Ich weiß nicht, ob ich das sagen darf.«

»Was dürfen Sie nicht sagen, Frau Bruns?«

»Da war gestern Abend Besuch für Herrn Bohl, und danach benahm er sich sehr eigenartig.«

»Was meinen Sie damit?«

»Ja. Er lief die ganze Nacht durch sein Zimmer. Ich habe kein Auge zugetan.«

Hauke horchte auf. »Wer war der Besuch?«

»Kenne ich nicht. Habe ihn noch nie gesehen. War wohl von außerhalb. Auf alle Fälle war er etwas Vornehmes.«

»Was wollte der Mann?«

Sie blickte auf. »Woher soll ich denn das wissen? Ich bin keine von denen, die ihren Mietern hinterherschnüffeln«, sagte sie und rupfte weiter.

»Natürlich nicht, Witwe Bruns, trotzdem sind Sie vor dem Gesetz für das Tun Ihres Untermieters verantwortlich. Wenn er also gegen das Gesetz verstoßen haben sollte …« Hauke ließ den Satz unbeendet.

»Ich soll für meinen Mieter den Kopf hinhalten?«, rief sie. »Nicht mit mir!«

Sie warf das Huhn in die Schüssel und knallte sie auf den Tisch. Dann stand sie auf und stemmte ihre Hände in die Hüften. »Der feine Herr hat Dreck am Stecken! So ist das nämlich!« Stolz sah sie Hauke an. »Das will ich jetzt mal anzeigen. Sie sind doch von der Polizei, oder?«

»Sie haben also etwas über Ihren Untermieter in Erfahrung gebracht, was von polizeilichem Interesse sein könnte?« Hauke fühlte sich nicht sonderlich wohl in seiner Rolle als falscher Polizist. Denn dass die Frau, die vor ihm stand, davon ausging, er sei einer, war offensichtlich.

Mehrmals nickte Witwe Bruns. »Ja, da stimmt etwas nicht mit dem Bohl.«

»Was möchten Sie anzeigen?«

»Nun«, unschlüssig sah sie Hauke an. »Das weiß ich nicht so recht. Aber da passieren merkwürdige Sachen.«

Hauke schloss die Augen, denn der Raum begann sich zu drehen. »Was ist vorgefallen?«

Witwe Bruns erzählte Hauke von dem Gast und dass sie, natürlich rein zufällig, den Streit der beiden Männer gehört habe, weil die Wände ja so dünn seien. »Da war so ein Klatschen, und dann ist etwas auf den Boden gefallen. Habe alles mitbekommen. Die waren ja auch laut genug. Ich glaube, der Mann hat den Herrn Bohl geohrfeigt, und der ist dann hingefallen.«

»Worüber sprachen die Männer?«

»Na ja, Herr Bohl sagte, er wolle nicht enden wie der Herr Struwe und dass er etwas habe, was der Fremde auch haben wolle.«

Hauke ergriff die Frau an den Oberarmen. »Wissen Sie, was es war?«

Sie riss sich los. »Nein! Das hat er nicht gesagt.«

Hauke legte seine Hände auf den Rücken, damit die Frau sein Zittern nicht sah. Er hatte sich für einen Moment gehen lassen. Das war unverzeihlich. Offenbar wusste Sekretär Bohl mehr als Hauke. Wichtiger aber schien Hauke die Frage, wer der Unbekannte war.

Da begann sich die Küche vor seinen Augen zu drehen, schneller und immer schneller. Er wusste, dass er es in dieser Höhle nicht viel länger aushalten würde, dass er schnellstens hinausmusste. »Wie sah der Besucher aus?« Er tastete sich zur Küchentür hinüber.

Aufmerksam beobachtete Witwe Bruns ihn. Sie hatte bemerkt, dass mit ihm etwas nicht stimmte. »Groß. Kleiner als Sie.« Sie rupfte dem Vieh die letzten Federn aus, ohne den Blick von Hauke zu lassen. »Dunkler Mantel und Zylinder. Ich dachte erst, er sei ein vornehmer Herr, aber dann hat er die Tür aufgerissen und mich wüst beschimpft. Ob ich lauschen würde, hat er geschrien. Das ist doch eine Frechheit!« Als Hauke nichts sagte, fuhr sie fort. »Seinen Gehstock hatte er in der Hand.«

»Bart?«

Sie überlegte. »Ich glaube nicht. Jedenfalls keinen wie unser Kaiser. Das wäre mir aufgefallen. Mein seliger Hannes hatte so einen.«

Die Beschreibung des nächtlichen Besuchers passte auf die Hälfte aller Männer in Glückstadt. »Mehr haben Sie nicht zu sagen, Witwe Bruns?«

Die Frau schüttelte den Kopf. Dann fiel ihr aber noch etwas ein. »Als der Mann ging, hat er gelacht. Es war kein richtiges Lachen. Verstehen Sie? Und er hat gesagt, dass er Herrn Bohl in der Heringsfischerei erwarte. Der solle ja nicht mit leeren Händen kommen.«

»In der Heringsfischerei? Sind Sie sicher?« Hauke hatte mittlerweile den engen Flur erreicht.

»Ja, ja, natürlich, das hat er gesagt. Ist Ihnen nicht gut?«

Hauke tastete sich zur Tür und riss sie auf.

Luft! Grauer Himmel! Kälte legte sich auf sein Gesicht. Tief sog er den Atem in seine Lunge. Wie immer raste sein Herz. Es dauerte einen Moment, bis es ihm besser ging.

Die Frau sah ihn von der Seite nervös an. »Soll ich einen Arzt rufen?«

Hauke stützte sich an der Hauswand ab. »Zeigen Sie mir jetzt das Zimmer Ihres Untermieters.«

KAPITEL 15

Für die Morgenstunden wird ein anständiges Mädchen zur Reinigung unseres Hauses gesucht.
Fam. Rademacher, Jungfernstieg/Ecke Schenker-Gang.
Original: Glückstädter Fortuna, Januar 1894

Ein leichter Nieselregen legte sich auf die Stadt an der Elbe, als Sophie aus der Tür des Struwe'schen Hauses trat. Sie spannte den Schirm auf. Ihr Weg führte sie in die Schlachterstraße, um sich ein Pfund Rippe für einen Topf Suppe zu kaufen.

Morgen war die Beerdigung ihres Vaters. Sie würde sehr bescheiden ausfallen. Wahrscheinlich würden die feinen Leute in der Stadt nicht daran teilnehmen. Und wenn, dann nur, um zu sehen, ob es im Haus noch etwas zu holen gab. Schnell wischte Sophie den Gedanken fort.

Als sie bald darauf vor dem Laden stand, stieg sie die drei Stufen hinauf und öffnete die Ladentür. Die Glocke über dem Eingang läutete. Ihren regentriefenden Schirm stellte Sophie in einen Ständer hinter der Tür. »Guten Morgen«, sagte sie zu den anderen Frauen im Geschäft, die darauf warteten, bedient zu werden. Ihr Gruß wurde nicht erwidert. Eine ältere Dame hingegen nickte vorsichtig. Die anderen Kundinnen stierten sie herablassend an.

Sophie suchte das Ende der Schlange, damit sie sich anstellen konnte. Doch die Frauen gingen stumm auseinander, bildeten eine Gasse, die Sophie zwang, bis nach vorn zum Tresen zu treten. Nur zögerlich schritt sie hindurch, verwirrt in den Gesichtern einen Grund für das Benehmen suchend, obwohl sie ihn schon ahnte.

»Und? Ist die Familie Struwe jetzt reich geworden? – Reich mit unserem Geld!«

Sophie sah sich um, versuchte, die Sprecherin zu finden. Es hätte jede sein können. Sie sah verkniffene Münder und schmale Augen.

»Zu viel Gier führt zu Unglück, sage ich nur.« Eine dünne Frau in gestreiftem Mantel mit unschön aufgetürmter Frisur grinste sie herausfordernd an. Es war die Schwester des Küsters, eine lästerliche Xanthippe.

Bevor Sophie noch etwas sagen konnte, fiel eine andere Frau ein: »Er soll ja schon seit Jahren über seine Verhältnisse gelebt haben.«

Die Umstehenden nickten.

»Mein Vater hat nichts Unrechtes getan!«, wehrte sich Sophie gegen all das Gift, das ihr entgegensprühte.

Die Frauen lachten höhnisch auf. »Die Stadt hat er uns fast abgebrannt!«

Sophie fuhr herum. »Wie können Sie so etwas sagen?«

Die Xanthippe rief: »Euer Reichtum ist verfault, eure Kleider sind mottenfräßig geworden! Pfui Teufel!« Dabei richtete sie den Finger mahnend gen Himmel. Dann blickte sie sich um, forderte gebieterisch Zustimmung. Wieder nickten die Anwesenden. Nur die ältere Dame nicht, die Sophie bei ihrem Eintreten vorsichtig gegrüßt hatte. Die Schwester des Küsters starrte die Frau scharf an. »Jakobus 5, Vers 2.«

Jetzt nickte auch die kleine Dame artig.

»Brandstiftung war's! Das weiß jeder!«, rief eine dicke Frau, deren Kopf aus dem üppigen Pelzbesatz ihres teuren Mantels hervorlugte.

Eine andere fiel ein. »Waren sicherlich gut versichert, die Herrschaften.«

Die Stimme von Schlachtermeister Behrend hörte Sophie wie aus einem Nebel: »Fräulein Struwe. Was darf es sein?«

Die Dürre schrie auf. »Sie wollen dieser Person etwas verkaufen?«

Einige andere Damen empörten sich ebenfalls.

Der breite Mann mit den roten Wangen blickte sich im Kreis seiner Kundschaft um. Sophie sah ihm an, dass er überlegte, ob er einen Fehler machte.

Die Frauen schnatterten durcheinander. »Guter Mann, überlegen Sie, was Sie tun«, warnte die Schwester des Küsters. »Der

Apfel fällt nicht weit vom Stamm.« Einige nickten, waren sie doch sicher, selbst gute Menschen zu sein.

»Wenn Sie der etwas verkaufen, gehen wir!«, krakeelte es von hinten. »Alle!«

Unglücklich blickte der Schlachter Sophie an. Als sie noch klein gewesen war, hatte er ihr immer etwas zugesteckt. Das schien Jahrtausende her zu sein.

»Ach, Kindchen, das müssen Sie verstehen.« Bedauernd hob er die Schultern.

Sophies Beine wurden weich. Ohne Fleisch wollte sie den Laden aber nicht verlassen. Sie bot an, das Doppelte zu zahlen, doch damit stachelte sie den Zorn der Frauen nur von Neuem an.

»Habe ich es nicht gesagt? Reich ist das Fräulein. Von unserem Geld.«

Mit einem tiefen Seufzer drehte sich der Schlachter zu einer anderen Kundin und fragte nach deren Wünschen.

Sophie schien Luft geworden zu sein. Eine oder zwei Stimmen mokierten sich noch über ihren unmoralischen Lebenswandel. Der Name Sötje fiel. Das aber konnte Sophie nicht mehr schmerzen als die Tatsache, dass man sie offenbar zur Persona non grata erklärt hatte. Langsam ging sie durch die Menge, der Tür entgegen.

Als sie hinaustrat, regnete es in Strömen. Ihr Schirm stand noch im Laden hinter der Tür. Es war ihr egal. Ohne zu wissen, wohin, lief sie los.

Wie in einem Alptraum rannte sie durch die Straßen der Stadt, in der sie geboren worden war. Die Stadt, in der ihre Schule stand und die doch eigentlich ihre Heimat hätte sein müssen. Alles fühlte sich leer an.

Am Marktplatz rempelte ein Mann sie an. Verwirrt blickte sie auf und erkannte den Sekretär der Heringsfischerei, Bohl. Er murmelte eine Entschuldigung und eilte weiter, zum Rathaus hin, wobei er sich immer wieder umsah.

Der Regen war noch stärker geworden, und die Straßen wurden leerer. Sophie war sich sicher: Ihr Vater war ein Ehrenmann gewesen. Man hatte ihn sogar in den Stadtrat wählen wollen! Niemals hätte er etwas Unrechtes getan. Menschen um ihr Erspartes zu betrügen schon gar nicht. Wie konnten die Leute nur etwas anderes in ihm sehen als einen gütigen Mann, der viel für die Stadt getan hatte? Tränen traten in ihre Augen.

Noch aber wollte sie nicht aufgeben. Sie und Kapitän Sötje mussten unbedingt das Journal finden. Je mehr sie darüber nachdachte, umso sicherer war sie, dass darin ein Beweis für die Unschuld ihres Vaters zu finden sein könnte. Vielleicht ein Name oder ein Eintrag, der alles erklären könnte.

Sorgen bereitete ihr jedoch die geheimnisvolle Notiz auf dem Schreibtisch ihres Vaters. *Denken Sie an Ihre Tochter. Die Vergangenheit schläft nicht.* Was war damit nur gemeint? Sollte es etwa ihre sein? Und was sollte der Hinweis auf vergangene Zeiten? Hatte jemand ihren Vater mit seinem früheren Leben erpressen wollen? Vaters Leben war ohne Tadel gewesen. Geboren und aufgewachsen in der Stadt, hatte er getan, was man von ihm erwartet hatte. Nicht einmal ein Techtelmechtel mit einer anderen Frau hätte sie ihm zugetraut.

Die Erkenntnis, was der Erpresser meinen könnte, traf Sophie wie ein Schlag in die Magengrube. Es war nicht Papas bisheriges Leben, das einem Kriminellen Wissen in die Hand gab, aus dem sich Geld schlagen ließ. Nein, es war ihre eigene Geschichte! London. Aber wer konnte davon wissen? Mr. Worthing und seine Familie würden sicherlich darüber schweigen, dass ein junges Mädchen in ihrer Obhut in eine derart peinliche Situation geraten war, sofern ihnen die Details überhaupt bekannt waren. Vielleicht war es …

Ohne es zu bemerken, hatte ihr Weg sie an den Hafen geführt. Dort, wo der Jungfernstieg auf die Hafenmole traf, bemerkte Sophie einige Menschen. Sie standen am Kai und gestikulierten aufgeregt zur anderen Seite des Hafenbeckens hinüber. Vorsichtig näherte Sophie sich der Schleuse. Von hier aus konnte sie über die Köpfe der Leute hinwegsehen.

Drüben vor der Heringsfischerei hatte sich eine große Menge wütender Menschen versammelt. Es mochten an die hundert

Glückstädter sein. Einige waren mit Knüppeln und Forken bewaffnet. Sie forderten ihr Geld zurück. Sophie war entsetzt! Ihr Vater hätte niemals gewollt, dass die Dinge derart aus dem Ruder liefen.

***

Als Rübcke mit seinen Männern an der Korrektionsanstalt vorbeieilte, sah er bereits die ehrenwerten Aktionäre vor der Heringsfischerei auf dem Deich stehen.

So etwas hatte es in seiner Stadt noch nie gegeben!

Energisch marschierte er mitten in die Menge hinein.

»Na, Kurt, willst du auch reich werden?«, rief er einem hoch aufgeschossenen Mann zu. Der Angesprochene zog den runden Hut vom Kopf, den man hier »Glocke«, in England aber »Bowler« nannte. Ohne auf eine Antwort zu warten, schritt Rübcke an ihm vorbei. Die Menge teilte sich vor seinen Augen.

»Hinnerk, was tust du denn hier? Hast doch gar kein Geld zum Investieren.«

»Nee, aber mien Vetter hat vun denen da oben Papier köfft. Und nu wull he dat Geld wedderhebben.« Hinnerk schob seinen Priem in die andere Wange.

»Ach, wiederhaben will er es. Und du sollst es abholen, weil er keine Zeit hat, nehme ich an?«

»Jo«, grinste Hinnerk.

»Kannst du denn so viel tragen?«

Der Fischer lachte. »Jo, wenn's um Geld geiht, bün ick bannich stark«, rief er und zeigte auf seine kräftigen Oberarme.

Doch den Leuten war nicht zum Lachen zumute.

»Das ist eine Verbrecherbande! Betrügen uns kleine Leute ums Ersparte! Da müssen Sie ordentlich durchgreifen, Herr Reviervorsteher!«, rief jemand.

Die Leute nickten eifrig. Einer meinte, es sei wohl ein großer Fehler gewesen, denen da oben das sauer ersparte Geld anzuvertrauen.

Eine Frau in feinem dunklem Mantel mit üppigem Fuchspelzbesatz erregte sich. »Jeden Groschen haben wir uns vom Mund abgespart, und die treiben nichts als Schindluder damit! Wir wollen unser Geld zurück!« Ihr Ehemann, ganz in Mausgrau gekleidet, nickte vorsichtig.

Noch war die Stimmung nicht gefährlich, entschied Rübcke, der sicher war, dass Sozialisten die Unruhe in der Stadt für sich nutzen würden. Ein gefundenes Fressen war so was für diese Landesverräter. Rübcke hatte einen Teil seiner Männer angewiesen, am Rande der Meute zu bleiben und den Deich abzusperren. Der Arrestwagen stand nicht weit entfernt in der Straße Am Schwarzwasser. Dem Reviervorsteher war ganz flau im Magen. So etwas wie das hier hatte er noch nie erlebt. Und der Bürgermeister war nicht in der Stadt, um Anweisungen zu geben. Also blieb alles an ihm.

Rübckes Stimme dröhnte über die Köpfe der Menschen hinweg. »Ihr wisst, dass dies hier eine nicht genehmigte Versammlung ist!« Überrascht blickten einige Leute den Mann an, der nun seine Daumen in den Koppel seiner Uniform klemmte und sich noch mehr aufrichtete. Schon wollten sie protestieren, als Rübcke fortfuhr. »Im Namen des Kaisers fordere ich euch auf, diese sozialistische Demonstration sofort aufzulösen. Oder es passiert ein Unglück!«

Auf sein Zeichen hin kamen die Hilfsbeamten von beiden Seiten des Deiches angelaufen. Unruhe machte sich breit. Hin- und hergerissen, ob sie nun bleiben und um ihr Geld kämpfen oder nach Hause gehen sollten, begannen die Leute zu murren.

Da bahnte sich Studienrat Detlefsen einen Weg durch die Menge. »Aber, aber, Herr Reviervorsteher!« Im Vorbeigehen legte er dem einen oder anderen seine Hand auf die Schulter, nickte diesem oder jenem zu.

Er begrüßte die Frau im Pelz, was sie mit einem Lächeln quittierte. »Ihre Klara macht sich ganz famos, liebe Frau Dietrich«, sagte er zu ihr, sodass es jeder hören konnte. »Die Leistungen in Französisch sind von allerbester Sorte. Seien Sie stolz auf das Kind.«

Die Mutter strahlte.

Als Detlefsen Rübcke erreicht hatte, wandte er sich zu den Menschen. Mit der Stimme des geübten Lehrers trat er vor sie, ohne einen Funken von Unsicherheit. »Ihr kennt mich. Jeder von euch weiß, dass auch ich mich für die neue Gesellschaft starkmache. Ich habe es euch im letzten Jahr gesagt, und ich tue es jetzt noch einmal: Diese Gesellschaft bringt Essen auf eure Teller! Die bringt Ehre und Wohlstand in die Stadt!«

»Das mag ja man stimmen, Herr Doktor!«, rief ein Mann in der Menge. »Aber bringt sie auch Geld in meine Börse?« Die Leute stimmten ihm zu.

Beschwichtigend hob Detlefsen die Hände. »Der Kaiser ist davon zuversichtlich, dass unsere Fischereigesellschaft eine gute Sache ist. Darum gibt er Geld dazu. Auch ich glaube fest daran, dass hier Großes entsteht. Großes, das schon bald im ganzen Reich seine Nachahmer finden wird. Darum habe auch ich Aktien gekauft. Und das nicht zu knapp.«

»Jo!«, rief Hinnerk. »Rechnen kann er gut, unser Herr Oberstudienrat!« Einige lachten.

Auch Detlefsen grinste. »Und was in letzter Zeit passiert ist, hat nichts mit der Fischereigesellschaft zu tun. Glaubt es mir!« Die Leute murrten erneut, aber er fuhr fort: »Wenn etwas unrechtmäßig sein würde, wäre ich der Erste, der dies zur Anzeige brächte. Stimmt's, Herr Rübcke?«

Rübcke brummte.

»Hier oben«, Detlefsen zeigte auf die Front des Gebäudes hinter dem Deich, »hier oben sitzen Männer, die ihr kennt. Männer mit Reputation.«

»Leute wie Struwe?«, schrie einer. Worte wie »Brandstifter« und »Betrüger« fielen. Einige klatschten Beifall.

»Himmel noch mal! Nun seid doch nicht so renitent! Wir inspizieren doch alles noch. Da ist noch nicht das letzte Wort gesprochen!«, rief Rübcke wütend.

Detlefsen übernahm: »Ich garantiere euch, euer Erspartes ist bei uns in besten Händen. Wir gehen gut damit um.«

Noch immer waren die Leute nicht überzeugt.

Da hörte man ein Wiehern. Alle drehten sich um.

Dr. Halling sprang von seinem Gaul und eilte mit wehenden Rockschößen auf die Menge zu. Grob schubsend bahnte er sich einen Weg zu Detlefsen. Dann schrie er die Leute an: »Wenn ihr nicht sofort nach Hause geht, bekommt jeder von euch einen Einlauf von mir! Ihr und eure ganze undankbare Sippe! Egal ob Schnupfen oder Plattfüße! Jedes Mal, wenn ihr mich ruft, gibt's einen Einlauf!« Sein Gesicht war zornesrot. »Und das mache ich bis zum Jüngsten Tag! So lange, bis ihr endlich wieder zur Vernunft kommt!«

»Oha«, kommentierte Hinnerk lachend, »der is aber bannich fünsch.«

So wütend hatten die Leute ihren stellvertretenden Bürgermeister und Medizinalrat noch nie gesehen.

»Also? Was ist?«, schrie Halling und funkelte jeden Einzelnen zornbebend an.

Tatsächlich begannen die Ersten, langsam den Weg nach Hause anzutreten. Leise unterhielten sie sich, als sie über die Deichkrone zurück zur Stadt gingen. Die Menschenmenge vor dem Portal der Gesellschaft wurde allmählich kleiner, bis auch die Letzten gingen.

Hinnerk grinste noch immer. »Na, dann wull ick mol mien Vedder verklardüddeln, dat dat mit dat Geld wohl nix ward.« Er schob den Priem im Mund auf die andere Seite. Ein hämisches Grinsen leuchtete über sein Gesicht. »Oha, de kummt in Brass, wenn ick em dat vertell'n deih.« Gemächlich schlenderte er den Deich entlang, die Hände tief in den Taschen seiner Hose vergraben.

»Dieses Mal ist es noch gut ausgegangen«, flüsterte Rübcke matt. Erschöpft winkte er seine Männer zurück und machte sich auf den Weg in seine Revierstube, um einen Bericht zu schreiben.

Besorgt sahen sich Halling und Detlefsen an. »Das war knapp.«

***

Man hatte sich für die Beisetzung auf den frühen Abend geeinigt, um in aller Ruhe Abschied von Hermann Struwe nehmen zu können. So zumindest hatte der Pastor es formuliert, doch Sophie ahnte, dass er hoffte, die Leute würden lieber beim Abendbrot sitzen, als zu kommen, um ihren Unmut über den Verstorbenen zu äußern.

Der Küster führte die gespenstische Prozession mit einer Laterne in der Hand an. Ihm folgten die Träger mit dem Sarg auf ihrer Schulter.

Mit geradem Rücken schritten Sophie und Hauke hinter Pastor Bünz her, dessen weiße Halskrause im Licht von Haukes Laterne zu leuchten schien. Pastor Bünz hatte Sophies Eltern getraut und das einzige Kind der Familie vor fast einundzwanzig Jahren getauft. Er wusste, wie Hermann Struwe gestorben war. Es war Selbstmord gewesen, und eigentlich hätte Sophie ihren Vater irgendwo außerhalb des Friedhofs verscharren lassen müssen. Dr. Halling aber hatte Pastor Bünz die Umstände erklärt, von geistigen Verwirrungen gesprochen und einem Schock. Dann hatte er an die christliche Barmherzigkeit des Gottesmannes appelliert. Eine großzügige Spende von Studiendirektor Detlefsen an die Gemeinde hatte dann wohl den Ausschlag gegeben.

»Danke, dass Sie mich begleiten«, sagte Sophie zu Hauke, als sie dem schlichten Sarg ihres Vaters folgten. Sie bemerkte nicht, dass der Blick ihres Begleiters hinüber zu einem unscheinbaren Grab ging, das nur einen Querweg weiter lag.

Die kleine Prozession hielt auf die äußerste Ecke des Friedhofes zu, wo für den Toten ein einfaches Kreuz an einen Baum gelehnt stand. Als schäme sie sich dafür, murmelte Sophie: »Sobald ich es mir erlauben kann, bekommt Papa einen richtigen Stein aus Marmor.«

Hauke nickte und setzte die Laterne auf dem Boden ab.

Die Zeremonie war kurz, und der Holzsarg wurde eilig niedergelassen. Als Sophie mit dem kleinen Schäufelchen ein wenig Erde auf den Deckel des Sarges fallen ließ, wurden ihre Knie weich, und sie glaubte, zu ihrem Vater hinunterzustürzen. Da spürte sie eine kräftige Hand an ihrem Arm, die sie fortführte. Dankbar lächelte sie Hauke an.

Jetzt reichte Pastor Bünz ihr seine Hand und sprach einige Beileidsworte, die wie ein fernes Rauschen an Sophies Ohren vorbeiflogen. Dann gab er dem Küster ein Zeichen. Gemeinsam gingen die beiden Männer mit den Sargträgern davon.

Ein vierschrötiger Mann trat jetzt hinter einem Grabstein hervor. Er stellte seine Laterne auf den Boden, krempelte die Ärmel seines Hemdes hoch und begann, das Grab zuzuschaufeln.

»Wir sollten gehen, Fräulein Struwe«, sagte Hauke leise und führte Sophie vom Grab ihres Vaters fort. Das Licht der Petroleumlampe in seiner Hand ließ die Grabsteine links und rechts des Weges unruhig zittern. Steinerne Engel schienen sich wie Drachen zu bewegen. Hier hatten sich die feinen Leute der Stadt ein Denkmal zur ewigen Erinnerung gebaut. Doch war diese Erhabenheit nur am Tage zu sehen. Nachts gruselte es einen jeden, den sein Weg hierher verschlug.

Schweigend erreichten sie das Friedhofstor.

»Soll ich Sie in die Königstraße bringen, Fräulein Sophie?«

Sie schüttelte den Kopf. »Ich habe kein Zuhause mehr. Nächste Woche wird das Haus versteigert.«

»Wo werden Sie wohnen?«

»Die Gräfin bot mir vorerst eine Unterkunft an.«

»Werden Sie es annehmen?«

Sophie trocknete ihre Tränen mit einem Taschentuch. »Ich weiß es noch nicht«, sagte sie schließlich. »Lassen Sie uns zur Mole gehen und ein wenig reden, Herr Sötje.« Er nickte.

So gingen sie durch die dunklen Straßen einer Stadt, die für keinen von beiden eine Heimat mehr war.

»Haben Sie schon etwas wegen des Notizbuches oder der Notiz herausgefunden, Kapitän?«, fragte Sophie, als sie den Hafenkopf erreichten, wo die Gehlsenwerft im Dunkel lag. Der Umriss des neuen Loggers für die Fischereigesellschaft zeichnete sich gegen das Licht der Laternen am Kai ab.

Hauke erzählte Sophie von seinem Besuch bei der Witwe Bruns, die Sekretär Bohl ein Zimmer vermietet hatte. »Der Mann hatte einen Besucher, den Frau Bruns nicht kannte, der wohl etwas mit der Gesellschaft zu tun zu haben könnte. Herr Bohl scheint am Morgen nicht auf der Arbeit erschienen zu sein.«

Sophie blieb stehen. »Ich habe den Sekretär heute Vormittag gesehen. Ich kam gerade vom Schlachter. Herr Bohl war tatsächlich nicht drüben am Reethövel, sondern lief mir auf dem Marktplatz über den Weg.«

»Interessant. Und in welche Richtung ist er gegangen?«

Sie überlegte. »Ich glaube, er lief zum Rathaus hinüber. Wer war der Besucher?«

Hauke wollte ihr nicht sagen, was Witwe Bruns gehört hatte. Allerdings fand er es höchst interessant, dass Sekretär Bohl nicht sterben wollte wie Hermann Struwe. Und dass er etwas in seinem Besitz hatte, das der Fremde unbedingt haben wollte.

»Ich weiß noch nicht, was all das zu bedeuten hat, Fräulein Struwe, aber ich werde versuchen herausfinden, ob es von Belang ist.«

»Ich danke Ihnen, dass Sie mir helfen, Kapitän«, sagte Sophie leise. »Sie sind meine einzige Hoffnung, dass Vaters Ehre wiederhergestellt werden kann. Außer Ihnen habe ich niemanden, der mir hilft, die Wahrheit zu finden.«

Eine Weile gingen sie wortlos nebeneinanderher. Haukes Gedanken kreisten jedoch nicht um August Bohl und seinen geheimnisvollen Besucher. Seit er den Zettel auf Hermann Struwes Schreibtisch gesehen hatte, bohrte sich ein Gedanke immer tiefer in seinen Kopf. Es war William Fergusson. Hing der Untergang der »Revenge« etwa mit alldem zusammen, was gerade in Glückstadt passierte? Welche Verbindung gab es zwischen Fergusson und Struwe? Woher kannten die Männer sich? Und welche Rolle spielte Graf von Lahn in diesem verwirrenden Spiel? Denn dass der Diplomat eine Bedeutung haben musste, wurde für Hauke immer klarer. Warum sonst sollte der Graf ihn aus dem Gefängnis geholt haben? Nur um ihm den Auftrag zu geben, Nachforschungen in der Gesellschaft anzustellen und kurz darauf Unterlagen im Haus des verstorbenen Struwes zu sichten? Wusste von Lahn, dass Struwe und Fergusson sich kannten?

Morgen früh würde er mit dem Grafen telefonieren. Und er würde dem Mann ein paar unangenehme Fragen stellen müssen.

»Herr Sötje, darf ich Sie etwas Persönliches fragen?«, riss Sophie ihn aus seinen Gedanken. »Sie müssen mir nicht antworten. Nennen Sie es eine typische Art weibliche Neugier.« Da er nicht widersprach, frage sie: »Warum sind Sie hier? Ich meine, in Glückstadt.«

Es dauerte eine Weile, bis Hauke sich durchringen konnte, darüber zu sprechen. Die Frau an seiner Seite hatte soeben ihren Vater zu Grabe getragen. Sie wusste nicht, dass sie dabei an einem anderen Grab vorbeigegangen waren, das Hauke das Herz zerriss.

»Vielleicht sage ich es Ihnen ein anderes Mal. Nicht heute.«

Sophie senkte den Kopf. »Bitte verzeihen Sie. Ich wollte nicht unhöflich sein.«

Er lächelte. »Sie waren nicht unhöflich. Nur neugierig.«

Zum ersten Mal seit der Brandnacht lächelte auch Sophie. »Es hilft mir, wenn ich über andere Leute nachdenke statt über mich und mein Schicksal.«

»Das kann ich gut verstehen.«

»Ja?« Sie musterte ihn. »Dann würden Sie mir eine weitere Frage ebenfalls verzeihen? Nur eine einzige.«

Er lachte. »Nun, es kommt darauf an.«

»Warum nennt man Sie den Kapitän, Herr Sötje?«

»Weil ich bis vor einiger Zeit einer war.«

»Sie sind also kein einfacher Fischer?«

Er schüttelte den Kopf.

»Den Eindruck hatte ich auch nicht. Sie sind zu gebildet«, urteilte sie. »Warum sind Sie kein Kapitän mehr?«

»Das ist aber noch eine Frage. Wollten Sie nicht nur eine einzige stellen?«

»Also?«, insistierte sie.

Hauke sah, dass Sophie es wirklich wissen wollte. Es war keine

Neugier, sondern Mitgefühl, das die junge Frau trieb. »Mein Schiff sank.« Seine Stimme war leise, kaum hörbar gegen die Geräusche des Hafens.

»Das tut mir leid, Herr Kapitän. Was ist passiert?«

»Ich kann mich nicht erinnern«, sagte er mit trockenem Mund. »Darum nannte man mich einen Simulanten und sperrte mich in eine Irrenanstalt, während mir der Prozess vor dem Crown Court in London gemacht wurde. Die Anklage lautete auf Totschlag in dreiundfünfzig Fällen.« Aus dem Augenwinkel konnte er sehen, dass sie schockiert war. »Sie sehen, nicht nur die Ehre Ihrer Familie ist von einem auf den anderen Moment vom Schicksal vernichtet worden. Auch meine. Einfach so. Da zählt es nicht, ob man zuvor untadelig und ehrenhaft gewesen ist. Der eine letzte Moment ist es, der ein ganzes Leben zerstören kann.« Bitterkeit lag in seiner Stimme. »Möchten Sie wirklich mehr wissen, Fräulein Sophie?«

Langsam nickte sie, und er war ihr dankbar dafür. Aus irgendeinem Grund tat es gut, darüber zu reden.

»Die Behandlungen schlugen leider nicht an. Bis heute kann ich mich nicht daran erinnern, was nach dem Auslaufen aus dem Hafen passiert ist.« Hauke erzählte von dem Prozess, den schrecklichen Vorwürfen und einer Depesche, die angeblich niemand geschickt hatte, und die ihn in die entgegengesetzte Richtung seines ursprünglichen Befehls schickte.

»Wer hatte die Nachricht geschrieben?«

»Der Sekretär der Cunningham-Reederei. Ein gewisser Fergusson.«

»Woher wussten Sie, dass er es war? Jemand könnte die Nachricht gefälscht haben.«

»Als Kapitän bekam ich von ihm öfter Anweisungen und Befehle, die Sir Rupert für mich hatte. Fergussons Handschrift war mir also bekannt. Niemand glaubte mir vor Gericht, denn Fergusson bestritt, jemals einen derartigen Befehl geschickt zu haben.«

»Er log?«

»Ja.«

»Und da Ihr Schiff untergegangen war, konnten Sie nicht nachweisen, dass Sie auf Befehl gehandelt hatten.«

»So ist es. Dreiundfünfzig Männer starben, und ich weiß nicht, warum!« Hauke schlug sich mit der Hand an die Stirn. »Es ist alles fort. Nur wirre Träume sind geblieben.«

Besänftigend legte Sophie ihre Hand auf seinen Arm, bis er sich beruhigt hatte.

»Verzeihen Sie, Fräulein Struwe. Ich bin normalerweise nicht so impulsiv.«

»Die Handschrift auf dem Zettel, den wir auf dem Schreibtisch meines Vaters gefunden haben. War das die von Fergusson?«

Erstaunt drehte Hauke sich zu ihr um.

»Dachten Sie, ich hätte nicht gemerkt, dass Sie fast zu einer Salzsäule erstarrt sind, als ich Ihnen den Zettel gab? Sie sagten, dass sie die Schrift kennen.«

Er nickte. »Ja, ich habe die Schrift sofort erkannt.«

»Wir müssen wissen, was dieser Mann plant. Was für ein Mensch ist er überhaupt?«

»Ich weiß es nicht. Ich bin ihm noch nie begegnet.«

Sie runzelte die Stirn. »Aber Sie sagten doch, er habe im Prozess gegen Sie ausgesagt?«

»Ja, nur hatte er die Aussage schriftlich an das Gericht gesandt, weil er angeblich im Ausland war. Persönlich begegnet bin ich ihm nie.«

Sophie legte den Kopf schief und dachte nach. »Warum wollte der Kerl dafür sorgen, dass Sie den Kurs ändern?«

»Das würde ich ihn auch gerne fragen«, brummte Hauke.

»Glauben Sie, dass Fergusson hinter dem Untergang Ihres Schiffes steckt?«

»Auch das würde ich ihn gerne fragen.«

Schweigend gingen sie am Kai des Binnenhafens entlang Richtung Schleuse. Ein leichter Wind kam von Westen. Die Luft war kalt, die Wolkendecke riss auf und der Mond kam zum Vorschein.

»Sie wollten vorhin wissen, warum ich in der Stadt bin, Fräulein Struwe.«

»Sie müssen es mir nicht sagen. Ich war ungebührlich neugierig.«

Er hielt sie am Arm. Überrascht schaute Sophie ihn an. »Nein, ich möchte es Ihnen sagen.« Irgendwo sang ein Betrunkener auf dem Weg nach Hause ein derbes Seemannslied. Lange blickte Hauke Sophie an, und sie hielt seinem Blick stand. »Ich möchte mich von meiner Frau verabschieden. Und von meinem Kind.« Jetzt, da die Worte ausgesprochen waren, taten sie ihm unendlich weh. »Sie sind tot.«

»Das tut mir leid. Ich wusste das nicht. Ich hätte nicht so schrecklich neugierig sein dürften. Es war …«

Hauke hörte nicht auf sie. Er erzählte weiter, er musste es einfach tun. »Einige Wochen vor der Geburt meines Sohnes verließ ich meine Frau im Streit. Ich hatte den Befehl erhalten, die ›Revenge‹ nach London zu bringen und von dort in den Golf von Biskaya. Sie wollte, dass ich bleibe, aber ich war der Kapitän!« Hauke kämpfte um seine Fassung. »Sie starb bei der Geburt«, sagte er leise. »Ich bin hier, weil ich mich bei ihr entschuldigen will. Und bei meinem Sohn. Ich hätte bei ihnen bleiben müssen.«

»Verabschieden?«, sann sie. »Wohin werden Sie danach gehen?« Sophie nahm seine Hand.

Hauke schwieg, denn es gab kein Danach.

So standen sie am äußersten Punkt des Außenhafens und blickten schweigend auf die Elbe hinaus. Der Mond spiegelte sich im Wasser, und der Himmel über ihnen war voller Sterne. Noch stand der Stier im Westen. Etwas südlicher waren Orion und die Zwillinge zu sehen. Der Löwe stand im Süden, und östlich von ihm war die Jungfrau gerade aufgegangen.

Sophie aber hatte keinen Blick für die Schönheit dort oben. In ihrem Inneren tobte ein Sturm. Warum nur hatte sie ihn all das gefragt? Warum ihn genötigt, seine Geheimnisse zu offenbaren, nur um dann festzustellen, dass sie diese Ehrlichkeit niemals zurückgeben konnte?

Ihre Hand lag warm in seiner.

Hatte sie ein Recht auf so viel Vertraulichkeit?

Die Antwort konnte nur »Nein« lauten, das wusste sie. Seit sie den Zettel mit der rätselhaften Botschaft gelesen hatte, grübelte sie. *Die Vergangenheit schläft nie.* War das ein Hinweis auf den dunklen Fleck in ihrem kurzen aufregenden Leben in London? Sie hatte ihn erfolgreich verdrängt und im täglichen Kampf um Mieder und Ehemänner schon längst vergessen. Jetzt aber waren die Erinnerungen wieder da. Und sie schmerzten. Niemals durfte jemand davon erfahren.

KAPITEL 16

England. Ein Kuß wider Willen ist in England manchmal ein theures Vergnügen. Dieser Tage stand vor dem Polizeigericht in Manchester ein gewisser George Youd, weil er ein Mädchen auf der Straße mit Gewalt abgeküßt hatte. Youd erzählte in aller Gemüthsruhe, das Mädchen habe einen reifen Eindruck auf ihn gemacht »wegen ihres kleidsamen Anzuges«. Besonders ihr Gut habe ihn angezogen. Der Richter verurtheilte ihn zu einem Monat Gefängnis.

Original: Glückstädter Fortuna, März 1894

Stille lag über dem Binnenhafen. Im milchigen Licht des Mondes waren Ewer zu sehen, die träge im Wasser dümpelten. Taue knarzten im Rhythmus schwappender Wellen. Irgendwo jaulte ein Hund. Jemand sang ein Lied in einer der Gassen.

Da wurde die Seitentür am Gebäude der Fischereigesellschaft aufgestoßen. Eine Gestalt stolperte ins Mondlicht hinaus, fiel schwer zu Boden, rappelte sich umständlich auf. Die Hände des Mannes waren auf seinem Rücken gefesselt. Das Hemd hing ihm in Fetzen vom Leib. Die Hosenbeine waren nass. Er wollte um Hilfe schreien, doch ein Knebel in seinem Mund verwischte das Rufen zu dumpfen Lauten. Er humpelte auf den Deich hinaus, hinter dem der Anleger lag. Sein rechtes Bein knickte bei jedem Schritt ein, schien ihn nicht tragen zu können. Blut tropfte aus einer Wunde am Knie. Vier oder fünf halb gehüpfte Schritte weiter blieb er stehen.

Verzweifeltes Schluchzen drang durch den Knebel.

Orientierungslos stolperte der Mann weiter. Taumelte mal hierhin, mal dorthin. Dann erreichte er den Rand der Deichkrone. Er sah nicht, dass es hinunterging. So fiel er vornüber und rollte hinunter auf den einsamen hölzernen Anleger der Fischereigesellschaft.

Nun trat ein weiterer Schatten durch die Seitentür heraus. In der Hand hielt er einen Revolver. Er schaute sich um, schlenderte zum Deich. Nirgends eine Menschenseele. Auf der anderen Hafenseite konnte er im Licht der Gaslaternen einen Mann und eine Frau sehen, die händchenhaltend langsam Richtung Stadt gingen. Er kannte den Mann und grinste. »Alles zu seiner Zeit.«

Jetzt ging er zum Rand des Deiches hinunter. Der Mond schien auf die winselnde Kreatur, die dort unten lag. Der Mann sah zu, wie sich sein Opfer keuchend aufraffte, an den Fesseln zerrte und dabei dumpf schrie. Doch die Laute trugen kaum hoch bis zur Deichkrone.

Es war Zeit, diesem unwürdigen Schauspiel ein Ende zu setzen. Mit einem Blick auf die andere Hafenseite vergewisserte er sich, dass er allein mit dem Kerl da unten war. Er ließ die Waffe in seine Jackentasche gleiten und schlidderte den regennassen Hang hinunter zum Anleger. Dann beugte er sich zu dem jammernden Mann zu seinen Füßen, ergriff ihn am Hemd und zerrte ihn auf die Beine. Mit einem kräftigen Schubs schickte er August Bohl über die Kante, ins schwarze Wasser. Mit leisem Platschen fiel der Körper in das Hafenbecken.

***

Die Gräfin geleitete ihre Gäste persönlich zur Bibliothek ihres Mannes im ersten Stock. »Während Sie auf das Telefongespräch mit meinem Mann warten, werde ich Ihnen eine Kleinigkeit zu essen bringen lassen.«

Sophie bedankte sich, während sie der Hausherrin die Stufen hinauffolgte. »Wir möchten Ihnen keine Umstände machen, Frau Gräfin.«

»Liebes Kind, haben Sie heute denn schon etwas gegessen?«, fragte Frau von Lahn mit strengem Blick.

Sophie lächelte unsicher.

»Wusste ich es doch«, sagte sie.

Hauke öffnete den Damen die Tür. Als Erste trat die Gräfin

ein. Sie müssen besser auf unser Fräulein Struwe aufpassen, Herr Kapitän. Sie wird immer dünner«, sagte sie im Vorübergehen.

Besorgt sah Hauke Sophie an, aber die schüttelte nur den Kopf.

Unschlüssig stand Frau von Lahn nun vor dem Schreibtisch ihres Mannes und sah Hauke fragend an. »Sie wissen, wie man mit so einem Gerät umgeht, oder?« Sie zeigte vage auf den Telefonapparat vor sich. »All diese neuen Maschinen verwirren mich, das muss ich zugeben«, entschuldigte sie sich. »Wussten Sie, dass wir ein Grammophon besitzen?«

Hauke und Sophie verneinten.

»Unser Butler muss es für mich anwerfen. Ich traue mich nicht.« Sie kicherte wie ein Backfisch. »Und diesen Telefonapparat benutze ich auch nicht. Auch wenn mein Mann meint, selbst ich könne es lernen.«

»Die Zeiten haben sich geändert«, entgegnete Hauke. »Die Dinge sind nicht mehr aufzuhalten. Nichts wird mehr sein, wie es gestern war.«

Plötzlich hörte man von draußen ein lautes Poltern und Rufe. Überrascht eilte die Gräfin in den Flur zurück. Hauke und Sophie folgten ihr. Als sie das Foyer fast erreicht hatten, sah Hauke, wie einige Dienstboten versuchten, einen groß gewachsenen Mann im Fischerhemd festzuhalten. Es war Hinnerk, der Fischer von der »Alten Möwe«.

»Lasst mich los, ihr Landratten!«, schrie er und versetzte einem der Diener einen Schlag ins Gesicht, sodass der zurücktaumelte und sich die Nase hielt. Der Butler stand etwas abseits und gab zwei weiteren Bediensteten ein Zeichen, den Eindringling zu ergreifen. Hinnerk schüttelte sie ab wie lästige Fliegen.

Dann bemerkte er Hauke, der auf der untersten Stufe stand. »Mensch, sach denen, die soll'n mich loslassen!«

»Sie kennen den Mann, Herr Sötje?« Frau von Lahns Stimme klang mehr als verwundert.

Er nickte. »Was soll der Lärm, Hinnerk?«

Mit gehetztem Gesichtsausdruck behielt Hinnerk die Lakaien im Auge. Der Butler und die anderen Diener traten zurück, als Hauke zu ihnen trat.

Atemlos sprudelte Hinnerk los: »Is ja man nur, weil du mein Sohn vor dem Jensen gerettet hast. Da hab ich gedacht, sach ich dir man lieber mal Bescheid.«

Fragend sah Hauke ihn an.

»Deine Vermieterin, Fräulein Thekla, hat gesagt, dass ich dich hier finde. Mensch, Hauke, die woll'n dich verhaften. Die suchen dich!«

»Wer?«

»Rübcke und seine Männer. Die haben den Bohl gefunden. Tot, im Binnenhafen. Jemand hat denen gesagt, du warst es.« Hinnerk holte tief Luft. »Und nun suchen die dich.«

Haukes Augen wurden kleiner, sein Nacken spannte sich an. Leise dankte er seinem Freund und bat ihn, sofort nach Hause zu gehen.

»Mein Gott!«, flüsterte Frau von Lahn. Elegant presste sie ihre zarte weiße Hand vor die Stirn und sackte in sich zusammen. Hauke konnte die Gräfin gerade noch auffangen, bevor sie auf den steinernen Boden schlug.

Sophie eilte herbei und rief dem Butler zu, er solle Riechsalz holen. Sie begann, der Ohnmächtigen Luft zuzufächeln. Kurz trafen sich Sophies und Haukes Blick.

Da wurde von der Straße her auch schon an die hohe Tür des Brockdorff-Palais gepoltert. Im Namen Seiner Majestät verlangte man Einlass.

Sophie zuckte zusammen.

Auf Haukes Zeichen hin öffnete der Butler das Portal. Eine Gruppe Uniformierter stürmte herein. Sofort stellten sich zwei Polizisten links und rechts neben Hauke auf und ergriffen seine Oberarme. Jetzt betrat Polizeiobersergeant Rübcke die Halle und positionierte sich vor dem Delinquenten.

»Fischer Hauke Sötje, ich verhafte Sie im Namen des Kaisers. Sie stehen unter dem Verdacht, in der vergangenen Nacht Sekretär August Bohl gefoltert und ermordet zu haben.«

»Warum sollte ich das tun, Herr Reviervorsteher?«, fragte Hauke ruhig.

»Nun, weil Sie sich seit Tagen für den Sekretär interessieren, weil es Zeugen für einen Streit zwischen Ihnen und Herrn Bohl gibt und weil Sie letzte Nacht vor der Heringsfischerei gesehen wurden.«

»Nein!«, rief Sophie. »Das kann nicht sein! Er war …«

Hauke unterbrach sie mit einer knappen Handbewegung. Die Polizisten wollten ihm Handschellen anlegen. »Das ist nicht nötig«, sagte Hauke. »Ich werde ohne Widerstand folgen.«

Rübcke schüttelte den Kopf. »Sötje, Sie bringen Unruhe in meine Stadt. Das kann ich nicht leiden.«

Man führte Hauke ab.

***

Es war weit nach Mitternacht. Rübcke schmerzten die Knochen, in seinem Kopf schwirrte es. Er brauchte dringend einen Verdächtigen, das war ihm klar geworden, nachdem er am Morgen bei Bürgermeister Brandes zum Rapport bestellt worden war. Brandes wollte die neue Kriminalpolizei in Kiel um Amtshilfe bitten, wenn Rübcke nicht schnell Ergebnisse vorlegen konnte.

Diese jungen Kriminalschnösel in seiner Stadt! Für Rübcke war das undenkbar. Und es wäre zudem eine Schande gewesen. Man würde ihn nicht mehr respektieren. Jeder kleine Schuljunge würde sich über den Herrn Reviervorsteher lustig machen.

Rübcke wurde übel.

Andererseits hatte es in seiner Amtszeit noch nie einen Mord in der Stadt gegeben. Und wie da richtig vorzugehen war, wusste er eigentlich nicht. Aber er war bereit, um seine Reputation zu kämpfen.

Kiel! Unsinn, das schaffte er auch allein. Schließlich gab es Zeugen und dieses anonyme Schreiben. Da musste der Täter doch einknicken.

Dieser Hauke Sötje war aufsässig, das hatte Rübcke schon beim ersten Mal erkannt, als er ihn nach der Prügelei auf der »Alten Möwe« in Gewahrsam genommen hatte. Gefährlich widerborstig. Ein Mann mit Geheimnissen, da war er sich sicher. Und solche Leute mochte er gar nicht.

Jetzt rückte Rübcke seine Pickelhaube auf dem Schreibtisch ein wenig weiter nach rechts. Dieser Mann war ein Garant für noch viel mehr Ärger, das sagten ihm seine dreißig Jahre Berufserfahrung. Die Prügelei im Hafen war nur der Anfang gewesen. Da hatte er noch ein Auge zugedrückt. Der Mord an dem Sekretär aber war etwas ganz anderes.

»Ich wiederhole. Name: Hauke Sötje. Beruf: Fischer. Geboren 1856 bei Wilster. Derzeit wohnhaft zur Untermiete bei Fräulein Thekla Jessen, Am Hafen 32.« Rübcke blickte von dem Papier auf. »Man sagte mir, Sie seien eigentlich ein Kapitän auf großer Fahrt. Warum sind Sie keiner mehr, Sötje? War es Suff? Oder hat man Sie beim Klauen erwischt?«

Der Angesprochene schwieg.

»Nun denn, fangen wir an. Wo waren Sie denn letzte Nacht?«

Der Gefangene antwortete nicht. Zwar war Rübcke davon überzeugt, den Mörder von diesem Bohl erwischt zu haben, aber irgendetwas in seinem Gedärm rumorte. »Wie ich hörte, hatten Sie Streit mit Sekretär Bohl. Leugnen ist zwecklos. Es gibt Zeugen. Was haben Sie dazu zu sagen?«

Der Mann vor ihm hatte Blessuren im Gesicht, und eine leicht schiefe Haltung ließ vermuten, dass er Schmerzen in der linken Rippengegend hatte. Rübcke blickte ihn scharf an, was den Verdächtigen allerdings nicht zu irritieren schien.

»Schmerzen, Sötje? Polizeiwachtmeister Müller machte dienstliche Meldung, dass er Sie zurechtweisen musste. Haben wohl darauf bestanden, eine Zelle mit Fenster zu bekommen.« Rübcke grinste. »Bisher waren alle Gäste mit der Unterbringung in unserem Etablissement außerordentlich zufrieden. Jedenfalls kamen mir bis dato keine Beschwerden zu Ohren.« Lange musterte er den Mann. »Oder wollen wir uns etwa beschweren, Sötje?«, fragte er süßlich.

Der Gefangene schüttelte den Kopf, während er einen Punkt hinter Rübcke anstarrte.

»Wo waren Sie also letzte Nacht?«

Hauke Sötje blickte auf seine gefesselten Hände hinunter.

»In Ihrer Kammer? Ha! Lüge! Man hat Sie zur fraglichen Zeit

am Hafen gesehen. Die Aussage des Nachtwächters Herrmann Schuld bezeugt, dass er Sie dort auf seiner Runde gesehen hat. Es war kurz nach Mitternacht.«

»Der Mann lügt«, stellte der Gefangene ruhig fest.

»Und ein aufmerksamer Bürger der Stadt bestätigt Ihre Tat ebenfalls.«

Endlich blickte Sötje Rübcke an. »Wer ist dieser *brave* Bürger, Herr Reviervorsteher?«

Rübcke warf sich nach vorn, halb über den Tisch. »Die Fragen stelle ich hier!« Er richtete sich auf, dass der Stuhl unter ihm erleichtert knarrte. »Oberfischmeister Decker sagt aus, Sie und Bohl hätten sich gestritten. Worüber?«

»Ich habe mich nicht mit ihm gestritten. Sekretär Bohl wollte mich nur nicht zum Vorstand vorlassen.«

Rübcke sah ihn lange an.

»Ich habe niemanden umgebracht.« Die Stimme des Delinquenten war zwar leise, zeugte aber von unbändiger Wut. Rübcke wusste: Gleich hatte er den Mann so weit. Gleich würde sich dieser Fischer verraten. Aufmerksam beobachtete er, wie sich dessen Brustkorb immer schneller hob und senkte. Ein klares Zeichen von Angst.

Lächelnd stand Rübcke auf, legte die Hände auf seinen Rücken und umrundete den Schreibtisch. Hauke Sötjes dreibeiniger Hocker stand mitten im Raum.

Langsam umkreiste Rübcke seinen Gefangenen und begutachtete ihn von allen Seiten, als suche er etwas an ihm. Sötjes Schultern schienen zu zittern. In seinen Augen aber konnte Rübcke weder Unsicherheit noch Furcht finden. Dieser Gefangene verwirrte ihn. Rübcke wurde warm in der Uniform.

Er entschied sich, mehr Härte an den Tag zu legen. Er musste baldigst einen Täter präsentieren, sonst würden sie ihm die Schnösel aus Kiel auf den Hals schicken. Langsam näherte er sich dem Gefangenen, dessen Nackenmuskeln angespannt waren und der eine verdammte Unbeugsamkeit zeigte.

Dicht neben dessen Ohr schrie Rübcke plötzlich: »Sie werden vor ein Erschießungskommando kommen, Sötje! Aber nur, wenn

Sie Glück haben. Vielleicht verrottest du auch in einer kleinen, stinkenden Zelle.«

Sötje zuckte mit keiner Faser seines Körpers. Starrte nur auf das Bild des Kaisers an der Wand. Rübcke baute sich vor dem Mann auf und brachte sein Gesicht dicht an Sötjes, bis nur noch wenige Fingerbreit die beiden Männer trennten. »Bismarck hat mir verboten, Sie zu schlagen, Sötjc, aber vom Stuhl fallen ist noch immer erlaubt.«

Er trat den Hocker unter ihm weg. Der Gefangene reagierte blitzschnell. Geschmeidig kam er auf die Füße. Mit einem Krachen landete der Schemel an der Tür der Amtsstube.

Hauke Sötje richtete sich zu seiner vollen Größe auf und blickte auf Rübcke herunter.

Unzufrieden mit dem Erfolg seines Angriffs, stapfte Rübcke zurück auf die andere Seite des Schreibtisches und setzte sich. »Sie werden morgen früh offiziell des Mordes an Sekretär August Bohl angeklagt, Hauke Sötje. Der Bericht geht mit einem Kurier an den Amtsrichter. Bis ich Antworten habe, bleiben Sie mein Gast.« Er klappte die Akte zu.

»Ich habe Bohl nicht getötet. Warum sollte ich das tun?«

Rübcke sprang auf. »Ich stelle hier die Fragen, Sie jämmerliche Gestalt!« Dabei musste er an Sötje hochsehen. »Ich fragte Sie schon letztes Mal, als Sie sich im Hafen mit meinen Leuten prügelten: Sind Sie Sozialist, Sötje?«

»Nein.«

»Sie wissen, dass wir Möglichkeiten haben, das herauszufinden! Ich will dieses Geschmeiß nicht in meiner Stadt haben. Wenn ich herausfinde, dass Sie einer von diesen Linken sind, Sötje, hilft Ihnen Bismarck auch nicht mehr. Dann fallen Sie Treppen runter, die es gar nicht gibt!«

»Warum durchsuchen Sie nicht meine Kammer? Sie werden dort kein Parteibuch, keine Plakate oder sonst etwas finden.«

»Das wurde bereits erledigt.«

Tatsächlich hatten Rübcke und seine Männer nichts gefunden. Keine Hetzschriften gegen den Kaiser, nichts Verdächtiges und schon gar keine Bomben. Nichts. »Aber Sie sind nicht dumm,

Sötje. Sie würden doch kein belastendes Material in ihrem Zimmer verstecken! Das Zeug liegt woanders. Geben Sie es zu!«

Wütend klappte Rübcke die Mappe vor sich erneut auf und begann, in den Papieren darin zu blättern. Minuten vergingen, während er zu lesen schien. Dabei spürte er Sötjes Blick.

Irgendwann schaute Rübcke auf. »Es wird eine genaue Untersuchung geben. Ganz, wie es vorgeschrieben ist.« Er schob den Papierstapel von sich. »Wenn Sie gestehen, wird es mir und Ihnen weniger Ärger machen. Wenn es sein muss, können Sie auch eine Zelle mit Aussicht haben. Aber erst will ich ein Geständnis.«

Hauke schüttelte den Kopf. »Weder bin ich Sozialist noch ein Mörder.«

»Nun, das werden wir noch sehen. Bei mir hat es bis jetzt am Ende jeder mit der Wahrheit gehalten.« Rübcke erhob sich und rief Wachtmeister Hagemann herein. »Wir werden unsere Unterhaltung morgen fortsetzen, Sötje.«

Als Hauke in eine der überfüllten Zellen geführt wurde, fragte er sich, wie der Nachtwächter ihn gegen Mitternacht gesehen haben konnte, nicht aber Fräulein Sophie. Soweit sich Hauke erinnerte, hatte er Sophie noch vor Mitternacht zurück in die Königstraße gebracht. Weit und breit war kein Nachtwächter zu sehen gewesen.

Wie also konnte der Nachtwächter Hauke im Hafen gesehen haben?

Und was war das für ein emsiger Bürger, der die Aussage des Nachtwächters bestätigte? Etwas stimmte hier ganz und gar nicht.

KAPITEL 17

10 Mark Belohnung zahlt der Unterzeichner für bestimmte Nachweisung der Buben, welche in den Anlagen die Vogelnester plünderten und die Bäume in den Anlagen durch Abschneiden der Rinde beschädigt haben. Gleichzeitig wird in Erinnerung gebracht, daß das Abpflücken von Blumen in den Anlagen strengstens verboten ist und Zuwiderhandelnde unnachsichtig der Polizeibehörde zur Bestrafung überwiesen werden.
Mertens, Verschönerungsverein.

Original: Glückstädter Fortuna, Januar 1894

Vorsichtig öffnete sich die Tür zur Wache. Eine Frau lugte herein, unschlüssig, ob sie eintreten sollte. Wachtmeister Hagemann hob den Kopf von seiner Liste, in die er sorgfältig die Vorfälle des heutigen Tages eintrug.

»Ist der Anton nicht da?«, fragte Frau Bruns, als sie an der Schranke stand, die die Besucher von den Beamten trennte. An ihrer Hand hatte sie ihre kleine Tochter, die ihre Strohpuppe im Arm hielt.

»Nein, Reviervorsteher Rübcke ist beschäftigt. Was wollen Sie von ihm, Witwe Bruns?«

»Ich will ihn sprechen.«

Hagemann widmete sich wieder den Eintragungen vor ihm auf dem Pult. »Mein Vorgesetzter ist unabkömmlich. Kann ich Ihnen helfen?«

Witwe Bruns sah sich in der Amtsstube um.

»Nun gut. Dann sag ich es eben dir, Hagemann.«

»Wachtmeister Hagemann, wenn ich bitten darf.« Er richtete sich zu ganzer Höhe auf und musterte sie streng.

Trotzig hob sie den Kopf. »Ich will Anzeige erstatten.«

Hagemann horchte auf. Dann ging er zu dem Schrank mit

den unzähligen schmalen Fächern und begann, darin zu suchen. »Anzeige«, murmelte er und fingerte umständlich einen Zettel heraus, prüfte den Vordruck, nickte zufrieden und ging zurück zum Pult. Dort legte er das Papier hin und griff zur Feder, die er in das Tintenfass tunkte. »Name?«

»Weißt du doch.«

»Name!«, wiederholte der Wachtmeister.

»Adele Dora Bruns, geborene Seligmann, verwitwete Thormälen, verwitwete Bruns.«

Hagemann schrieb mit langsamen Schwüngen den Namen auf die dafür vorgesehene Linie des Formulars.

»Wohnhaft?«

Bockig schwieg sie, wobei sie ihre Arme vor der Brust verschränkte.

Der Wachtmeister sah auf. »Wohnhaft?«, bellte er.

»Ja, ja.« Witwe Bruns rollte mit den Augen. »Armenstraße 4. Und bevor du fragst, wo das ist, Hagemann: Glückstadt an der Elbe.«

»Geboren?«

»Ist das wichtig?«

»Geboren!«

»29. Januar 1865 in Borsfleth.«

Es dauerte lange, bis der Wachtmeister endlich seine Eintragung beendet hatte. »Und nun erzählen Sie mal, worum es geht.« Er blickte sie aufmunternd an, wie er es bei Reviervorsteher Rübcke beobachtet hatte, wenn dieser schüchterne Frauensleute vor sich hatte.

»Himmel noch mal, Hagemann! Als ich in der Kirche war, hat man bei mir eingebrochen!« Sie stützte sich mit beiden Händen auf die Schranke. »Morgens gehe ich los, und alles ist aufgeräumt. So wie es sich gehört. Dann komme ich wieder und …« Sie suchte ein passendes Wort, fand es aber nicht. »Mensch, Hagemann! Alles liegt auf dem Boden! Von der Küche bis unters Dach! Ich brauche Tage, um da wieder Ordnung zu machen!«

»Was fehlt?« Unbeeindruckt beugte sich Hagemann erneut über das Papier.

»Nichts fehlt. Aber alles ist unordentlich.«

»Unordentlich«, wiederholte Hagemann. Bedächtig legte er die Feder auf das Pult. »Ich weiß gar nicht, ob man wegen Unordnung Anzeige erstatten kann.«

»Alles haben die mir zerwühlt. Jede Schublade im Haus, jeden Schrank, alles lag auf dem Boden!« Witwe Bruns schlug mit der flachen Hand auf das Geländer vor ihr. Das Töchterchen hinter ihr begann zu weinen.

Jetzt hatte Hagemann begriffen. »Ah, Vandalen!« Er nahm die Feder wieder zur Hand. »Sicherlich Sozialisten.«

***

Der Wirsingeintopf vom Mittag lag ihm schwer im Magen. Rübcke musste aufstoßen. Missmutig lehnte er sich in seinem knarrenden Stuhl zurück und blickte auf den Stapel Berichte vor sich.

Drei Jungen waren aus der Bürgerschule ausgebüxt. Das alte Fräulein Schienredder hatte sich zum vierten Mal in dieser Woche über ihre Nachbarin beschwert, die den Hausmüll ins Fleth warf, was doch verboten sei. Außerdem könne sie, Fräulein Schienredder, daher ihre Wäsche dort nicht waschen. Was zwar auch verboten war, sie aber nicht weiter kümmerte. Ein kleiner Dieb war auf dem Markt beim Eierklauen erwischt worden. Rübcke hatte gerade noch dazwischengehen können, bevor die Leute den Jungen verprügelten. Zwei Gefangene waren wegen Landstreicherei in die Korrektionsanstalt überführt worden.

Und zu allem Überfluss hatte Wachtmeister Schmittke aus Krempe nachgefragt, ob in Glückstadt jemand vermisst würde. Man hätte einen erfrorenen Landstreicher nahe dem örtlichen Bahnhof gefunden. Dieser Winter hatte sehr lange gedauert. Es wunderte Rübcke, dass dabei nur so wenige erfroren waren.

All das sammelte sich auf dem Schreibtisch. Rübcke sehnte sich danach, mal wieder durch die Straßen zu gehen, um mit den Leuten zu schnacken. Ein kleiner Plausch mit der dicken Pauline im Schwippbogen wäre auch nett. Stattdessen saß er wie eingesperrt in seinem Büro und beackerte Unterlagen, Vorgaben aus Itzehoe und Kiel, Eingaben und Anzeigen.

Außerdem erwartete Bürgermeister Brandes täglich Punkt acht Uhr einen ausführlichen Rapport über alle Vorkommnisse in der Stadt. In dessen Abwesenheit nahm Dr. Halling die Meldungen entgegen, was die Sache auch nicht besser machte, denn anders als bei Brandes, der stets in seinem Amtszimmer zu finden war, musste Rübcke dem Doktor ständig hinterherlaufen. Meistens erwischte er ihn irgendwo auf der Straße, auf dem Weg zu einem Patienten. Umtriebiger Mann, dieser Halling, doch was verstand ein Mediziner schon von der Arbeit eines Polizisten? Brandes war ihm da lieber.

Der Mord an dem Sekretär bereitete Rübcke Magenschmerzen. Dieser Sötje war eine harte Nuss. Der wollte einfach nicht gestehen. So ein renitenter Dickkopf war ihm noch nie untergekommen.

Schlimmer aber noch war, dass sich in seine Ermittlungen nun auch noch Berlin einmischte. Rübcke schaute auf das Telegramm in seinen Händen. Er hatte es noch nicht geöffnet.

Gelbes Papier. Klare Schrift. Marke drauf. Kurz, knapp.

Rübcke hatte niemals mit der Hauptstadt zu tun gehabt. Sehr offiziell.

Er wischte sich mehrmals seine schweißnassen Hände an der Uniformhose ab. Große Leute und ihre wichtigen Schreiben brachten nur Ärger, da war Rübcke sicher. In seinem Bauch begann es, verdächtig zu rumoren. »Zu viel Kohl macht Blähungen«, sinnierte er. »Und wichtige Depeschen auch.«

Brummend öffnete er den Umschlag.

Eine Abteilung des Reichsamtes für innere Angelegenheiten informierte ihn darüber, dass Hauke Sötje umgehend zu entlassen sei.

Rübcke atmete tief ein. »Sach ich doch. Nix als Ärger.« Er las die Nachricht noch einmal, um sicher zu sein, dass er es richtig verstanden hatte.

»… Sötje sofort aus dem Gefängnis zu entlassen STOP Sonderermittler im Fall Bohl ab sofort Kapitän Hauke Sötje STOP

Berichte umgehend an Ministerium STOP Weitere Befehle folgen STOP Höchste Geheimhaltung STOP Reichsamt für auswärtige Angelegenheiten, Abteilung II, gezeichnet von Lahn, i. A. von Staatssekretär K. H. von Boetticher.«

Dammich aber auch! Da war Rübckes Gefangener mal eben vom Mordverdächtigen zum Sonderermittler geworden!

Sicherlich hatte Bürgermeister Brandes ebenfalls diese Nachricht erhalten, falls er schon wieder zurück war.

Mord. Betrug. Demonstrationen. Geheimsachen. All das in seiner Stadt!

Rübcke wurde übel. Er setzte sich auf und legte die Mitteilung zur Seite.

Missmutig griff er zur Feder und wies die Entlassung Hauke Sötjes an. Das mit dem Sonderermittler würde er dem Kerl nicht sagen. Das konnte Brandes tun, wenn er wollte.

Mächtige Freunde hin oder her, pah! Dieser Sötje hatte etwas zu verbergen. Das fühlte Rübcke in seinem preußischen Gedärm. Und er, Anton Rübcke, Reviervorsteher von Glückstadt, würde herausfinden, was es war!

Ein mächtiger Furz entwich ihm.

KAPITEL 18

*Krempe. Nahe den Gleisen des Bahnhofes von Krempe wurde in der vergangenen Woche der Körper eines toten Mannes gefunden. Da bisher kein Bürger Anspruch auf den Verstorbenen erhob, bittet Polizeisergeant Wilkens aus Krempe die Bevölkerung der Region um Hinweise zu Namen und Herkunft des Unbekannten. Die Gemeindekasse hat zwischenzeitlich besagtes Subject auf Kosten der Stadt beerdigt und erhebt entsprechende Forderungen gegen die Hinterbliebenen. Der Sache dienliche Hinweise können im Rathaus beim Magistrat hinterlassen werden.**

Tannenzweige lagen auf dem Grab ihres Vaters. Vom Holzkreuz fielen schwere Regentropfen auf die Erde herab. Ein Strauß weißer Schneeglöckchen ruhte auf den grünen Nadeln. Es waren die Letzten, die Sophie im Garten ihrer Familie hatte pflücken dürfen. Traurig betrachtete sie die kleinen Blütenkelche. Bald schon würden fremde Menschen im Haus in der Königstraße leben und im Garten Blumen pflücken.

Der Regen prasselte auf Sophies Schirm. Ihre Schuhe waren nass und die Füße darin eisig, ohne Gefühl.

»Sie sagen, du bist schuld, Papa«, murmelte sie. »Aber ich glaube es ihnen nicht.« Wieder und wieder hatte sie sich gefragt, wie all das hatte kommen können. »Wenn der Kapitän dein Buch gefunden hat, wird sich alles aufklären, Papa«, versprach sie. »Sie werden dich rehabilitieren müssen. Und dann bekommst du ein ordentliches Grab.«

Die Uhr am Kirchturm hinter ihr schlug vier Mal. Die Gaslaternen am Markt wurden bereits entzündet. Kälte kroch Sophies Rücken hinauf. »Dr. Detlefsen bot mir an, ich könne im Roquetteschen Lehrerinnenseminar in Lübeck aufgenommen werden. Ich könnte mich dann als Gouvernante verdingen, vielleicht in

Hamburg oder Berlin.« Sie schwieg, horchte, ob die Stimme ihres Vaters zu hören war. Eine Träne lief über ihre Wange. »Er meint, ich müsse es tun. Habe doch keinen Verlobten.«

Jemand verließ den Friedhof. Sophie hörte das eiserne Tor quietschen.

»Du hattest recht, Papa. Ich war so dumm.« Sie blickte auf den schmutzigen Saum ihres Kleides. »Dr. Detlefsen meint, ich könnte später auch Mädchen in höheren Töchterschulen unterrichten, wenn meine Ausbildung in Lübeck vorüber sei. Ich müsse nicht wie eine Bittstellerin in eine fremde Familie gehen.«

Eine schlecht bezahlte Anstellung in einem Haushalt, wo sie auf Gedeih und Verderb ihren Arbeitgebern ausgeliefert war, schien Sophie kaum erstrebenswert. Sie dachte an all die schlaflosen Nächte in den vergangenen Monaten, in denen sie fieberhaft überlegt hatte, was sie aus ihrem Leben machen wollte. All die nutzlosen Streitigkeiten um Mieder und Männer schienen ihr jetzt so dumm und eitel. So viel Zeit hatte sie vergeudet, statt ihrem Vater zu sagen, wie sehr sie ihn liebte. Und nun war es zu spät.

»Dr. Detlefsen versprach, er würde meine Gebühren für drei Jahre zahlen. Wenn ich dann eine Anstellung gefunden habe, werde ich ihm alles zurückzahlen.«

Sie glaubte, ihren Vater widersprechen zu hören. »Ich habe mich noch nicht entschieden, Vater! Ich will aber nicht fort von dir.«

Sophie hörte den Regen, wie er auf die tiefschwarze Erde fiel und in die unzähligen Pfützen auf den Wegen zwischen den Gräbern.

***

Sie hatten ihn tatsächlich aus der Zelle geholt. Es war mitten in der Nacht gewesen, als Wachtmeister Müller die Tür aufschloss und verärgert meinte, er könne jetzt gehen. Warum und auf wessen Befehl, wollte er Hauke nicht sagen.

Erst, als Hauke seine Vermieterin aus dem Schlaf geklopft hatte, erfuhr er von den Dingen, die in seiner Abwesenheit passiert waren. Eigentlich hatte Hauke damit gerechnet, dass Fräulein Thekla ihn, den Kriminellen, nicht mehr in ihrem Haus haben wollte. Doch zu seiner großen Überraschung wärmte sie ihm eine Suppe auf und goss ihm sogar ein Bier ein, während er das Telegramm aus Berlin las. Hauke wusste nicht, wie der Graf es geschafft hatte, aber er war dem Mann dankbar, dass er ihn ein weiteres Mal aus dem Gefängnis geholt hatte. Leider aber ließ der Graf keinen Zweifel daran, dass er von Hauke im Gegenzug die eine oder andere Leistung erwartete. Dass man ihn zum Sonderermittler im Fall Bohl gemacht hatte, war für Hauke wenig tröstlich gewesen. Dennoch lagen diesmal von Lahns Interessen und seine ausnahmsweise nicht weit auseinander. Daher wollte Hauke sich vorerst auf seine neue Position einlassen. Sie könnte ihm in so mancher Situation hilfreich sein. Dabei dachte er auch an Sophies Vater.

Als Erstes nahm Hauke sich vor, mehr über Bohls Tod in Erfahrung zu bringen. Bohl, der Sekretär der Gesellschaft. Ihm hätte doch auffallen müssen, wenn Hermann Struwe falsche Anträge stellte oder Geld beiseiteschaffte? Warum hatte niemand ihn bisher befragt?

Gleich am nächsten Morgen machte Hauke sich auf den Weg zu Dr. Halling ins Krankenhaus, wohin man die Leiche des Sekretärs gebracht hatte.

Der Gang, den er entlangging, schien kein Ende zu nehmen. Mit jedem seiner Schritte zogen sich die Wände des schmalen Flurs enger zusammen. Hauke konnte seinen eigenen Atem spüren, wie er vom feuchten Backstein des Gebäudes auf ihn zurückgeworfen wurde. Die Decke schien seine Haarspitzen bereits zu berühren. Er widerstand dem Impuls, den Blick zu senken. Noch würde ihn der Wahnsinn nicht in die Knie treiben. Noch nicht.

Er hörte die Stiefel des Reviervorstehers, wie sie auf die groben Dielen des Fußbodens schlugen. Energisch und respektgebietend schritt Rübcke hinter Hauke den Flur entlang. Sie passierten viele verschlossene Türen, hinter denen die besonders schweren Krankheitsfälle lagen. Im ganzen Haus roch es streng nach Karbol. Hauke hoffte, dass Rübcke nicht merkte, wie viel Anstrengung es ihn kostete, normal zu wirken.

Hauke vermutete, dass es Rübckes erste Leichenschau war, obwohl der Reviervorsteher es sich nicht anmerken ließ. Ob er wusste, was ihn gleich erwarten würde?

Vor ihnen ging eine Schwester, deren Flügel ihrer gestärkten Haube bei jedem Schritt wippten. Am Ende des Ganges öffnete sie eine Tür und geleitete die Männer in einen gepflasterten Hof. Dort stand ein flaches Gebäude aus rotem Stein, das nur aus einem einzigen Raum zu bestehen schien. Hauke entdeckte zwei Jungen nahe der Außenwand. Der eine stand auf den Schultern des anderen. Der Obere hielt sich mit beiden Händen an den Stäben eines schmalen Fensters fest, durch die er ins Innere des Raumes sehen konnte.

»Macht, dass ihr da wegkommt, ihr Lümmel!«, rief die Schwester, die die beiden ebenfalls entdeckt hatte. Sie eilte auf die Kinder zu, wobei ihre Haube noch mehr wippte.

Behände sprang der eine von den Schultern seines Freundes. Die beiden machten, dass sie durch ein Loch im Zaun davonkamen.

Die Schwester entschuldigte sich atemlos bei den Herren. »Das passiert immer wieder. Die Gören nennen das ›auf Totenschau gehen‹.« Sie schüttelte den Kopf und führte den Besuch zu einer Holztür, die sie öffnete. Die Männer traten ein.

»Dr. Halling kommt gleich«, erklärte sie. Dann ließ sie Hauke und Rübcke im Halbdunkel des Raumes allein.

Die Tür fiel hinter ihnen ins Schloss.

Das Zimmer war länglich und unbeheizt. Der Atem der Männer verwandelte sich vor ihren Gesichtern in kleine weiße Wolken. Einige hängende Lampen erhellten den kleinen Saal, in dem mehrere Bahren nebeneinanderstanden. Unter den Tüchern sah man schemenhaft die Konturen von Körpern.

Gegenüber dem Eingang stand ein hoher Schrank mit Glastüren. Darin befanden sich Spreizzangen, Sägen und andere medizinische Instrumente. Neben dem Schrank entdeckte Hauke einen Tisch mit einem Mikroskop darauf.

Er widerstand dem Wunsch, sich das Gerät näher anzusehen. Hinter ihm stand Rübcke. Sein Atem ging flach. Trotz seiner militärischen Karriere, die er unweigerlich hinter sich haben musste, schien Gevatter Tod dem Reviervorsteher ein ungutes Gefühl zu bereiten.

Hauke hingegen ängstigte der Tod seit damals nicht mehr, ganz im Gegenteil. Größe und Bedrohlichkeit von Sein und Nichtsein hatten schon lange ihren Schrecken verloren. Die Menschen auf den Bahren im Raum waren Hauke nur einen kleinen Schritt auf dem Weg ins Jenseits voraus. Er dachte an die Waffe unter seinem Bett. Mit ihrer Hilfe konnte Hauke die Toten in diesem Raum noch einholen, wann immer er wollte. Ein Gedanke, den er beruhigend fand.

»Entschuldigen Sie den Geruch, meine Herren!« Halling trat hinter ihnen ein. »Man kann sich daran gewöhnen, wenn es sein muss.«

Schnellen Schrittes ging der Arzt zwischen den Männern hindurch zu einem Haken an der gegenüberliegenden Wand. Dort nahm er eine schwere Schürze zur Hand und band sie sich um.

»Die Todesfälle der gesamten Gegend kommen zu mir auf den Tisch, sofern die Todesursache unklar ist.«

»Was machen Sie im Sommer?«, fragte Hauke und blickte zu Rübcke, der gerade ein Taschentuch herausgezogen hatte und es vor die Nase hielt.

Halling lächelte. »Schneller arbeiten.«

»Es heißt, der Tote sei August Bohl, der Sekretär der Heringsfischer. Können Sie das bestätigen?«

Dr. Halling sah Hauke verwirrt an. »Ja, natürlich kann ich das. Ich kannte ihn durch meine Arbeit im Aufsichtsrat der Gesellschaft. Habe ihn fast täglich dort gesehen.«

»Lebte er schon lange in Glückstadt? War er von hier?«, hakte Hauke nach.

»Nun, soweit ich weiß, kam er erst vor einigen Monaten in die Stadt.«

»August Bohl war kürzlich bei uns im Revier, um eine Anzeige zu machen«, sagte Rübcke in sein Taschentuch hinein.

Hauke drehte sich zu ihm um. »Was wollte er anzeigen?«

»Das weiß ich nicht. Ich musste eine Demonstration vor der Fischereigesellschaft auflösen. Hatte Wichtigeres zu tun.«

»Wer hat die Anzeige aufgenommen?«

»Wachtmeister Hagemann, aber der weiß auch nicht, warum Sekretär Bohl im Revier war. Der Mann hatte es sich offenbar anders überlegt und ist einfach gegangen.«

»Können wir anfangen?« Dr. Halling schien es wieder einmal eilig zu haben. Er ging zum Tisch hinüber und nahm einen Aktendeckel zur Hand, den er aufklappte. »Unser Herr Sekretär starb durch Ertrinken. Aber er muss zuvor ordentlich gelitten haben.«

»Warum?«

»Nun, er hatte eine Schusswunde im rechten Knie. Um die Wunde herum konnte ich Verbrennungen erkennen. Die Waffe muss ihm also direkt aufgesetzt worden sein.«

»Gibt es Hinweise darauf, was Bohl kurz vor seinem Tod getan hat? Wo er gewesen war?«, fragte Hauke.

Halling bemerkte Haukes suchenden Blick zu den Bahren. »Sie waren schon einmal bei einer Leichenschau?«

Hauke nickte, blieb aber eine genauere Antwort schuldig.

»In einer Universität?«

Hauke schwieg.

»Im Krieg?«

Hauke brummte etwas und lupfte eines der Tücher.

Der Mediziner ging zu einer anderen Bahre. »Hier liegt er.« Er lächelte. »Ich selbst habe übrigens während meines Studiums bei Professor Carl Liman an der Berliner Charité einiges über gerichtliche Medizin lernen können. Als Stadtphysikus muss man auf allen Gebieten eine große Menge an Wissen besitzen.« Dann reimte er:

»Liegt der Mensch, wie er geschaffen,
sonder Kleider, sonder Waffen,
vor dir auf dem Tisch des Hauses,
sieh, ob Sarah oder Mauses
er geheißen haben möcht,
das heißt: Sieh nach dem Geschlecht.«

Jetzt nahm er das Tuch fort. Ein blasser nackter Bohl kam zum Vorschein.

Schwer sog Rübcke die Luft ein.

Dem blutleeren Gesicht des Sekretärs fehlte das Barmherzige, das Erlösende des Todes. Sein Körper war wächsern weiß, und an mehreren Stellen waren tiefe Wunden erkennbar.

Da rutschte der Arm des Toten schlaff vom Tisch und baumelte direkte vor Rübcke. Erschrocken trat er einen Schritt zurück. Deutlich konnte man einen bläulichen Streifen am Handgelenk des Toten erkennen.

Halling sah zu Rübcke hinüber und grinste. »Die Totenstarre lässt nach.«

Ein langer Y-Schnitt ging von den Schlüsselbeinen des Verstorbenen zur Mitte des Körpers. Das Fleisch hatte man bereits grob zugenäht.

Hauke beugte sich dicht über den Leichnam und betrachtete ihn genau. Dabei rezitierte auch er:

»Willst mit allen seinen Sünden
du den inner'n Mensch ergründen,
wirst du dazu auserwählen
dir Kopf-, Brust- und Leibeshöhlen.«

Halling lachte. »Ach, Sie kennen den ›Prosector poeticus‹? – Ich wusste gleich, man darf Sie nicht unterschätzen, Sötje.«

Sichtlich zufrieden mit sich und seiner Einschätzung, widmete sich Dr. Halling wieder der Sache. »Ich habe nicht auf die gerichtliche Anweisung zur inneren Leichenschau gewartet. Sie kommt zumeist erst drei oder vier Tage später. Man muss den Leichnam schnell untersuchen, um Erkenntnisse zu erhalten. Die Verwesung verfälscht viele Hinweise. Außerdem hat es mich nicht losgelassen, dass wir einen Mord in unserer Stadt haben. Der Mann wurde allerdings erst gefoltert.« Halling zeigte auf eine klaffende Wunde am Knie. Dann wies er stumm auf die Striemen an den Handgelenken, die verschiedenen Blessuren in der Nieren- und Lebergegend sowie Brandflecken am ganzen Körper.

»Ich bin zwar kein Polizist, aber die Male an den Schulterblättern des Mannes lassen darauf schließen, dass jemand ihn unter Wasser gedrückt hat. Wie gesagt: Der Mann ertrank.«

»Warum hat er ihn nicht einfach erschossen?«, wollte Rübcke wissen.

Hauke sah sich den Kopf des Toten näher an. »Vielleicht, weil jemand es gehört hätte.«

»Aber er hat doch geschossen«, widersprach Rübcke und wies auf das verletzte Bein.

»Ja, aber vielleicht war das an einem Ort, wo man den Schuss nicht hatte hören können.« Er wandte sich an den Arzt. »Starb er dort, wo man ihn fand?«

Halling nickte. »Ich denke schon. In der Lunge fand ich Hafenwasser.«

Schweigend betrachteten die drei Männer den Leichnam.

»Die Dinge, die in der Stadt vor sich gehen, gefallen mir nicht, Herr Sötje. Erst dieser Betrug von Struwe, dann der Brand, jetzt der Tote im Hafen. Bisher rühmten wir Glückstädter uns damit, unsere Türen auch des Nachts offen lassen zu können. Nun aber fangen die Leute an, ihre Haustüren zu verschließen. Auch tagsüber. Man beginnt, dem eigenen Nachbarn nicht mehr zu trauen.«

Hinter seinem vorgehaltenen Taschentuch fragte Rübcke: »Wollen Sie sagen, dass ich meine Arbeit nicht ordnungsgemäß erledige, Doktor?«

»Nein, nein, lieber Herr Reviervorsteher. Nur gibt es immer mehr Unruhe in der Stadt. Und das beunruhigt mich.« Jetzt begann der Arzt, medizinisches Kauderwelsch aus seiner Akte vorzulesen.

Während er Dr. Halling zuhörte, musterte Hauke den blassen Polizisten neben sich. Ihm schien langsam zu dämmern, dass nicht nur dieser Fall zu groß für ihn war.

»Wohlan.« Der Arzt schloss die Akte vor sich. »Bohl starb zwischen sieben Uhr abends und Mitternacht.«

»Woher wissen Sie das?«, fragte Rübcke.

Halling blickte auf. »Ich habe es geschätzt.« Er lächelte entschuldigend. »Bis um sieben Uhr wird auf der Rethövelseite des Hafens noch fleißig gearbeitet. Wenn da jemand mit gefesselten Händen und zerschossenem Knie im Wasser gelegen hätte, hätte irgendjemand es bemerkt.«

»Warum die Rethövelseite?«, wollte Hauke wissen.

»Man fand Sekretär Bohl nahe dem Anleger der Heringsfischerei. Glücklicherweise waren die Schleusentore die ganze Nacht geschlossen. Sonst wäre unser Toter wohl in die Elbe gespült worden.«

»Und Mitternacht?«

»Nun, ich habe den Todeszeitpunkt auch unter Berücksichtigung anderer Faktoren ermittelt. Da sind Zustand und Starre der Leiche und natürlich die Temperatur des Wassers. Ich komme somit zu dem Ergebnis, dass der Mann nach Mitternacht bereits tot gewesen sein muss. Das ist natürlich nicht wissenschaftlich, aber das Beste, was ich Ihnen bieten kann.«

Hauke nickte. »Verstehe, bei der Suche nach dem Mörder dürfte es helfen.« Langsam ging er um den Tisch herum. Aufmerksam betrachtete er den Toten.

»Man hatte ihn nicht nur gefesselt.« Halling wies auf die Striemen an den Handgelenken. »Ich habe auch Stoffreste in seinem Mund gefunden.«

»Von einem Knebel?«

Rübcke räusperte sich. »Lassen Sie uns endlich fertig werden. Ich habe noch zu tun«, presste er hinter seinem Taschentuch vor.

Niemand ist im Tod schön. Alles Heroische, Zarte, Elysische verweigert sich dem Wirklichen, dachte Hauke, während er den nackten Mann auf der Bahre betrachtete.

Der Arzt wandte sich wieder dem Tisch an der Wand zu.

Dort nahm er ein braunes Häuflein verklebter Blätter aus einem Kuvert.

»Das hier habe ich in Bohls Jackentasche gefunden.«

Sichtlich dankbar drehte Rübcke sich von dem geschundenen Körper ab und blickte in Hallings Hand. »Was ist das?«

»Riechen Sie.«

»Tabak?«

Halling nickte. »Dies waren einmal drei sehr gute Zigarren.«

Die Reste der Bauchbinden waren noch zu erkennen.

Rübcke beugte sich vor, um Details zu sehen. »Ein L«, murmelte er und kam schnüffelnd noch näher.

»Loeser & Wolff in Berlin?«, fragte Hauke.

Halling strahlte. »Richtig. Und wissen Sie auch, welche Zigarre?«

»Ich rauche Pfeife, Doktor.«

Der Arzt grinste munter. »Habe ich mir gedacht. Aber lassen wir das.« Vorsichtig legte er die Zigarrenreste zurück in das Kuvert. »Es ist eine Zigarre Nummer 8. Fünfundzwanzig Pfennig das Stück. Die Reste der Banderole sind teilweise noch lesbar.«

Hauke blickte auf. »Sind Sie sicher, Doktor?«

»Ja, warum?«

Hauke schwieg. Er wusste, dass Graf von Lahn die Nummer 8 rauchte.

»Ja, aber hier stellt sich die Frage: Wie kann sich ein kleiner Sekretär eine so teure Zigarre leisten?«

»Und, selbst wenn er es könnte, würde er sie dann einfach in seine Jackentasche stopfen?«, fragte Hauke weiter. Er stellte sich Bohl als geltungsbedürftigen, aber auch als sparsam denkenden Menschen vor.

»Wo wurde der Mann so zugerichtet?«, überlegte Hauke. »War es in der Stadt und man brachte ihn zum Hafen, um ihn dort zu töten? Oder wurde er irgendwo im Hafen festgehalten und ermordet?« Er sah zum Fenster hoch und glaubte, einen Kinderkopf zu erkennen, der eilig verschwand. Schnell warf Hauke das Tuch zurück über die Leiche.

»Warum ist das wichtig, Sötje? Tot ist tot.«

Hauke sah Rübcke an. »Es könnte uns helfen, den Mörder zu finden, Herr Reviervorsteher.«

Da straffte Rübcke seinen Rücken und stopfte das Taschentuch in seine Hosentasche. »Ich nehme an, wir sind fertig, Dr. Halling?«

Der nickte, woraufhin Rübcke kehrtmachte und zur Tür eilte, durch die sie gekommen waren. Grinsend folgte Hauke ihm.

Bevor die beiden jedoch den Saal verließen, rief Dr. Halling sie nochmals zurück. »Wem übergebe ich Bohls Habseligkeiten?« Die Männer blieben stehen. »In der anderen Jackentasche von Sekretär Bohl fand ich nämlich diesen Schlüssel.«

Der Mediziner hielt ein schmales Bund hoch.

Rübcke sah aus dem Augenwinkel, wie Hauke Sötje danach greifen wollte. Schnell schnappte er sich die Schlüssel und ließ sie in seiner Uniformjacke verschwinden.

Als die beiden Männer aus dem niedrigen Backsteingebäude des Krankenhauses traten, hielt Hauke Rübcke am Arm fest. »Geben Sie mir den Schlüssel.« Er streckte die Hand aus.

»Warum? Was hat es damit auf sich?«

»Nichts, was den Tod von Bohl angeht.«

»Das zu entscheiden, obliegt mir, Sötje«, fuhr Rübcke ihn an. »Für mich sind Sie Bohls Mörder! Sie verfolgten Sekretär Bohl, man hat Sie am Hafen gesehen. Es gibt sogar zwei Zeugen! Nur der Graf steht zwischen Ihnen und dem Gefängnis. Denken Sie daran. Und jetzt will ich wissen, was Sie mit dem Schlüssel wollen!«

»Gegenfrage, Herr Vorsteher: Wie kann es sein, dass Sie die Habseligkeiten des Mannes nicht an sich genommen haben, bevor Sie ihn zur Obduktion geben?«

Rübcke wusste nicht, was er sagen sollte. Dann legte er die Daumen in den Koppel. »Hören Sie mir gut zu, Sötje. Berlin hin oder her. Wenn Sie mir etwas verschweigen, wandern Sie zurück in die Zelle. Verstehen Sie mich? Sonderermittler! Was soll das überhaupt sein? Wenn hier einer den Mörder findet, dann ich.«

Mit zusammengekniffenen Augen blickte Hauke ihn an. »Sie mögen mich nicht, Rübcke. Und ich mag Sie nicht. Belassen wir es doch einfach dabei.«

Auf der anderen Straßenseite blieben die Leute stehen und gafften zu ihnen herüber.

»Was ist das für ein Schlüssel?«, wollte Rübcke erneut wissen.

»Er ist unwichtig. Geben Sie ihn mir.«

»Was wollten Sie von August Bohl? Witwe Bruns sagte, Sie hätten ihn gesucht. Sie hätten sich ihr gegenüber sogar als preußischer Beamter ausgegeben und Bohls Zimmer durchwühlt. Allein dafür gehen Sie ins Gefängnis. Also, was wollten Sie von dem Mann?«

»Herr Reviervorsteher, glauben Sie allen Ernstes, ich hätte Bohl erst gefoltert und dann umgebracht? Und das alles ohne Grund?«

Auf der anderen Straßenseite hatte sich mittlerweile eine Traube von Menschen gebildet.

»Sie, Sötje«, zischte der Reviervorsteher und stieß mit dem Zeigefinger gegen Haukes Brust. »Sie sagen mir sofort, was es mit dem Schlüssel auf sich hat, oder ich nehme Sie mit zum Verhör.«

Hauke überlegte, ob er Rübcke an das Telegramm erinnern sollte. Er wusste nicht, was von Lahn mit diesem Sonderstatus für ihn bezweckte, aber gerade jetzt ahnte er, wie sehr er ihm helfen konnte. Hauke entschied sich für ein Friedensangebot. »Ich vermute, der Schlüssel gehört zu einem Tresor in der Heringsfischerei.«

Zustimmend nickte Rübcke. »Das ist zu erwarten, immerhin hat Bohl dort gearbeitet.«

»Der Schlüssel könnte zu dem Geldschrank gehören, der bei Hermann Struwe im Büro steht und den keiner öffnen kann, weil der Schlüssel fehlt«, führte Hauke aus.

»Und warum interessiert Sie dieser Tresor so sehr?«, wollte Rübcke süffisant wissen.

»Es geht um den angeblichen Betrug von Hermann Struwe. Wir suchen ein privates Notizbuch, das sich in der Fischerei befinden könnte. Vielleicht enthält es Hinweise auf die Hintergründe des Betruges.«

»Wir? Wer ist *wir*?«

Hauke drehte sich um und machte sich auf den Weg zum Hafen. »Kommen Sie, Rübcke. Überzeugen Sie sich selbst.«

KAPITEL 19

Öffentliche Versteigerung. Donnerstag, den 19. d. Mts., nachmittags 4 Uhr, werde ich die Hausgerätschaften, Mobiliar und Werkzeuge des Hauses Schlachterstraße Nr. 7 öffentlich meistbietend gegen sofortige Barzahlung versteigern.
Käselau, Gerichtsvollzieher.

Original: Glückstädter Fortuna, Februar 1894

Es war nicht viel, das sie mitnehmen wollte. Gerade einmal zwei Koffer mit Kleidung und bescheidenen Erinnerungsstücken würden Sophie in ihr neues Leben begleiten. Die Gräfin hatte ihr angeboten, einige Zeit im Palais zu wohnen. Was danach kommen sollte, wusste Sophie nicht. In Schal und Mantel stand sie auf der Diele ihres Elternhauses und blickte sich ein letztes Mal um. Sie horchte in sich hinein, ob sie Schmerz empfand. Da war nichts. Alles in ihr schien taub zu sein.

Da klopfte es an der Haustür.

Langsam drehte sich Sophie um und öffnete.

Ein älterer Herr stand dort, den Hut in seiner Hand, und verbeugte sich kurz. »Julius Käselau mein Name, vom Amtsgericht bestellter Gerichtsvollzieher und Auktionator. Leite die heutige Versteigerung. Mit wem habe ich die Ehre?« Er lächelte Sophie an, wobei er einen kritischen Blick auf ihren Koffer warf.

Wortlos griff Sophie zum Hausschlüssel, der am Haken neben der Tür hing, und reichte ihn dem Auktionator.

Dann nahm sie ihre beiden Koffer auf und verließ das Haus ihrer Familie für immer.

***

»Sie können nicht einfach einen Tresor der Gesellschaft öffnen! Ich werde Kapitän Haak und die anderen Herren des Vorstandes informieren müssen.« Eilig folgte Max Sülau den beiden Männern durch den Flur.

»Tun Sie das«, sagte Rübcke und öffnete die Tür zum Büro des verstorbenen Hermann Struwe. Hauke folgte ihm dichtauf. Mit zackiger Bewegung führte Rübcke den Schlüssel in das Schloss des Tresors und öffnete die schwere eiserne Tür.

Der Tresor war leer.

»Verdammt!«, murmelte Hauke.

Rübcke sah ihn wütend an. »Also? Wo ist dieses Notizbuch?«

Hauke wandte sich an Max Sülau. »Wie kann es sein, dass der Tresor leer ist? Müssten dort nicht Akten der Gesellschaft liegen?«

»Da kann ich Ihnen nicht helfen. Ich nehme an, dass Herr Bohl den Tresor geleert hatte, nachdem Herrn Struwe …« Er ließ den Satz unbeendet.

Hauke überlegte. »Nun, dann sollten wir im Reich des Herrn Bohl nachsehen, ob dort das Journal zu finden ist.« Er schob Sülau zur Seite und ging hinaus auf den Flur.

Tatsächlich fanden sich auf dem Schreibtisch des verstorbenen Sekretärs einige Unterlagen über Aktienverkäufe der Gesellschaft nebst Durchschriften mehrerer Anträge für Berlin. Alles schien seine Ordnung zu haben, zumindest meinte Sülau das.

»Die Unterlagen, die Herrn Struwes Tat beweisen, haben die Herren Halling und Detlefsen in ihrem Gewahrsam.«

Doch Hauke interessierte sich nicht für die Geschäftskorrespondenz.

Während er sich über Stapel von Papieren und Akten beugte, stand Reviervorsteher Rübcke in der Tür und beobachtete ihn aufmerksam. »Sötje! Ich habe Wichtigeres zu tun, als ein Buch zu suchen«, meinte er ungehalten. »Sagen Sie mir endlich, was im Buch von Struwe steht!«

Aufmerksam hörte er zu. Statt zu gehen, blieb Max Sülau in der Nähe.

Ohne aufzusehen, antwortete Hauke: »Ich weiß es nicht, Rübcke.« Er legte einen Stapel zur Seite und widmete sich einem neuen Packen. »Es könnte uns einen Hinweis darauf geben, wer seit einiger Zeit versucht, die Heringsfischerei in Glückstadt zu verhindern.«

Rübcke lachte laut auf. »Warum sollte jemand das tun?«

»Ist es Ihnen noch nicht aufgefallen, dass immer wieder Dinge passieren, die die Gesellschaft betreffen? Der Kapitän eines Loggers verschwindet, ein Betrug wird entdeckt, der Sekretär der Gesellschaft wird umgebracht. Die Leute sind unruhig, wollen ihr Geld zurück. Und dann versucht jemand, die Stadt in Schutt und Asche zu legen. Ach ja, und die Arbeiter der Junge-Werft in Wewelsfleth streiken auch, wie ich hörte.«

»Streik? Pah! Das sind diese verdammten Sozialisten! Die setzen den Leuten Flausen in die Köpfe. Der Rest ist reiner Zufall.« Rübcke stand in der Tür und verschränkte die Arme.

»Nein, da spielt jemand Gott.« Hauke richtete sich auf. Er hatte lange darüber nachgedacht, und mittlerweile war er sich sicher: »Da will einer die Dinge in eine ganz bestimmte Richtung lenken.«

Hauke kam um den Tisch herum. »Ich denke, wir können jetzt gehen.«

»Wird auch Zeit«, brummte Rübcke.

***

Frisch onduliert, die Enden seines Bartes sorgsam gezwirbelt und in eine leichte Wolke Veilchenparfum gehüllt, schritt Theobald Winsmann, seines Zeichens künstlerischer Chronist des freidenkenden Glückstädter Kaufmannsadels, dem Bahnhof der Stadt entgegen.

Die Einladung des Honorarkonsuls und Präsidenten der Hamburger Kaufmannschaft, Geheimrat Albert zu Blankensee, kam Winsmann gerade recht. Ja, sogar mehr als recht. Der schnöde Mammon verlangte wie immer am Monatsende seinen Tribut. Und Winsmanns Gläubiger gaben sich nicht mehr mit dem Versprechen zufrieden, er würde von ihnen Porträts malen oder ihnen ein Gemälde aus seiner Hand im Tausch gegen die Reparatur eines kaputten Fensters oder einiger Scheite Holz zukommen lassen. Viele in der Stadt horteten bereits Gemälde des Künstlers auf ihren Dachböden. Jetzt aber hatte ihn diese besondere Einladung aus Hamburg erreicht. Schon vor Jahren hatte er diese widernatürliche Allianz von Kunst und Geld bemerkt, der er sich nur unter größter Anstrengung zu unterwerfen vermochte.

Blankensees Anfrage, ob der Herr Maler Zeit für einen Auftrag habe, kam Winsmann daher höchst zupass. Einige Tage in einer feinen Hamburger Kaufmannsvilla hatten ihre Vorzüge, ebenso die Aussicht, die junge und sicherlich reizende Tochter des Hauses in Öl und auf Leinwand bannen zu dürfen, trugen zu seiner hervorragenden Stimmung bei.

Er würde die Eisenbahn nach Altona nehmen, wo ihn die Droschke der Familie erwartete und zu einem der schönsten Domizile an der Alster bringen würde. Gutes Essen, eine anregende Umgebung, Schönheit, wohin man blickte, und dazu erlesene Weine. Seine Malutensilien hatte er bereits abholen lassen.

Und so betrat Winsmann ausnehmend gut gelaunt die Halle des Bahnhofs von Glückstadt, um am Schalter eine Fahrkarte erster Klasse zu kaufen. Die Kosten würde ihm sein Auftraggeber sicherlich erstatten.

Er stellte sich hinter einer Frau an, die dem Schalterbeamten unsicher ihr Anliegen vortrug. Winsmann zog seine Taschenuhr aus der Weste hervor und verglich die Zeit darauf mit den Zeigern der großen Bahnhofsuhr über der Tür zum Bahnsteig. Noch dreizehn Minuten.

Ein Schild der Marschenbahn informierte untertänigst darüber, dass der Zugverkehr von und nach Hamburg und Altona ab sofort wieder planmäßig aufgenommen werde. Seit Ende Januar war die Verbindung wegen vereister Weichen und Gleise unterbrochen gewesen. Winsmann grinste. Das Glück war ihm derzeit in jeder Hinsicht hold.

Die Sonne schien durch die sauber geputzten Fenster in die Halle hinein und tauchte die beiden Holzbänke im Zentrum des eckigen Raumes in goldenes Licht. Es ließ das Kind mit seiner Strohpuppe darauf wie einen Engel sphärisch leuchten.

Winsmann bemerkte den ganz im Gegensatz dazu stehenden erschreckten, fast ängstlichen Blick des daumenlutschenden Engels.

Welch interessantes Motiv, überlegte er und wollte soeben daraus ein elysisches Gemälde komponieren, als ihn die Stimme der Frau aus den Gedanken riss.

»Aber ich habe die Fahrkarte bezahlt!«

Der Mann am Schalter rollte die Augen. »Das sagten Sie bereits, gute Frau. Aber ich kann Ihnen das Geld trotzdem nicht geben.«

Die Frau schob eine Fahrkarte zu ihm hinüber. Er schob sie erneut zurück.

»Ja, warum denn nicht?«, wollte sie wissen. »Ich habe sie doch gar nicht benutzt.« Sie wedelte mit der Karte vor den Stäben herum. »Sehen Sie!« Die Frau hielt sie dem Beamten hin, der nahm sie noch immer nicht entgegen, schüttelte nur den Kopf. »Nicht mal einen Fleck hat sie, und die Ecken sind auch heil. Nicht geknickt, dabei hat die Kleine sie sogar zum Spielen haben wollen.«

»Ich sagte schon: Die Karte ist abgelaufen. Vorgestern.«

»Aber ich bin doch gar nicht gefahren«, beharrte sie.

Winsmann griff wieder nach seiner Taschenuhr und klopfte nervös mit dem Stock auf die Fliesen des Hallenbodens. Noch neun Minuten.

Die Frau trug einen einfachen Mantel. Er hatte sie irgendwann irgendwo in der Stadt schon einmal gesehen. Sie schien weder die Frau eines Gläubigers zu sein noch die Ehefrau eines Kunden. Also machte er sich nicht die Mühe, weiter über sie nachzudenken.

Die Stimme des Mannes am Schalter schlug ins Ungeduldige um. »Wo haben Sie die Fahrkarte überhaupt her?«, wollte er von der Frau wissen.

Sofort trat sie einen Schritt zurück, wobei sie die Karte in der Tasche ihres Mantels zu verstecken suchte.

»Halten Sie mich etwa für eine Diebin!«, fuhr sie auf. Hinter Winsmann begann das Kind auf der Bank leise zu jammern.

Der uniformierte Beamte der Marschenbahn richtete sich auf. »Das ist eine Fahrkarte erster Klasse nach Berlin! Wollen Sie mir sagen, dass Sie sich eine solche Karte leisten können?« Der Mann musterte die Frau und entschied: »Es ist meine Pflicht, der Polizei von diesem Vorfall Kenntnis zu geben.«

Die Drohung reichte, um die Frau zum Rückzug zu veranlassen. Wild schimpfend trat sie vom Schalter, griff das Kind und eilte zur Tür hinaus.

Plötzlich wusste Winsmann, wer vor ihm gestanden hatte. Er hatte von ihrem ermordeten Logisgast gehört. Eilig folgte er der Frau, die schon auf den Vorplatz des Bahnhofes hinausgetreten war und sich der Stadt zuwandte. »Verzeihen Sie, gnädige Frau.« Galant verbeugte er sich vor ihr und zog seine Kappe vom Kopf. Erschrocken blickten Mutter und Kind ihn an. »Könnte es sein, dass Sie die Vermieterin von Sekretär Bohl sind?«

Sie wurde blass. Mit einem schnellen Schritt wollte sie um Winsmann herumlaufen, aber der stellte sich ihr in den Weg. »Ich nehme an, Sie haben die Fahrkarte in den Hinterlassenschaften des Toten gefunden«, meinte er mit einem verschwörerischen Augenblinzeln.

»Ich muss doch irgendwo bleiben, wenn die vornehmen Herren geruhen, sich töten zu lassen, und vergessen haben, dass sie noch die Miete hätten zahlen müssen.«

Er lächelte die Frau beruhigend an und wollte den Kopf der Kleinen streicheln, griff aber ins Leere. Das Kind hatte sich hinter dem Rock der Mutter versteckt.

Winsmann hoffte, dass Hauke Sötje an dieser Fahrkarte des Verstorbenen sehr interessiert sein würde. In diesem Falle wäre der Kapitän ihm sicherlich zu Dank verpflichtet. Er grinste. Dies hier war eine Gelegenheit, die er sich unter keinen Umständen entgehen lassen durfte. Vor seinem Geist sah er bereits das Bild von Ahab. Oder Odysseus.

»Gute Frau, ich kaufe Ihnen die Karte ab!«, sagte er gönnerhaft. Es war heute wirklich sein Glückstag.

Die Frau hielt den Kopf schief und dachte nach.

»Natürlich«, fuhr Winsmann nachdenklich fort, »sollte man auch bedenken, dass diese Karte bei der Suche des Mörders wichtig sein könnte.« Ernst blickte er sie an. »Dann müssten Sie das Beweisstück sofort Reviervorsteher Rübcke übergeben. Ohne Geld.«

Wütend blickte die Frau ihn an. »Gauner. Na, gut«, sagte sie schnell, »zwei Groschen, dann können Sie sie haben.«

Zögerlich nickte er. »Zwei Groschen?«

Eilig fummelte sie die Pappkarte aus ihrer Manteltasche hervor.

Da zerriss ein schriller Pfeifton die Luft. Winsmann schreckte hoch und sah den Zug einfahren.

Wenn er noch nach Altona wollte, musste er sich beeilen.

Die Frau streckte ihm eine Hand entgegen, während sie in der anderen die Karte hielt. Halbherzig griff Winsmann nach seiner Geldbörse und suchte umständlich zwei Groschen heraus. Hastig übergab er der Frau die Geldstücke und schnappte sich das Billett.

Ein weiterer Pfiff war zu hören, und Winsmann rannte, so schnell ihn seine dünnen Beine trugen, zurück in die Bahnhofshalle, vorbei an den Holzbänken, hinüber zur Tür, die ihn zum Bahnsteig führte. Ein paar Meter zu seiner Rechten senkte sich der Bahnsteig ab, sodass die Fahrgäste Richtung Altona auf Gleis 2 gelangen konnten. Leider nur stand dort ebendieser Zug. Er lief hinüber. Ärgerlicherweise hatte dieser Zug keine Türen auf der gleisabgewandten Seite. So musste er also bis ans Ende der Eisenbahn laufen. Gerade hatte er sich auf das rettende Bahnsteig gehangelt, als sich mit dem allerletzten Pfiff die Lok in Bewegung setzte.

»Halt!«, brüllte er, doch das Schnaufen verschluckte seinen Protest. Keuchend versuchte er, die Tür des letzten Waggons zu erwischen, aber der Zug wurde immer schneller.

Eine Frau mit ausladendem Hut blickte neugierig aus ihrem Abteilfenster, wo Winsmann gerade versuchte, den Türknauf zu erreichen. Immer dichter kamen seine Finger dem Griff. Er würde es schaffen. Er musste es!

Altona! Geheimrat zu Blankensee! Das großzügige Honorar! Winsmann rannte und rannte.

Gerade, als er zugreifen wollten, stolperte er über etwas, verlor den Halt. Seine Arme ruderten durch die Luft. Er sah noch den Zug an sich vorbeiziehen, während sein Körper unaufhaltsam dem Bahnsteig entgegenfiel.

»Nicht so flink, junger Mann.« Ein Beamter in blauer Uniform baute sich über Winsmann auf.

»Warum haben Sie mir ein Bein gestellt«, kreischte Winsmann und rappelte sich auf.

»Sie haben keine Fahrkarte, mein Herr«, meinte der Bahnbeamte streng und wies zum Bahnhofsgebäude hinüber, wo der Schalterbeamte von eben stand.

»Keine Karte?«, flüsterte er und blickte lange dem fahrenden Zug hinterher, der langsam in der Kurve verschwand und wie zum Hohn noch einmal pfiff. »Stimmt«, murmelte Winsmann. In seiner Hand hielt er nur eine abgelaufene Fahrkarte erster Klasse nach Berlin.

KAPITEL 20

Glückstadt. Die Stelle eines Schutzmanns für den Nachtwachtdienst ist hier sofort zu besetzen. Das Gehalt beträgt 450 M jährlich. Bewerber wollen sich schleunigst melden.
Der Magistrat.

Original: Glückstädter Fortuna, März 1894

Als Polizeiobersergeant Rübcke über den menschenleeren Marktplatz eilte, schlug die Turmuhr hinter ihm gerade vier Mal. Die Gaslaternen warfen ein fahles, milchig weißes Licht hinab auf das regennasse Trottoir. Die fünf Lampen des neuen Kandelabers mitten auf dem Marktplatz leuchteten in aller Pracht, während der Nieselregen jede von ihnen mit einem verschwommenen Heiligenschein umhüllte.

Die neue Straßenbeleuchtung war der Stolz der Stadt, bewiesen sie doch, dass man hier nicht in der Provinz war, sondern es mit Städten wie Altona aufnehmen konnte. Rübcke war fest davon überzeugt, dass das Gesindel sich des Nachts zumindest nicht dort aufhielt, wo die Laternen brannten.

Der eisige Nachtwind fegte um den Reviervorsteher herum, kroch unter seine offene Jacke. Er fröstelte und verfluchte den Mann, der ihn vor einer halben Stunde aus dem Bett hatte holen lassen. Fischer Hinnerk hatte laut an seine Tür geklopft. Jemand wolle Rübcke einen wichtigen Hinweis im Mordfall Bohl geben, hatte er gesagt. Jetzt, sofort, gegenüber der Bäckerei Witt. Dann war der Fischer flugs wieder verschwunden.

Rübcke knirschte mit den Zähnen. Zwei Stunden Schlaf hatte der Kerl ihm geraubt. Wehe diesem Fischer, wenn der Hinweis alles andere als wichtig war! Fluchend stapfte Rübcke weiter, während er seine Uniformjacke zuknöpfte. Da er im Rathaus wohnte, musste er nur wenige Meter gehen, bis er das Fleth erreicht hatte.

Am Eckhaus entdeckte er eine Gestalt. Sie hielt sich knapp außerhalb des Lichtkegels einer Laterne. Mit verschränkten Armen lehnte sie an der Hauswand und starrte auf die andere Seite des Fleths hinüber, wo die Bäckerei Witt lag.

Rübcke schnaufte wütend. »Ich sperre Sie ein und werfe den Schlüssel weg, Sötje! Wehe, wenn Sie keinen guten Grund haben, mich aus dem Bett zu holen!«

Hauke reagierte nicht, deutete mit dem Kinn nur schweigend auf die gegenüberliegende Straßenseite. Zwischen zwei Bäumen konnte man ein windschiefes Eckhaus mit zwei Stockwerken sehen. Seit fast zweihundert Jahren befand sich dort eine Bäckerei.

Die Fenster der Backstube zur Königstraße hin waren erleuchtet. Rübcke bemerkte den würzigen Geruch frischen Brotes, den der Wind zu ihnen hinübertrug.

»Sind Sie von Sinnen, Mann?«, fauchte Rübcke. »Ich soll mir ein Haus anschauen, an dem ich jeden Tag hundertmal vorbeigehe?« Seine Stimme hatte sich erhoben, doch Hauke reagierte nicht. Er legte nur den Finger auf den Mund, wie Mütter es taten, wenn sie ihre lauten Kinder zum Schweigen mahnten. Bevor Rübcke etwas sagen konnte, wurde ein Fenster im Haus hinter ihnen geöffnet.

»Ruhe da unten oder ich hole die Polizei!«, rief eine Frau zu ihnen hinunter.

Der Reviervorsteher war gerade im Begriff zurückzupöbeln, da legte Hauke ihm die Hand schwer auf den Arm. »Sehen Sie«, flüsterte er.

Rübcke drehte sich um und blickte zum Nebeneingang der Bäckerei. Soeben wurde die Seitentür zur Königstraße hin einen Spaltbreit geöffnet, und ein Mann streckte den Kopf heraus. Im Licht einer nahen Gaslaterne erkannten die beiden Männer Nachtwächter Herrmann Schuld. Er blickte die Straße entlang. Dann schlüpfte er ins Freie.

»Was zum Teufel …«, zischte Rübcke. Haukes Griff an seinem Arm wurde fester. Rübcke schwieg. Nachtwächter Schuld gähnte ausgiebig und reckte sich.

»Wenn ich nachts spazieren gehe …«, flüsterte Hauke dem Polizisten zu, der ihm verärgert ins Wort fiel.

»Ich weiß, Sie leiden an Schlafstörungen.«

»Genau. Dann bin ich Nachtwächter Schuld oft erst kurz vor Tagesanbruch begegnet. Nie davor.«

Rübcke richtete sich auf. »Und diese Kanaille roch wohl nach frischem Brot?«

»So ist es. Jedes Mal.«

»Jetzt verstehe ich auch, warum Schuld immer so ausgeruht ist.« Als Reviervorsteher war Rübcke der Vorgesetzte der Nachtwächter. Jetzt schloss er seinen letzten Knopf, direkt unter dem Kinn. »Sind Sie ihm in der Mordnacht begegnet, Herr Sötje?«

»Nein, Herr Reviervorsteher.«

Rübcke schwieg, wägte ab. »Damit dürfte seine Aussage, Sie seien zur fraglichen Zeit am Hafen gewesen, null und nichtig sein.«

Hauke nickte.

Ihm war nicht wohl. Natürlich war er in der fraglichen Nacht am Hafen gewesen. Allerdings weder allein noch um Mitternacht. Das aber würde Hauke dem Reviervorsteher nicht sagen.

Kurz sah Rübcke ihn an, dann überquerte er mit festem Schritt die Straße. »Wohlan. Das wird diesen Kerl teuer zu stehn kommen!«

Als Hauke den Weg in Richtung Hafen nahm, hörte er hinter sich die Stimme Rübckes durch die Stadt dröhnen.

***

Das abgezogene Bett in der Kammer des Herrn Bohl roch muffig, doch die Kleine störte es nicht. »Wir reiten jetzt nach der Hauptstadt hin«, erklärte sie ihrer Puppe. »Da wohnt unser großer Kaiser mit seiner hübschen Frau Königin.« Galoppierend bewegte sich das Püppchen über die Matratze, während das Kind dazu kniend auf und ab hopste, dass die alten Bettfedern quietschten.

»Setz dich hin, Martha, und sei still!«

»Ja, Mama.« Brav ließ sich die Kleine auf die Matratze plumpsen und flüsterte ihrem Püppchen neue Abenteuer ins Ohr, wobei sie darauf achtete, dass es weniger quietschte.

Witwe Bruns wunderte sich über die zwar sauberen, aber arg zerschlissenen Kleidungsstücke ihres ehemaligen Untermieters. Sie war mit einem Sack gekommen, um die Habseligkeiten des Toten fortzuräumen. Sorgsam verstaute sie alles darin, schrieb mit ungelenken Buchstaben auf einen Zettel, was sie verpackt hatte: eine einfache Pfeife ohne Tabak, ein löchriges Handtuch, ein schartiges Rasiermesser, einen kaputten Spiegel, eine leere Streichholzschachtel, zwei Paar Socken nebst Halter und einen alten Anzug.

Sie legte den Bleistiftstummel zur Seite und hängte den Zettel an den Sack. Ordnung musste sein. Sie wollte nicht enden wie ihre Nachbarin Trien Mommsen, der man unterstellt hatte, sie hätte sich an den Habseligkeiten ihres toten Mieters gütlich getan. Vielleicht kamen ja Bohls Erben vorbei. Oder die Stadt requirierte die Habseligkeiten für sich. Witwe Bruns lächelte. Ein schlechtes Geschäft würden die Herren aus dem Rathaus damit machen. Dass sie das volle Geld für die Fahrkarte nicht bekommen hatte, ärgerte sie zwar, aber zwei Groschen waren mehr als nichts. Sie stellte den Sack hinaus auf den Flur und begann, das Zimmer zu putzen.

Der modrige Geruch im Raum war kaum auszuhalten. Doch Witwe Bruns ließ das Fenster zur Straße geschlossen, denn draußen regnete es zu stark. Sie wollte nicht noch mehr Feuchtigkeit im Haus haben.

Morgen würde ihr neuer Untermieter kommen, ein Student aus Jena auf der Durchreise. Dann musste der abscheuliche Gestank aus dem Zimmer verschwunden sein. Sie würde erst einmal alles ordentlich schrubben und gut durchheizen, dann getrocknete Kräuter aufhängen und etwas Lavendel vom letzten Jahr im Schrank auslegen.

Sie hockte sich vor den Ofen, während Martha ihrem Püppchen ein Lied vorsummte. Papier und dünnes Holz zum Anzünden lagen bereit. Als sie die kleine Ofentür öffnete, wunderte sie sich nicht, dass darin alles sauber war. Bohl schien tatsächlich lange nicht mehr geheizt zu haben.

Dafür hätte er ja Holz kaufen müssen. Sie schüttelte den Kopf. Wie konnte jemand nur so geizig sein!

Mit einem Streichholz entzündete sie das Papier und das darübergeschichtete Kleinholz. Dann schloss sie sorgfältig die kleine Tür und widmete sich der Reinigung des Raumes. Zuerst nahm sie den Eimer mit dem Laugenwasser und begann, die wenigen Möbel im Raum gründlich abzuschrubben. Der Boden sollte auch noch gemacht werden, und gleich musste sie hinunter, nach der Bettwäsche sehen, die unten in der Küche in einem Bottich auf dem Feuer vor sich hin köchelte.

Plötzlich fing ihre Tochter an zu jammern.

»Was hast du?«, fragte Witwe Bruns ungeduldig, während sie auf dem Stuhl stand und oben auf dem Schrank den Staub abwischte. Sie ging aus dem Raum, um ein neues Tuch zu holen, als sie Marthas Stimmchen hörte.

»Der rote Hahn kommt!«

»Unsinn, Kind!«, rief sie zurück. Sie war die vielen Geschichten der Kleinen leid. »Du sollst doch nicht lügen, sonst holt dich der schwarze Mann.«

Dann aber roch sie es. Erschrocken eilte Witwe Bruns zurück in die Kammer. Dichter Rauch quoll aus der Ofentür und dem Rohr. Schon sammelte er sich auf dem Boden.

»Himmel!«, rief sie und eilte zum Ofen hinüber. Sie öffnete die Klappe, um zu sehen, was mit dem Feuer nicht stimmte. Sofort schoss ihr ein Schwall dicken Rauchs entgegen, hüllte erst sie ein, dann den gesamten Raum.

***

Sophie hatte den Blick auf den Gehweg geheftet. Sie weigerte sich, in bekannte Gesichter zu schauen, die ihr auf der Straße entgegenkommen könnten. Eilig nahm sie den Weg am Fleth entlang hin zur Armenstraße.

Es hatte angefangen zu regnen, aber Sophie kümmerte sich nicht darum.

Als Hauke Sötje mit ihr nach der Beerdigung ihres Vaters durch die Stadt gegangen war, hatte sie angeboten, ihm zu helfen. Er hatte bis heute keine Anstalten gemacht, dieses Angebot anzunehmen, doch Sophie war nicht die Frau, die herumsaß und die Hände in den Schoß legte. Sie musste etwas tun. Außerdem wollte sie endlich mit dem Grübeln aufhören. Darum hatte sie sich auf den Weg zu der Vermieterin von Sekretär Bohl gemacht. Vielleicht würde Witwe Bruns einer Frau gegenüber offener sein, ihr etwas sagen, was sie Hauke Sötje verschwiegen hatte.

Als sie in die Armenstraße einbog, blieb sie abrupt stehen. Das Gässchen vor ihr war eng. Links und rechts standen kleine Häuser, die kaum mehr waren als Hütten. Nur wenige von ihnen hatten ein oberes Geschoss.

Im Regen spielten Kinder in einer Pfütze, mitten auf der Straße.

Durch ein offenes Fenster waren die wütenden Stimmen einer Frau und eines Mannes zu hören. Ein kläffender Hund jagte eine magere Katze in einen kleinen Durchgang. Es roch nach fetter Kohlsuppe und verbranntem Abfall.

In Sophies Kopf erschien plötzlich ein Bild: Es war eine dreckige Gasse in London, die kleine schiefe Tür, durch die man sie damals geschoben hatte, der Geruch von billigem Schnaps.

Sophie wurde übel. Ihr Unterleib krampfte sich zusammen. Mit einer Hand stützte sie sich an einer Hauswand ab, die andere presste sie gegen ihren Bauch. Das passierte Sophie gelegentlich. Sie wusste, dass der Schmerz gleich verschwinden würde. Tief atmete sie ein und blickte um sich. Niemand hatte etwas bemerkt.

Unterdessen war der Regen in den Kragen ihres Mantels gelaufen. Sophie schaute sich um, und ihr wurde klar, dass sie sich bald nicht einmal mehr eine billige Unterkunft wie diese hier würde leisten können. Sollte so ihre Zukunft aussehen?

Sie stieß sich von der Wand ab und eilte weiter. Sie war keine drei Schritte gelaufen, als sie hörte, wie jemand nach der Feuerwehr rief. Aus einem der Häuser drang dunkler Qualm. Schon kamen Leute angelaufen. Auch Sophie rannte hinüber. Es war das Haus der Witwe Bruns!

Ein schäbiger Kerl mit einer Kohlenkiepe auf dem Rücken zeigte zu einem Fenster im oberen Stockwerk hoch. »Nu hol doch mal wen de Füerwehr!« Aus dem Fenster quoll dicker Rauch!

Sophie wusste, es würde zu lange dauern, bis die Feuerwehr kam. Da keiner Anstalten machte, die Leute aus dem Haus herauszuholen, stieß sie die Tür auf, nahm ihr Kleid hoch und rannte hinein, ohne zu wissen, was sie tat.

Hinter sich hörte sie noch eine Frau schreien: »De Modder is do bin! Un de lütte Martha!«

Sie presste den Saum ihres Kleides vor den Mund. Von oben hörte sie das Kind weinen. So schnell sie konnte, rannte sie die enge Stiege hinauf. Der Qualm wurde mit jeder Stufe dichter. Schon begannen ihre Augen zu brennen.

Auf dem oberen Absatz angelangt, stolperte sie in das Zimmer, aus dem der Qualm in dicken Schwaden quoll. Sie hustete und spähte mit zugekniffenen Augen hinein. Nirgends waren Flammen zu sehen! Die Kleine jammerte nach ihrer Mutter. Ohne einzuatmen, versuchte sie sich zu orientieren. Irgendwo, direkt vor ihr, musste das Fenster sein. Mit ausgestreckter Hand wagte Sophie sich vor. Ihre Augen tränten. Sie wusste nicht mehr, ob sich das Fenster wirklich vor ihr befand.

Jemand hustete nahe ihrem Bein. Sophie widerstand dem Wunsch, sich hinunterzubeugen. Mit ausgestreckter Hand ging sie Schritt für Schritt weiter, bis sie das Fenster erreichte. Hastig öffnete sie es. Sofort wurden die ersten dunklen Schwaden hinausgezogen. Schnell holte sie Luft. Dann drehte sie sich in den Raum zurück, wo sie erneut jemanden husten hörte. Sehen aber konnte sie nichts.

»Martha!«, röchelte plötzlich eine Stimme am Boden, gleich neben Sophie. Ganz nah zu ihren Füßen krabbelte Witwe Bruns blind umher, suchte ihr Kind.

Sophie griff den Oberarm der Frau und zerrte sie an das offene

Fenster. Dann drehte sie sich noch einmal um und bemerkte im schnell lichter werdenden Rauch ein schluchzendes Häuflein unter dem eisernen Bett.

Nur zwei Schritte und sie war bei dem Kind. »Komm, Martha!«, keuchte sie, riss das Mädchen hoch und brachte sie zum Fenster. »Hol Luft!« Martha hustete, während sie japsend die Luft einsog.

Frau Bruns nahm ihr das Kind aus dem Arm, und Martha schlang ihre Ärmchen um den Hals der Mutter und weinte. »Püppchen ist tot!«, wimmerte sie immer wieder.

Sophie presste den Saum ihres Kleides erneut vor die Nase und blickte sich um. Da entdeckte sie die Strohpuppe auf dem Bett. Sie reichte der Kleinen das Spielzeug.

»Bleiben Sie am Fenster«, krächzte Sophie. »Atmen Sie tief ein, Frau Bruns.«

Die Frau gehorchte, wobei sie ihre Tochter fest an sich drückte. Noch immer drangen dicke Schwaden beißenden Rauchs aus dem Ofen an der Wand. Sophie sah einen Putzeimer vor dem Schrank stehen. Mit einem Satz war sie da, nahm den Eimer und rannte zum Ofen. Mit Schwung goss sie den Inhalt in das Loch hinein. Ein vernehmliches Zischen erfüllte den Raum.

Kurz darauf ließ der Qualm nach. Nur ein scharfer Gestank hing noch in der Kammer. Mutter und Tochter hockten vor dem offenen Fenster und japsten nach Luft.

»Was ist denn nur mit dem Ofen los?«, fragte Witwe Bruns hustend. »Der Schornsteinfeger war erst letztens hier!« Sie streichelte die Haare ihres Kindes. »Herr Bohl hat den Ofen gar nicht benutzt.« Sie sah Sophie aus roten Augen an. »Danke«, flüsterte sie, während sie das Kind immer wieder küsste.

Sophie blickte den unscheinbaren Ofen an der Wand an. »Nicht benutzt? Es war doch viel zu kalt in den letzten Tagen«, murmelte sie.

Dann fuhr sie herum, griff den nassen Putzlappen, der auf dem Boden lag, und wickelte ihn um das Ofenrohr. Zwei-, dreimal zog sie kräftig daran.

»Sie machen ihr Kleid ja ganz schmutzig!«, rief Witwe Bruns.

Sophie ließ das heiße Rohr auf den Boden fallen. Dann griff sie in die steinerne Wandöffnung hinein.

Vorsichtig zog sie ein in öliges Leinen gewickeltes Paket heraus. »Fast hätte Sekretär Bohl Sie und das Kind umgebracht, Frau Bruns.«

Verwirrt blickte die Frau sie an. »Was ist das?«

Sophie antworte nicht. Sorgsam legte sie das Bündel auf die Bettdecke und öffnete den Knoten der Kordel. Zitternd schlug sie das Tuch auf. Vor ihr lag das Notizbuch ihres Vaters.

Langsam begann sie, die Seiten umzublättern. In bester Schrift, akkurat und ebenmäßig, zogen sich die Worte von links nach rechts.

Sophies Augen tränten. Sie hoffte so sehr, irgendwo in den Zeilen Antworten zu finden.

Da stockte sie. Ihr Blick war auf einen Namen gefallen, den sie seit ihrem Besuch in London zu vergessen suchte.

Sophies Hände wurden feucht, als sie weiterblätterte.

Dann sah sie die Adresse im schäbigsten Teil von London, zu der man sie damals gebracht hatte.

Sie riss die Hände vor den Mund, um nicht aufzuschreien.

Ihr Vater hatte alles gewusst!

KAPITEL 21

Stollwerck'sche Chocoladen. Sachgemäße, durch die neusten maschinellen Erfindungen verbesserte Fabrikationsmethode und Verwendung von nur gutem und bestem Rohmaterial sichern den Consumenten von Stollwerk'schen Chocoladen- und Cacao-Präparaten ein empfehlenswertes, der Angabe der Etikette entsprechendes Fabrikat, dessen Vorzüglichkeit durch 26 Hof-Diplome und durch 31 Ehren-Diplome, goldene, silberne etc. Medaillen anerkannt ist.

Original: Glückstädter Fortuna, Februar 1894

Im Salon der Gräfin von Lahn roch es nach Schokolade und Ingwerplätzchen, die der Butler soeben auf einem kleinen Tisch angerichtet hatte. Die Hausherrin saß in einem bequemen Sessel nahe dem Kamin und beugte sich über eine feine Stickarbeit mit seidenen Frühlingsblumen.

Auf dem Sofa hatte Sophie Platz genommen. Sie schwieg seit Stunden.

Besorgt blickte die Gräfin zu ihrem Gast hinüber. »Es zeugt von ernster Würde, wenn man sich nach einem solch schrecklichen Verlust nicht von Vergnügungen und schönen Dingen beirren lässt. Doch, liebes Kind, trotz aller Trauer muss man gelegentlich auch den Mut zu einem Lächeln haben.«

Sophie, die tief in ihre dunklen Gedanken versunken war, schreckte auf. »Entschuldigen Sie, Frau Gräfin. Ich wollte nicht unhöflich sein. Es soll nicht wieder vorkommen.«

»Wofür entschuldigst du dich, Sophie? Du hast Schweres durchzustehen. Das Haus deines Vaters wurde versteigert, du hast alles verloren, was ein junger Mensch verlieren kann. Nein, liebes Kind, du hast ein Recht auf ernste Gedanken. Dennoch möchte ich dir einen Rat geben.« Artig blickte Sophie sie an. »Gehe unter Menschen.« Frau von Lahn wusste auch schon gleich eine Gelegenheit. »Du solltest mit mir zum Stapellauf auf der Gehlsenwerft kommen. Das erste dieser eigentümlichen Fischerboote von der Gesellschaft soll zu Wasser gelassen werden. Logger heißen diese Fahrzeuge, glaube ich. Sie sind sehr modern, wie mein Mann mir versicherte. Die Feier und die Menschen werden dich ablenken, Sophie-Louise.«

»Danke, Frau Gräfin, aber ich möchte lieber noch nicht unter Leute.« Sophie dachte an den Zwischenfall beim Schlachter und wollte ihrer Gastgeberin derartige Peinlichkeiten ersparen.

»Nun, dann tue etwas Sinnvolles, Kind. Die trüben Gedanken müssen verscheucht werden.« Mit einem Blick auf das schwarze Buch in Sophies Händen fügte sie hinzu. »Ich denke, melancholische Literatur ist dafür denkbar ungeeignet.«

Die Gräfin ahnte nicht, dass das Buch auf Sophies Schoß alles andere als literarisch war. Es war das Journal ihres Vaters. Nachdem sie einige Zeilen bei Witwe Bruns darin gelesen hatte, war Sophie die Tragweite der Katastrophe bewusst geworden. Seither hatte sie es nicht mehr fertiggebracht, das Heft noch einmal aufzuschlagen. Schon jetzt wusste sie, dass Schuld und Scham die einzigen Gefühle sein würden, die sie bis ans Ende ihres Lebens begleiteten sollten.

Das Sonnenlicht zauberte hinter der Gräfin einen Schein aus Silber in ihr sorgsam auffrisiertes Haar. Was Sophie bis vor Kurzem wenn schon nicht als schön, so doch als reizvoll bemerkt hätte, ließ sie nun kalt. Die Suche nach dem Erhabenen und Schönen im Leben der Sophie-Louise Struwe war beendet. Schatten lagen auf ihrer Seele wie schwarzer Regen.

Sophies Blick fiel auf einen in Gold gerahmten Spiegel, der an der Wand hing. Ihr Ebenbild zeigte bereits erste Züge der Erkenntnis ihrer Zukunft. Um ihren Mund herum schienen sich harte Züge anzukündigen, und zwischen ihren sonst strahlenden Augen meinte sie, eine steile Falte zu sehen. Sie hatte etwas Unverzeihliches getan und gehofft, ihr Vater würde es nie erfahren. Sie hatte damals gedacht, wenn sie nur die Augen zuhielte wie ein kleines Kind, dann würden die bösen Träume irgendwann verschwinden.

Wie naiv sie gewesen war! Man hatte ihren Vater mit dem

Fehltritt seiner Tochter erpresst. Eine schwärmerische Liebe in London, die gänzlich ohne Zukunft gewesen war, denn der Angebetete war bereits vergeben. Welch Scham! Die Folgen hatte sie im Hinterhof einer schmutzigen Londoner Gasse allein zu tragen gehabt.

Die Gräfin legte ihre Handarbeit fort und sah zu ihr herüber. »Gibt es etwas, das du mir sagen möchtest, Sophie-Louise?«

Erschreckt fuhr Sophie auf. Wusste die Gräfin etwa auch von der Abortion? Davon, dass Sophie ihr eigenes ungeborenes Kind hatte töten lassen? Konnte man es in ihrem Gesicht ablesen? Sie schüttelte den Kopf.

Ihre Gedanken wanderten zu Hauke. Seine Schuld war nicht halb so schlimm gewesen wie die ihre, denn sie hatte bewusst getan, was getan werden musste. Er hingegen wurde einer Schuld bezichtigt, an die er sich nicht erinnern konnte. Vielleicht war er unschuldig an seiner Tragödie. Sie aber war es nicht. Vielleicht glaubte er, da sie beide Schlimmes erlebt hatten, müssten sie zusammenstehen. Dem aber war nicht so. Sollte er ihr Geheimnis je erfahren, würde er ihr das niemals verzeihen können. So wenig, wie sie selbst es konnte, jetzt, da sie wusste, dass ihre Tat dem Vater das Leben gekostet hatte. Man hatte ihn mit ihrer Schande erpresst. Und das nötige Geld dafür hatte er sich bei der Gesellschaft besorgt.

Sie würde bis an ihr Ende dafür büßen müssen, für das, was sie ihrer Familie angetan hatte.

Ihr Mieder schnürte alles zu. Luft, Gefühle und Gedanken. Das war gut so. Sie wollte es. Befürchtete sie doch, ohne diese Enge als wesenloses Nichts zu zerfließen oder sich vor Kummer einfach aufzulösen.

»Bitte entschuldigen Sie mich, Frau Gräfin«, sagte sie und verließ eilig den Salon. Besorgt blickte Frau von Lahn ihr nach.

***

Als Sophie gerade an die Tür des Hauses Am Hafen Nummer 32 klopfte, hatte es wieder einmal zu regnen begonnen.

»Ja?« Haukes Vermieterin blickte durch den Türspalt. »Was wollen Sie?«

Sophie klammerte sich an dem Korb fest, den sie am Arm trug. »Ich möchte den Kapitän sprechen.« Sie wusste, dass es sich nicht schickte, einen Mann zu besuchen, und das auch noch ohne Begleitung.

»Was wollen Sie von meinem Mieter?« Abschätzig musterte Fräulein Thekla sie von oben bis unten.

»Ich muss ihn sprechen.« Sophie legte eine Bestimmtheit in ihre Stimme, die man sicherlich als grob unhöflich hätte bezeichnen können, aber die Lage erforderte nun einmal, dass sie sich nicht abweisen ließ.

»Das geht nicht. Da dürfen Sie nicht hoch.«

Wie jeder in der Stadt wusste auch Sophie, dass Fräulein Thekla noch immer nicht aufgegeben hatte, einen Mann für sich zu finden.

»Ich habe dem Kapitän etwas zu übergeben«, sagte Sophie so freundlich, wie es ihr möglich war.

Die Frau streckte die Hand durch den Türspalt. »Sie können es mir geben.«

»Nein. Ich soll es ihm persönlich überreichen«, log Sophie.

»Dann einen schönen Tag noch.« Die Frau wollte die Tür wieder schließen, als Sophies Hand vorschoss und sie aufhielt.

»Ich kann auch nach Ihrem Mieter schreien«, zischte sie. »Hier, mitten auf der Straße.«

Entsetzt blickte die Frau sie an. »Das trauen Sie sich nicht!«

»Oh doch. Ich habe nichts mehr zu verlieren.«

»Verrückt. Die ganze Familie ist verrückt«, murmelte die Vermieterin und verschwand im dunklen Flur, während Sophie draußen auf der Straße wartete. Schon hörte sie schwere Schritte die Treppe herunterkommen.

»Ist etwas passiert?« Hauke blickte Sophie besorgt an. Dann drehte er sich um. »Warum haben Sie Fräulein Struwe nicht in die Stube gebeten? Zahle ich nicht genug Miete?«

Die Vermieterin zuckte erschreckt von seinem wütenden Tonfall zusammen. »Diese Person will ich in meinem Haus nicht haben. Ich habe einen Ruf zu verlieren.« Mit diesen Worten machte Fräulein Thekla kehrt und ging in ihre Küche.

Entschuldigend blickte Hauke Sophie an. »Zänkisches Weib.«

Sophie sagte nichts dazu, sondern griff in den Korb an ihrem Arm und holte unter einem Tuch das schwarze Journal hervor. Sie hielt es Hauke hin.

»Das Buch Ihres Vaters?«, fragte er erstaunt. »Wo haben Sie es gefunden?«

»In der Kammer von Sekretär Bohl.«

»Wie kann das angehen? Ich habe sein Zimmer durchsucht!«

Er wollte das Buch aus ihren Händen nehmen, doch sie ließ es nicht los. Tränen standen in ihren Augen. Fragend schaute er sie an.

»Ich habe mit Witwe Bruns gesprochen«, sagte sie leise. »Sie erzählte mir, dass sie ein Gespräch zwischen Sekretär Bohl und einem Fremden belauscht habe.«

Hauke nickte. »Ja, sie erwähnte, dass er vor seinem Tod Besuch bekommen hatte.«

»Ich glaube, dass Sekretär Bohl den Mann erpresst hat. Bohl sprach von einer ›Lebensversicherung‹, die der Besucher nicht bekommen würde, solange seine Forderung nicht erfüllt wäre. Was das sein könnte, wusste Witwe Bruns nicht. Ich denke, es geht um das Notizbuch meines Vaters.« Sophie blickte auf das Journal in ihren Händen. Sie holte tief Luft. »Kürzlich wurde bei Witwe Bruns eingebrochen und alles verwüstet. Ich glaube, der Besucher kam zurück.«

Unter Haukes prüfenden Blick fühlte Sophie sich immer kleiner. »Herr Sötje«, sagte sie leise, »es stehen nicht nur geschäftliche Dinge auf den Seiten.« Sie schluckte. »Auch Persönliches. Sie werden dort von einer großen Schuld erfahren, die ich auf mich geladen habe.« Sie ließ das Buch frei. »Es tut mir unendlich leid.«

Bevor er fragen konnte, was sie meinte, drehte Sophie sich um und lief die Straße hinunter. Sie hörte nicht, wie Hauke ihren Namen rief.

Sophie hätte nicht sagen können, wie lange sie durch die Straßen der Stadt gelaufen war. Sie bemerkte weder die Flaggen vor dem Rathaus noch die Girlanden, die die Glückstädter bereits in aller Frühe über die Straßen gespannt hatten. Morgen sollte der Stapellauf des ersten Loggers der neuen Heringsfischerei mit viel Tamtam und Pomp stattfinden. Die Stadt hatte sich für dieses Ereignis trotzig herausgeputzt, fast so, als müsse sie beweisen, dass sie sich von dem Skandal nicht in die Knie zwingen ließe.

Die Kirchturmuhr am Marktplatz schlug zehn, als Sophie das Fleth erreichte. Sie fror jämmerlich. Das nasse Kopfsteinpflaster unter ihren Schuhen glänzte. Der Platz um den Kandelaber herum war menschenleer. Heute war kein Markttag, und die Leute saßen in ihren Stuben vor den Öfen oder gingen ihren Geschäften nach. Der Geruch verbrannter Holzscheite lag in der Luft. Sophie war froh um diese Ruhe.

Als sie gerade Richtung Brockdorff-Palais ging, war ihr klar, dass sie nicht viel länger als Gast bei den von Lahns bleiben konnte. Es war an der Zeit, Entscheidungen zu treffen. Immerhin war da noch das Angebot von Studienrat Detlefsen, sie könne in das Lehrerinnenseminar nach Lübeck gehen.

Zu spät hörte Sophie die schnell herannahende Kutsche. Eine Person sprang noch im Fahren heraus. Erschrocken machte sie einen Satz zur Seite, als jemand nach ihrem Arm griff. Ihr Schrei ging im Wiehern der sich aufbäumenden Pferde unter.

KAPITEL 22

Wegen Rückgang einer Heirath ist eine elegante Garnitur in Kupfer, Velour, Plüsch (1 Chaiselongue, 2 Fauteuils) für den billigen Preis von 200 Mark zu verkaufen.

Original: Glückstädter Fortuna, Januar 1894

Die Tür zu seiner Kammer schlug zu, und Hauke hörte Winsmann wütend die Stiege hinunterpoltern. Eben hatte der Maler ihm von seinem bedeutenden Erlebnis am Bahnhof berichtet. Mit großer Geste hatte Winsmann ihm eine abgelaufene Fahrkarte erster Klasse nach Berlin überreicht und behauptet, diese sei aus dem Nachlass von Sekretär Bohl. Mit erwartungsvollem Blick hatte er gemeint, Hauke würde sicherlich die Bedeutung dieser Karte erkennen.

Doch der musste den Maler enttäuschen.

Unten knallte die Tür zum Atelier des Künstlers ins Schloss, und Hauke ahnte, dass Winsmann gewisse Erwartungen an ihn gehabt haben könnte, wie er sich für die Fahrkarte erkenntlich zeigen sollte. Odysseus? Ahab? Er grinste. Der Maler schien wild entschlossen zu sein, ihn zum Helden zu machen.

Hauke setzte sich an den kleinen Tisch am offenen Fenster. Er legte die Karte neben das schwarze Buch. Dann griff er zur kalten Pfeife und seinem Tabakbeutel.

Noch wusste er nicht, was er mit dem Billett anfangen sollte, denn etwas anderes beschäftigte ihn viel mehr. Er hatte jede einzelne Seite in Hermann Struwes Buch gelesen und wusste nicht, was er tun sollte. Einerseits wollte er sofort zu Sophie, wollte ihr sagen, dass es nicht nur Vergangenheit, sondern auch Zukunft gab. Dass sie jung gewesen war und dieser Mann in London völlig ohne Bedeutung. Und dass er, Hauke, sie für das schätzte, was sie heute war. Jeder hatte seine Schatten im Gestern. Wer war er, über sie zu richten? Nein, er war der Letzte, der so etwas tun durfte.

Er konnte sich nicht erheben, klebte wie gebannt am Stuhl und starrte auf die Seiten. Sie waren Zeugnis dafür, wie ein angesehener Mann gegen seinen Willen leise und unauffällig zum Verbrecher gemacht worden war, ohne dass er es selbst gemerkt hatte.

Es war die Handschrift des Bösen, die hinter alldem steckte, und Hauke spürte, wie er langsam die Zeichen zu lesen lernte.

Es klopfte an der Tür.

»Herr Sötje, Besuch für Sie!«, zwitscherte die Stimme seiner Vermieterin. »Der Herr Graf wünscht Sie zu sprechen.«

Die Tür ging auf, und von Lahn trat ein.

Fräulein Thekla strahlte über ihr braves Gesicht. »Wenn die Herren wünschen, können Sie auch gerne in meine gute Stube kommen. Ich habe echten Kaffee im Haus.«

Von Lahn schüttelte den Kopf und scheuchte die Vermieterin mit einer kurzen Bewegung seiner Hand fort.

»Wie Sie wünschen, Herr Graf«, sagte sie ein wenig beleidigt, knickste umständlich und schloss die Tür.

»Ich hörte, Sie haben etwas gefunden?« Von Lahn war mit zwei Schritten am Tisch und griff nach dem Notizbuch. »Ist es das? Was hat Struwe geschrieben?«, wollte er wissen und begann zu blättern.

Hauke wusste, dass es kaum möglich sein würde, Sophies Vergangenheit unentdeckt zu lassen. Dennoch wollte er versuchen, diesen Teil zu verschweigen. Scheinbar gelassen nahm er seine Pfeife zur Hand und begann sie zu stopfen. »Hermann Struwe wurde gezwungen, einen Mann in die Heringsfischerei einzuschleusen.« Mit einem Zündholz brachte er den Tabak zum Glühen. Tief sog er den Rauch ein.

Der Graf blickte von den Seiten auf. »Wen?«

»Das steht dort leider nicht. Die letzte Seite fehlt.«

»Verdammt!«

Der Rauch seiner Pfeife umwölkte das Journal in von Lahns Hand. »Die Seiten zeigen, wie sehr Struwe darunter litt, zu einem Betrug gezwungen worden zu sein.«

»Er hat es also tatsächlich getan?«

Hauke stand auf und ging ans Fenster. Auf der Gehlsenwerft

hängten Arbeiter Wimpel an den neuen Logger, um ihn hübsch herzurichten. »Ja«, sagte er. »Struwe beantragte mehr Geld als geplant. Und: Ja, er hatte geahnt, wer die Fälschung der dafür notwendigen Unterlagen vorgenommen hatte. Doch Hermann Struwe wollte sich niemals bereichern. Er hatte einfach die Augen zugemacht, als es zu den Unregelmäßigkeiten kam, unterschrieben, was man ihm vorlegte. Ich bin mir sicher, dass er nicht geahnt hatte, dass man ihm die Schuld an alldem in die Schuhe schieben würde. Als er es begriff, war es zu spät.« Er zog an der Pfeife und blies den Rauch zum Fenster hinaus. »Struwe hatte übrigens auch den Verdacht, dass das Verschwinden des Loggerkapitäns kein Zufall war.«

Hauke wusste, welche Frage jetzt kommen würde.

»Warum tat er das? Warum versuchte er, Berlin zu betrügen?«

»Ich habe einen Verdacht, aber zuvor möchte ich etwas ganz anderes wissen.« Hauke drehte sich um und musterte den Grafen scharf. »Was verschweigen Sie mir?«

Von Lahn hielt inne. Dann zog er mit dem Gehstock einen Stuhl zu sich heran und setzte sich. »Nun, Sie hatten recht mit Ihrer Vermutung, es könne um Größeres als nur Fisch gehen, Herr Kapitän. Unser Kaiser hofft auf eine unauffällige Schiffsflotte, die für ihn auf dem Wasser Augen und Ohren offen hält.«

Hauke nickte. »Also geht es um Spionage. Und irgendjemand in der Stadt will genau das verhindern. Dafür muss er nur die Glückstädter Heringsfischereigesellschaft nachhaltig in Misskredit bringen.«

Der Graf stimmte ihm zu. »Unser Kaiser ist außer sich! Ich konnte den Brief dieses übereifrigen Sülau an das Ministerium nicht mehr abfangen. Man wird das gesamte Unternehmen stoppen.«

»War es Ihre Idee, Herr Graf? Die Flotte, meine ich.«

Von Lahn nickte langsam. »Ja, ich bin seit vier Jahren dabei, den Verantwortlichen klarzumachen, dass wir mehr Informationen über Frankreich und England brauchen.«

»Krieg?« Hauke lehnte sich mit dem Rücken gegen die Fensterbank. Ein kalter Luftzug strich über seinen Nacken.

»Wenn Sie es so bezeichnen wollen, bitte sehr. Ich aber sehe es lieber als Verteidigung unseres Landes ohne Waffen.«

Die Männer schwiegen eine Zeit lang.

Dann fragte von Lahn: »Wer hat Struwe erpresst?«

»Ich nehme an, William Fergusson«, sagte Hauke ruhig und beobachtete den Grafen dabei genau. Er glaubte zu sehen, wie ihm für einen kleinen Moment die Augen flackerten.

»Er ist hier?« Der Graf lächelte. »Das ist ja prächtig! Welch Zufall. Dann können Sie ihn fragen, warum er vor Gericht log.«

Hauke atmete den Rauch seiner Pfeife ein und stieß ihn wieder aus. Er schwieg. Von Lahn erhob sich und stellte sich hinter die Lehne des Stuhls, auf dem er eben noch gesessen hatte. »Woher wissen Sie, dass Fergusson hier ist?«, wollte er leise wissen.

»Eine kleine Notiz lag auf dem Schreibtisch des toten Hermann Struwe. – Es war eindeutig Fergussons Schrift. Herr Graf, Sie wussten schon lange, dass der Mann in der Stadt ist.« Es war keine Frage, sondern eine einfache Feststellung. »Darum war Ihnen auch so daran gelegen, dass ich in die Heringsfischerei gehe. Sie wollten den Mann aus der Reserve locken. Er sollte mich wiedererkennen und Angst bekommen. Um seine Identität in Glückstadt weiter geheim halten zu können, hätte er mich umbringen müssen. Schließlich konnte er sich bis heute nicht sicher sein, dass ich ihn nicht doch irgendwann irgendwo bei Cunningham gesehen hatte. Vielleicht habe ich es sogar, ohne es zu merken. Wer weiß. Und wenn Fergusson mich aus dem Weg geschafft hätte, hätten Sie mit Sicherheit gewusst, dass er hier ist. Vielleicht hätten Sie ihn sogar in flagranti ertappt. War das Ihr Plan, Herr Graf? Sollte ich das Opfer sein, damit Sie Gewissheit haben? Was um alles in der Welt macht Fergusson für Sie so wichtig?«

»Was reden Sie da für einen Unsinn! Ich wusste bis eben nicht, dass er hier ist. Falls er überhaupt hier ist! Vielleicht spielt Ihnen Ihre Phantasie einen Streich. Was damals geschah, ist vorbei, Sötje. Es macht keinen Sinn, weiter darüber zu spekulieren, welch höhere Absicht hinter dem Untergang Ihres Schiffes stand. Es gibt keine!«

Hauke kam einen Schritt vor. »Bitte beleidigen Sie nicht meine Intelligenz!« Wütend musterte er den Grafen.

»Himmel!«, fuhr von Lahn auf. »Sie wollen sich schon seit Wochen selbst töten, Sötje. Wenn Fergusson Sie erschossen hätte, wäre es wenigstens für einen guten Zweck gewesen.«

Nur noch der Stuhl trennte die Männer voneinander.

»Ich nehme an, Sie kennen den Mann auch nicht. Ist es nicht so, dass Sie wissen wollen, wer Fergusson ist?«, fragte Hauke leise. »Schließlich ist er für den Untergang der ›Revenge‹ verantwortlich. Es stellt sich nur die Frage nach dem Warum.«

Der Graf hob die Hand und schlug sie auf die Lehne vor sich. »Natürlich will ich wissen, warum all das passierte! Und wenn Fergusson unser Mann ist, dann will ich ihn haben. So wie Sie.« Er beugte sich zu Hauke. »Sie sind ihm auf der Spur?« Hauke schwieg. »Was werden Sie mit ihm tun, wenn Sie ihn gefunden haben, Sötje?«

»Wissen Sie, lieber Herr Graf, etwas sagt mir, dass der Name Fergusson Ihnen mehr sagt, als Sie mir mitteilen wollen. Wer ist der Mann?«

Von Lahn zögerte. »Das geht weit über Ihr Verständnis, Sötje.«

Hauke lachte auf. »Herr Graf, bedenken Sie, was ich schon alles weiß, ohne dass Sie mir etwas gesagt haben. Was für ein Agent des Kaisers sind Sie, wenn es Ihnen nicht möglich ist, Geheimnisse geheim zu halten? Wie lange, glauben Sie, wird es noch dauern, bis ich die ganze Wahrheit kenne?«

»Und was gedenken Sie mit dieser Wahrheit zu tun, Sötje?«

Hauke nahm einen Zug aus seiner Pfeife und schwieg.

Von Lahn rang mit sich, das war offensichtlich. »Es stimmt, Sötje, Sie haben tatsächlich einen kleinen Blick hinter die Kulissen werfen können. Um zu verhindern, dass Sie die falschen Schlüsse ziehen, bin ich bereit, mehr zu sagen. Wir glauben, dass der Mann für die Briten arbeitet.«

»Die Briten?«

»Ja. Seit einiger Zeit setzt sich der britische Premierminister für die Schaffung einer Anti-Spionage-Einheit ein. Es ist die Rede von einem Geheimdienst, der im In- und Ausland, nun, sagen wir, die Interessen der Briten vertritt. Mit allen Mitteln. Unser Kaiser ist beunruhigt.«

Hauke sah den Grafen aus schmalen Augen an.

»Verdammt, Hauke! Verstehen Sie doch! Die Briten wollen unsere Flotte nicht. Fergusson ist hier, um sie zu verhindern.«

Der Graf kam um den Stuhl herum und stellte sich vor Hauke auf. »Finden Sie den Mann, bevor ein Unglück geschieht.«

»Aber Herr von Lahn, das ist bereits geschehen«, sagte Hauke und dachte an seine toten Männer, an Struwe und an die Stadt. Vor allem aber dachte er an Sophie. Er wollte sie sofort aufsuchen. Da fiel sein Blick auf die Fahrkarte auf seinem Tisch.

Bevor er zu Sophie ging, musste er noch eine wichtige Sache prüfen.

KAPITEL 23

Hamburg. In der Nacht vom 17. zum 18. d. M. wurde vor dem Hause Eiskuhle Nr. 12 ein Glückstädter Seemann in sinnlos betrunkenem Zustande und anscheinend beraubt aufgefunden und nach dem Kurhause geschafft. Die polizeilichen Ermittlungen haben inzwischen festgestellt: Der Seemann wurde an dem betreffenden Abend durch ein Dienstmädchen und ein Ehepaar in die Wohnung eines Händlers gelockt, dort betrunken gemacht und seiner Barschaft im Betrage von ca. 340 M beraubt.

Original: Glückstädter Fortuna, Januar 1894

»Was wollen Sie schon wieder hier?« Verärgert blickte Reviervorsteher Rübcke zur offenen Tür, in der Hauke plötzlich aufgetaucht war.

Rübcke stand hinter seinem Pult und prüfte gerade die Eintragungen des jungen Polizeianwärters an seiner Seite, die selbiger soeben in das Amtsbuch der Stadt getätigt hatte.

»Wer soll das lesen können, Hagemann?« Rübcke wies mit dem Finger auf eine Zeile. »Hat man dir das ordentliche Schreiben in der Schule nicht beigebracht?«

Der junge Mann wischte sich die schwitzenden Hände an den Beinen seiner Uniformhose ab und blickte verzweifelt auf die Spalten des Buches. »Doch, Herr Reviervorsteher«, stammelte Hagemann.

Unwirsch nahm Rübcke ihm die Feder aus der Hand und schob den Mann zur Seite. Dann trug er langsam und bedächtig etwas ein. »So macht man das, Hagemann.« Er gab ihm den Federhalter zurück und ging kopfschüttelnd zum Archivschrank, wo diverse Fächer und Kästen, ordentlich beschriftet, alle für den Polizeidienst notwendigen Formulare enthielten.

Hauke rührte sich nicht.

»Was wollen Sie, Sötje? Sie stehlen mir meine Zeit!« Rübcke fingerte in den Schrankfächern herum, schien etwas zu suchen.

»Warum war Sekretär Bohl hier, zwei Tage vor seinem Tod?«

Rübcke rollte mit den Augen. »Das kann er uns nicht mehr sagen. August Bohl ist tot.«

Hauke trat an die Absperrung. »Darum geht es nicht, Herr Reviervorsteher. Als wir kürzlich bei Dr. Halling waren, sagten Sie, Sekretär Bohl wollte Anzeige erstatten, hätte aber plötzlich die Station verlassen. Ich will wissen, warum er fortlief. Was war passiert?«

»Sötje! Was denken Sie, tue ich hier den ganzen Tag? Ich habe einen Hühnerdiebstahl zu klären, einen versoffenen Ehemann seiner Frau zurückzubringen, die zahlungssäumigen Verwandten eines toten Landstreichers zu finden und Eingaben zu bearbeiten …«

»Sie haben die Sozialisten vergessen«, meinte Hauke trocken und bemerkte, wie Hagemann erschrocken zu seinem Vorgesetzten hinübersah.

»Wachtmeister Hagemann, antworten Sie auf die Frage des Herrn. Schließlich waren Sie im Dienst und haben den Bohl gesprochen.«

Wachtmeister Hagemann nahm Haltung an und räusperte sich. »Also, ähm, es war der Tag, an dem es auf dem Rethöveldeich zu der nicht genehmigten Zusammenrottung …« Er stockte.

Ungeduldig wedelte Rübcke mit der Hand. »Weiter, Mann!«

»Ja, also, Sekretär Bohl kam in die Amtsstube und wollte den Herrn Reviervorsteher sprechen.«

»Ich hatte keine Zeit«, unterbrach Rübcke ihn erneut. »Ich musste …«

»… eine sozialistische Zusammenrottung auf dem Rethövel auflösen, ich hörte davon«, fiel Hauke ihm ins Wort.

Wütend starrte der Reviervorsteher Hauke an.

»Weiter, Hagemann! Oder sollen wir hier die ganze Nacht stehen?«, schrie Rübcke.

»Ja, ich meine, nein«, stotterte der Wachtmeister. »Also, er wollte unbedingt den Herrn Reviervorsteher sprechen.«

»Das sagten Sie bereits!«, schnauzte dieser.

»Ja, aber der hatte ja keine Zeit.«

Rübcke rollte mit den Augen.

»Und dann?«, fragte Hauke.

»Aber Sekretär Bohl überlegte es sich anders. Als ich gerade seinen Namen ordnungsgemäß festhalten wollte und nach seinem Anliegen fragte, guckte er so komisch. Und dann rannte er einfach auf die Straße raus. Ohne ein Wort. Dabei hatte ich schon seinen Namen auf dem Formular eingetragen.«

Hauke überlegte. »Hatte jemand etwas gesagt oder getan, das Bohl zur Flucht veranlasst haben könnte?«

Der junge Mann schüttelte den Kopf. »Nein.«

»Wer war noch in der Amtsstube?«

Fragend sah Hagemann Rübcke an. Dieser antwortete für ihn, während er das Buch auf dem Pult zusammenklappte und es hochhielt. »Bauer Bolten war da. Ihm waren vier Hühner gestohlen worden. Fräulein Stahmer wollte Anzeige erstatten, weil ihre Nachbarin die Wäsche mal wieder im Fleth wusch. Und die Frau vom Schuster Henning suchte schon wieder ihren versoffenen Mann.« Er klopfte auf den Einband mit dem preußischen Wappen. »Steht alles hier drinnen.« Er warf Hagemann einen bösen Blick zu. »Und der Wachtmeister hat sich der unsachgemäßen Verwendung von Staatseigentum schuldig gemacht.« Rübcke knallte das Buch auf die Ablage eines Regals und ging zu einem Schrank hinüber. Bedächtig zog er zwei Blätter aus einem Fach und legte sie mit spitzen Fingern auf das Pult vor dem Uniformierten.

Hagemann lief rot an und gestand, er habe an dem Tag zwei Formulare verwechselt. »Es war aber auch wirklich sehr viel zu tun an dem Tag. Und der Herr Reviervorsteher war ja drüben am Deich.«

»Ruhe!«, raunzte Rübcke den Mann an. »Hier!« Er tippte auf das rechte Formular. »Anmeldeanweisung!« Jetzt zeigte er auf das linke. »Ummeldeanweisung, Hagemann! Haben Sie das verstanden?«

Der junge Mann schlug die Hacken zusammen und salutierte. »Jawohl, Herr Reviervorsteher.«

»Will es hoffen«, brummte Rübcke. »Bestellen Sie jetzt Herrn Sülau hierher. Er muss nochmals unterschreiben.«

Wieder schlug Hagemann die Hacken zusammen. Gerade wollte er aus dem Revier eilen, als Hauke sich ihm in den Weg stellte.

»Max Sülau war an dem Tag hier?«, fragte Hauke.

»Jawohl. Und weil ich ein falsches Formular ausgefüllt habe, den An- und nicht den Ummeldungsvordruck, muss ich ihn jetzt herbeischaffen. Der Herr kommt ja auch Emden. Das geht nicht ohne Ummeldung. Muss ja alles seine Ordnung haben.«

»Ummelden?«, wiederholte Hauke.

»Ja, Himmel noch einmal«, wetterte Rübcke. »Was ist daran so besonders?«

Hauke begriff endlich. »August Bohl war hier, als Max Sülau sich gerade ummelden wollte?«

»Ja, das habe ich doch gerade gesagt.«

»Und dann lief August Bohl plötzlich hinaus.«

»Was soll das mit dem Sülau? Er wohnte seit Anfang Dezember im Hotel Deutschland. Jetzt aber zur Untermiete bei Kapitän Haak.«

»Am Rethövel? Im Gebäude der Gesellschaft?«

Rübcke sah ihn erstaunt an. »Ja, warum?«

Hauke schluckte trocken. »Bohl hatte vor jemandem Angst. Kurz vor seinem Tod hatte er sich eine Fahrkarte nach Berlin gekauft. Erster Klasse.«

»Bei dem Gehalt?«, staunte Hagemann.

»Witwe Bruns erzählte mir, dass Sekretär Bohl einen geheimnisvollen Besucher gehabt hätte«, fuhr Hauke fort. »Jemanden, den Bohl zu erpressen versuchte. Wir sollten Witwe Bruns Herrn Sülau vorstellen. Ich habe den Verdacht, dass er dieser Besucher war.«

Rübcke sah Hauke mit großen Augen an.

Da fiel Hauke noch etwas ein. »Der Brief, Herr Reviervorsteher. Bitte zeigen Sie ihn mir.«

»Welcher Brief?«

»Der anonyme, der mich beschuldigt, Bohl getötet zu haben.

Als Sie mich damals verhafteten, sprachen Sie davon. Zeigen Sie ihn mir.«

Rübcke brummte. »Ich nehme so etwas nicht ernst.«

Hauke nickte bitter. »Das habe ich gemerkt. Zeigen Sie ihn mir trotzdem.«

Zögernd ging Rübcke in sein Büro und kam kurz darauf mit einem kleinen Umschlag in der Hand zurück. Hauke genügte ein kurzer Blick auf die Schrift. Plötzlich ergab alles einen Sinn.

»Was ist mit dem Brief?«, wollte Rübcke wissen, aber Hauke war bereits hinausgeeilt.

Der Marktplatz vor dem Polizeirevier war voller Menschen, die den Stapellauf des neuen Loggers miterleben wollten. Die Stadt war in Festtagslaune. Hunderte von Leuten hatten sich bereits vor dem Rathaus versammelt, wo der Musikkorps aufspielte. Er würde gleich den Umzug zum Hafen anführen. Mit wehender Jacke eilte Hauke durch die Menschenmenge, hin zum Fleth und dann Richtung Hafen.

Festlich geschmückt lag der neue Logger der Gehlsenwerft auf der Helling. Fähnchen und Wimpel hingen an der Reling, überall auf dem Werftgelände flatterten Fahnen im Wind. Sogar die Flügel der Thodeschen Mühle nebenan hatte man in der Position »Freudenschere« arretiert und geschmückt. Schon von Weitem sollten die Leute sehen, dass es heute in der Stadt etwas zu feiern gab. Die Tochter des Werftbesitzers Gehlsen sollte bald den Schiffsbau SG 1 auf den Namen »Tümmler« taufen, und die Glückstädter würden dazu jubeln.

Noch war es am Binnenhafen ruhig. Um seinen Weg zur Heringsfischerei abzukürzen, rannte Hauke quer über das Werftgelände.

Etwas weiter vom Logger entfernt, dort, wo der Untergrund nicht allzu rutschig war, hatte man eine kleine Bühne errichtet, auf der ein Rednerpult stand. Die Männer des Gesangvereins »Lied hoch« standen bereits in drei halbrunden Reihen dahinter. Musikdirektor Kruse hob seinen Stock und gab den Einsatz zur letzten Generalprobe.

»Es braust ein Ruf wie Donnerhall, wie Schwertgeklirr und Wogenprall …«, erklang es über das Werftgelände, als Hauke gerade an den Sängern vorbeilief. In seinem Kopf überschlugen sich die Gedanken, die in Rübckes Amtsstube wie eine Flut über ihn hereingebrochen waren.

Dass Sülau in der Wohnung Kapitän Haaks zur Untermiete wohnte, ergab Sinn. Es würde Hauke nicht wundern, wenn just das Fenster, an dem er Sekretär Bohl hatte Zigarre rauchen sehen, zu Max Sülaus Zimmer gehörte. Was hatte Bohl damals noch gesagt? *Das wird nicht billig, mein Lieber.*

Dazu passte, was Witwe Bruns und Sophie ihm erzählt hatten, nämlich dass ein Fremder von Bohl erpresst wurde. War es Max Sülau?

Hauke schlug mit der Faust gegen eine kleine Tür an der Seite des Gebäudes. Nach einer Weile wurde geöffnet, und Kapitän Haak stand in schmucker Ausgehuniform vor ihm. »Was soll der Lärm?«

»Wohnt Max Sülau bei Ihnen?«

Ärgerlich blickte der Mann ihn an. »Ja. Was hat Sie das zu interessieren?« Kapitän Haak knöpfte seine blaue Jacke zu, deren Knöpfe glänzten. »Ich habe keine Zeit, Sötje. Muss zum Stapellauf. Wie ich sehe, gehen Sie nicht.« Ein abschätziger Blick streifte Hauke.

»Ist er in seinem Zimmer?« Hauke drängte sich an ihm vorbei und nahm die Stufen der schmalen Treppe nach oben.

»Nein, verdammt! Ist er nicht«, rief Haak.

Hauke hörte ihn hinter sich die Stufen hinaufrennen.

Am oberen Absatz, direkt vor einer Tür, hatte Kapitän Haak ihn eingeholt und hielt ihn an der Jacke fest. »Was soll das, Mann? Sind Sie verrückt? Gehen Sie!«

Hauke riss sich aus seinem Griff los. Plötzlich wurde ihm klar, dass er besser mit Rübcke hierhergekommen wäre oder doch wenigstens von Lahn an seiner Seite gehabt hätte.

»Ich will ein Unglück verhindern!«, rief er.

»Sie?« Haak lachte trocken. »Sie, Sötje, wollen uns zum Scheitern bringen! Das war mir klar, als ich Sie das erste Mal sah.« Er nahm Haukes Arm und versuchte, ihn die Treppe hinunterzuzerren.

Hauke entriss sich erneut. »Hören Sie, Kapitän. Sie haben eine faule Kartoffel an Bord. Wenn Sie die nicht finden, ist es aus mit der Gesellschaft.«

Haak funkelte ihn an. »Die faule Kartoffel steht vor mir! Erst seit Sie hier sind, gibt es Probleme. Struwe, das Feuer, Bohl, Berlin! Alles erst, seit Sie hier im Hafen aufgetaucht sind.« Er atmete heftig, seine Muskeln spannten sich, die Adern an seinem Hals pochten, und Hauke wusste, dass er gleich zuschlagen würde.

»Gut«, sagte Hauke in scheinbar versöhnlichem Ton. »Ich gehe wieder. Entschuldigen Sie die Störung. Es war ungehörig von mir.« Er trat eine Stufe hinunter. Kapitän Haak musste vorgehen, wollte er nicht auf der schmalen Treppe hinuntergestoßen werden. Zögerlich drehte sich der Mann um.

Diesen Umstand nutzte Hauke. Blitzschnell machte er kehrt, rannte zurück, stieß die Wohnungstür auf und schlüpfte in den Flur von Haaks Dienstwohnung. Dann schlug er die Tür hinter sich zu. Hastig schob Hauke den stabilen Riegel von innen vor. Jetzt stand er in einem Gang, der nur von einer Petroleumlampe erhellt wurde, die auf einer schmalen Anrichte stand.

»Machen Sie sofort auf!«, hörte Hauke den Kapitän draußen brüllen.

Rechts von Hauke ging es in eine bescheidene Küche. Ein halb leerer Teller und ein Krug Bier standen auf dem Tisch.

»Ich bringe Sie um!«, schrie Haak, während er wieder und wieder gegen die Wohnungstür hämmerte.

Mit wenigen Schritten erreichte Hauke ein Zimmer am Ende des Flurs und stolperte hinein. Der Raum war dunkel. Es roch nach Zigarren. Hauke stockte. Was hatte er nur erwartet?

In diesem Moment gab der Riegel der Haustür nach. Sie flog auf, und Kapitän Haak stürzte in seine Wohnung.

Hauke stand jetzt in dem dunklen Zimmer. Er sah Haak mit wutverzerrtem Gesicht über den Flur auf sich zurennen. Geschickt wich er dem ersten Faustschlag des Kapitäns aus.

»Hören Sie!«, rief Hauke. Haak holte erneut aus.

Ohne Probleme konnte Hauke den Schlag abwehren und verpasste seinem Gegner einen leichten Kinnhaken. Der Mann taumelte zurück. »Verdammt, Haak, seien Sie vernünftig!«

Doch Haak rappelte sich wieder auf und ging erneut zum Angriff über. Hauke wollte ihm nach hinten ausweichen, aber dort war ein Schrank. Die Rechte traf Hauke im Magen. Keuchend sackte er zusammen. Er fiel nach vorn. Sein Kopf schlug gegen etwas Hartes. Hauke wurde schwindelig. Dennoch versuchte er, wieder auf die Beine zu kommen. Einige Sekunden vergingen, ohne einen weiteren Schlag. Nur Haaks Fluchen war zu hören.

Hauke sah, wie der Kapitän auf den Flur hinausging, um die Petroleumlampe zu holen. Er stellte sie auf einen Waschtisch in der Ecke. Hauke versuchte, sich vom Boden hochzustemmen. Er stützte sich auf einem Nachtschrank ab. Blut lief seine Stirn entlang, und sein Schädel dröhnte erbarmungslos.

Dank der Lampe konnte Hauke den Raum jetzt besser sehen. Gegenüber dem Bett stand ein voluminöser Eichenschrank, der das Zimmer dominierte. Neben dem Nachtschrank befanden sich ein runder Tisch und zwei Sessel.

»Ich bringe Sie vor den Kadi!«, schrie Kapitän Haak. »Ach was! Ich bringe Sie in die Irrenanstalt! Da gehören Sie hin!«

Hauke suchte in seiner Hosentasche nach einem Taschentuch, um es gegen seine blutende Stirn zu pressen. »Ich glaube, Sülau ist Ihre faule Kartoffel«, murmelte er und setzte sich vorsichtig auf das Bett.

»Gespenster! Nichts als Gespenster!«, rief Haak. »Der Mann hilft uns, wo er nur kann.«

Hauke sah ihn an. »Sekretär Bohl hat Sülau kurz vor seinem Tod besucht.«

»Ja und? Was ist daran so bemerkenswert?«, wollte Haak wissen. »Es gab sicherlich genügend zu besprechen, was die Gesellschaft betraf.«

Auf dem runden Tisch am Fenster stand ein silberner Aschenbecher mit einer halb aufgerauchten Zigarre darin. Die Asche glühte noch. Deutlich sah Hauke die Initialen von Loeser & Wolff. In goldenen Lettern war darauf eine verschnörkelte

Acht abgebildet, genau wie bei der, die Dr. Halling in August Bohls Taschen gefunden hatte.

Hauke grinste schmal. Der letzte Zweifel an Sülaus Verbindung mit Bohls Tod war soeben verflogen.

»Max Sülau hat Sekretär Bohl getötet. Er hat außerdem Hermann Struwe erpresst. Aber Sülau ist mit seiner Arbeit noch lange nicht fertig. *Er* ist die faule Kartoffel, Haak. Er will die neue Heringsfischerei verhindern. Er ist ein britischer Spion.«

»Sie sind von Sinnen!«, rief Haak. »Max Sülau hat beste Referenzen. Emden hat ihn für Glückstadt abgestellt. Ein Mann der ersten Stunde.«

»Nein, Struwe hat ihn eingeschleust. Öffnen Sie Sülaus Schrank, Kapitän Haak!« Leicht schwankend stand Hauke auf. Die Wunde an seiner Stirn hatte fast aufgehört zu bluten, aber ihm war übel. Er unterdrückte ein Würgen. »Sie sind sein Vermieter. Wenn Sülau für all das verantwortlich ist, werden auch Sie vor Gericht Rede und Antwort stehen müssen.«

Haak zögerte. »Ich tue das nur, um Sie loszuwerden, Mann. Sülau ist über jeden Verdacht erhaben. Sobald er von den Feierlichkeiten zurückkommt, werden Sie sich für Ihre Frechheiten rechtfertigen müssen, Sötje.« Dann öffnete er den Schrank.

Er war leer. Haak drehte sich mit einem fragenden Blick zu Hauke um.

»Sehen Sie unterm Bett nach, Kapitän.«

Einen Moment später stand Haak mit einem Koffer vor Hauke. Er hievte ihn auf die Matratze. Der Deckel wurde nur von zwei spärlichen Schlössern gehalten.

»Öffnen Sie, Haak.«

Widerstrebend öffnete Kapitän Haak den Koffer seines Untermieters. Er war gefüllt mit Kleidungsstücken. »Unser Freund wollte wohl seine Tätigkeit beenden, ohne Ihnen Auf Wiedersehen zu sagen«, kommentierte Hauke den Inhalt.

»Das ist unmöglich. Warum sollte er sich klammheimlich davonmachen?«

»Bitte, Kapitän, untersuchen Sie den Koffer«, forderte Hauke den Mann neben sich auf. Ein Anzug lag ordentlich gefaltet zuoberst, es folgten Hemden, Binder und Unterwäsche, Socken und Sockenhalter.

Dann war der Koffer leer.

»Sehen Sie, Sie Irrer!« Haak blickte Hauke wütend an. »Da ist nichts Verdächtiges! Gar nichts!«

»Und warum wollte Sülau heimlich verschwinden?«

Fragend starrte Haak den Haufen Kleidung an. »Vielleicht hat die Fischerei in Emden telegrafiert und er hatte nur noch keine Gelegenheit gehabt, die Herren vom Vorstand davon zu unterrichten.«

Hauke hob den jetzt leeren Koffer hoch, wog ihn in der Hand. Dann lächelte er. Schnell hatte er den Mechanismus für den doppelten Boden gefunden.

Ein leises Klicken. Dann nahm Hauke vorsichtig die dünne Bodenplatte heraus. Vor ihnen lag ein Revolver samt Munition. In einem Umschlag fanden sie mehrere Personalpapiere, ausgestellt auf unterschiedliche Namen sowie Währungen verschiedener Länder. Eine Zahlungsanweisung auf den Namen August Bohl über zweitausend Reichsmark von einer Exportfirma in Berlin lag ebenfalls darin. Dieses Schweigegeld hatte Sekretär Bohl nie erreicht. Hauke entdeckte einen weiteren Umschlag. Deutlich war der Name Sophie-Louise Struwe in eckigen Buchstaben zu lesen, die allesamt nach links zu fallen schienen. Fergussons Handschrift. Hauke hielt Kapitän Haak den Umschlag hin. »Ist das die Schrift von Max Sülau?«

Haak kam näher und musterte das große Kuvert.

»Verdammt! Ist sie das?«, schrie Hauke den Mann an.

Der nickte benommen.

»Wo ist Sülau jetzt?« Hauke hörte das Blut in seinen Ohren rauschen.

»Dort, wo ich auch sein müsste. Auf der Gehlsenwerft beim Stapellauf des ›Tümmlers‹«, brummte Haak.

Hauke spürte, wie sein Hemd am Hals enger wurde. Er kämpfte die aufkommende Übelkeit nieder, die nichts mit seiner Verletzung zu tun hatte. Es waren die Geister der Vergangenheit, die wieder ihr Spiel mit ihm treiben wollten. »Holen Sie Polizeiobersergeant Rübcke her. Und sagen Sie Graf von Lahn, er möge ebenfalls kommen.«

»Ich kann die Männer doch nicht von ihren Pflichten …« Kapitän Haak brach ab, dann nickte er.

Hauke warf ihm einen ungeduldigen Blick zu. »Begreifen Sie endlich, Haak! Der Stapellauf ist Max Sülaus letzte Gelegenheit, die Gesellschaft zu Fall zu bringen.«

Als Kapitän Haak den Raum verlassen hatte, öffnete Hauke den Umschlag mit Sophies Namen darauf. Es war ein etwa zehnseitiges Dossier über sie, geschrieben in Fergussons Schrift.

Die erste Seite enthielt die wichtigsten Daten ihres Lebens. Die folgenden Einträge betrafen ausschließlich Sophies Aufenthalt in London. Offenbar hatte man sie damals beobachtet. Jedes Haus, das sie besucht hatte, jeder gesellschaftliche Kontakt, den sie gepflegt hatte, Konzerte und Museumsbesuche, alles war hier minutiös aufgeführt. Besonders interessant aber schien Hauke das immer wieder auftauchende Kürzel J. B.

Nur widerwillig widmete sich Hauke den nächsten Seiten.

J. B. konnte dieser junge Mann sein, der im Journal von Hermann Struwe erwähnt wurde. Der Mann, der der Vater von Sophies Kind gewesen war. Das Kürzel verschwand plötzlich aus dem Bericht und damit wohl auch aus Sophies Leben. Stattdessen hatte Fergusson »1.000 Pfund für J. B.« notiert.

Wenn es stimmte, was Hauke vermutete, hatte man diesen J. B. für sein folgenschweres Techtelmechtel mit der deutschen Fabrikantentochter bezahlt. Niemals durfte Sophie das erfahren!

Hauke atmete tief ein. Dann stand er auf, ging zum Fenster und öffnete es. Niemals!

Er blickte hinaus. Schwere Wolken hingen über dem Hafen.

Im trüben Wasser lagen still die Schiffe der Fischer und Lastsegler. Sie warteten, dass die Schleusentore geöffnet wurden und sie mit der Ebbe auslaufen konnten. Gleichmütig sah Hauke die Elbe zu seiner Linken dahinfließen.

Unten konnte er die Gaslaterne erkennen, unter der er vor

einiger Zeit gestanden und Sekretär Bohl beobachtet hatte. Ein eisiger Schauer rann über seinen Leib.

Sülau war also nicht Sülau, sondern Fergusson.

Fast alle Teile des Puzzles passten zusammen. Bohl hatte Sülau alias Fergusson bei der Erpressung Hermann Struwes geholfen. Er musste auch das Buch aus Struwes Arbeitszimmer gestohlen haben. Hatte Bohl sterben müssen, weil er zu gierig geworden war? Das versteckte Buch in Bohls Zimmer und die Zahlungsanweisung im Koffer ließen darauf schließen.

Hauke hielt sich an der Wand fest, als der Raum sich zu drehen begann. Durch das offene Fenster waren die ersten Töne von »Preußens Gloria« zu hören. Der Umzug vom Marktplatz würde gleich die Gehlsenwerft erreichen.

Fergusson hatte seinen Auftrag, die Gesellschaft zu verhindern, bisher nicht zur Gänze erfüllt. Wo war er jetzt? Hauke blickte auf den Hafen hinunter. Würde jemand wie Fergusson einfach mit leeren Händen gehen?

Hauke wusste, er musste dringend mit von Lahn reden.

Gerade als er das Fenster schloss, hörte er über seinem Kopf ein dumpfes Geräusch. Ein gleichmäßiges Klopfen drang zu ihm herunter. Hauke blickte hoch und horchte.

Da war es wieder.

***

Die Musikkapelle marschierte am Fleth entlang Richtung Hafen. Hinter ihr gingen in geordneter Reihe der Vorstand der Glückstädter Heringsfischerei Aktiengesellschaft und die Honoratioren der Stadt. Ihnen folgten die Schiffsbauer und Handwerker, gekleidet in bestem Staat. Frauen und Kinder jubelten am Straßenrand den Vorbeimarschierenden zu. Jeder in der Stadt, der etwas auf sich hielt, war auf den Beinen und feierte mit.

Als man nach wenigen Minuten den Hafen erreicht hatte, verteilten sich die Schaulustigen auf dem Werftgelände und auf beiden Seiten des Hafenkopfes. Einige standen sogar auf dem

Balkon der Thodeschen Mühle, andere strömten hinüber zum Rethövel, um vom Deich aus alles im Blick zu haben.

Der hölzerne Schiffskörper lag hübsch geschmückt im Zentrum des Ganzen auf der Helling. Soeben erklommen Bürgermeister Brandes und Gräfin von Lahn die Bühne, wo man einige Stühle unter einem einfachen Baldachin für sie bereitgestellt hatte.

»Ein famoser Blick«, stellte die Gräfin kühl fest und wickelte sich enger in ihren Mantel.

»Ich danke Ihnen, gnädige Frau, dass Sie an unserer kleinen Feier teilnehmen.« Brandes führte sie zu einem Stuhl, auf dem sie Platz nahm.

Geübt charmant lächelte die Gräfin den Bürgermeister an. »Mein Gatte bedauert sehr, dass er gerade heute verhindert ist. Aber die Geschäfte dulden keinen Aufschub. Ich weiß selbst nicht, wo er ist.«

Jetzt betraten Studienrat Detlefsen und Dr. Halling die Bühne. Galant führte der Mediziner die Tochter des Werftbesitzers, Fräulein Gehlsen, an der Hand. Sie würde das Schiff taufen.

Der Himmel bewölkte sich immer mehr, und es war nur noch eine Frage der Zeit, bis aus dem feinen Nieselregen ein ordentlicher Schauer werden würde. Viele hatten Schirme dabei. Die einfachen Glückstädter suchten sich einen Platz, von dem aus sie die Gräfin gut sehen konnten und natürlich das adrett herausgeputzte Fräulein Gehlsen. Man wollte die Rede von Detlefsen hören und danach schnurstracks auf ein Bier bei Mohr verschwinden. Die Stimmung war ausgelassen.

Jetzt bezog auch die Kapelle Stellung zwischen Bühne und Helling, und der Dirigent hob den Taktstock. Die Leute unterbrachen ihre Gespräche, als die Trompete die ersten Töne des »Fehrbelliner Reitermarsches« über den Binnenhafen warf. So mancher stimmte leise ein: »Wir wollen unser'n alten Kaiser Wilhelm wiederhaben …« Der Großvater ihres jetzigen Kaisers war noch immer nicht vergessen.

Hinnerk trug seinen besten Anzug, dazu einen frisch gebürsteten Hut auf dem Kopf. Neben ihm stand seine Agnes und kontrollierte ein weiteres Mal die sauberen Hände ihrer acht

Kinder. Die Böschung des Deiches auf der Rethövelseite des Hafens ließ für alle einen guten Blick auf die Bühne zu. Und dennoch jammerte Klein Anna, die keine drei Jahre alt war. Sie zupfte Hinnerk am Hosenbein und schaute ihn mit großen Augen an. Da hob Hinnerk sie auf seine breiten Schultern, damit das Kind auch etwas sehen konnte.

Seine Frau Agnes prüfte indes, ob bei ihrem Mann das blaue Halstuch anständig gebunden war. Dann erst stellte sie sich neben Hinnerk und wartete.

»Vater«, fragte Friedrich, der Älteste, dem bereits ein kleiner Bartflaum im Gesicht wuchs. »Ist es denn nun abgemachte Sache, dass wir auf dem Logger mitfahren?« Stolz nickte er hinüber zu dem Schiffskörper auf der Helling.

»Jo, so Gott will«, sagte Hinnerk, und sein Sohn strahlte. Die beiden hatten bei Jensen abgemustert und warteten nun ungeduldig auf die erste Fahrt mit dem neuen Logger der Heringsfischerei.

Da ertönte die Stimme des Bürgermeisters über den Köpfen der Glückstädter.

***

Langsam stieg Hauke die knarzenden Stufen zum Dachboden hoch. Die hölzerne Tür am Ende der Treppe stand halb offen. Als er sie aufstieß, quietschte sie in ihren Angeln. Er horchte. Irgendwo im Halbdunkel glaubte er, ein gleichmäßiges Klopfen zu hören. Vorsichtig trat er in den niedrigen Raum.

Durch einige kleine Fenster fiel spärliches Licht. Hauke stieß mit dem Kopf gegen einen der Deckenbalken. Lange würde er hier nicht bleiben können. Schon jetzt spürte er, wie sich seine Kehle zusammenzog.

Man hatte den Dachboden in einzelne Verschläge geteilt, die durch dünne Bretterwände voneinander getrennt waren. An die Tür eines jeden Raumes hatte jemand mit Kreide den Namen des Schiffes geschrieben, dessen Geräte hier lagerten.

Zögernd öffnete Hauke die erste der Türen, auf der der Name

»Tümmler« stand. Neue Netze lagen ordentlich in der einen Ecke, daneben stapelten sich Taurollen. Segel und Behelfsanker lagen neben einem Regal zu Haukes Rechten. Darauf konnte er Klampen, Windenkurbeln, einige eiserne Ketten, Bootshaken und Belegnägel erkennen. Man war bestens für die erste Fahrt ausgestattet.

Da hörte Hauke das Klopfen erneut.

Er drehte sich um und ging dem Geräusch nach, weiter hinein in das Dunkel des Speichers.

Vorsichtig öffnete er eine Tür mit dem Namen »Hering« darauf.

Es war ein offenes Fenster, das die Geräusche machte: Es schwang auf und zu und stieß dabei gegen den Rahmen.

Erleichtert trat Hauke ein, um das Fenster zu schließen. Bei Regen würde die Ausrüstung nass werden. Kaum hatte er einen Schritt getan, als er aus dem Augenwinkel einen Schatten auf sich zukommen sah. Er fuhr herum. Da traf ihn auch schon der Bootshaken am linken Arm.

Ein entsetzlicher Schmerz raste durch Haukes Körper. Er fiel rücklings auf einen Stapel Taue. Dicht an seinem Kopf sauste der nächste Schlag vorbei. Die gebogene Spitze des Hakens bohrte sich tief in das feste Garn. Der Angreifer zerrte an seiner Waffe, doch er bekam den Haken nicht mehr frei.

Hauke erkannte den Mann. Es war Max Sülau alias William Fergusson.

Unter dem offenen weißen Hemd, dem der anzuknöpfende Kragen fehlte, erkannte Hauke einen trainierten Körper. Wie hatte er sich von dem Mann nur so täuschen lassen können!, überlegte er noch. Sülau war alles andere als schmächtig.

Hauke rollte auf die Füße. Sofort ließ Fergusson den Bootshaken los, als Haukes Faust ihn im Gesicht erwischte. Mit einem unterdrückten Schrei sackte der Mann zu Boden.

Hauke verzog vor Schmerz das Gesicht und hielt seinen blutenden Arm. »Wer hat mich damals niedergeschlagen, Fergusson?«, presste er vor.

Der Mann am Boden stöhnte nur, aber antwortete nicht.

Hauke gab ihm einen Tritt. »Wer, du Hund?«

Fergusson drehte sein Gesicht zu Hauke. Blut lief ihm aus der Nase. Er grinste. »Ihr erster Offizier, Sötje.« Langsam rann das Blut den Hals entlang und verlor sich im Rand seines Hemdes. Er wischte es nicht ab, starrte Hauke nur hämisch an. Ohne den Blick von ihm zu lassen, erhob er sich vom Boden.

Schweigend standen sich die beiden Männer voller Hass gegenüber, dann stürzte Fergusson plötzlich auf Hauke zu. Mit voller Wucht krachte er gegen ihn und rammte ihn gegen ein Regal, das hinter Hauke stand. Es gab nach und stürzte gemeinsam mit den Männern durch die Bretterwand in die nächste Dachkammer hinein.

Sie rangen am Boden, der mit Schiffsausrüstung übersät war. Fergusson griff nach einem hölzernen Belegnagel, der neben Haukes Kopf gerollt war. Er holte aus.

Hauke versuchte auszuweichen, aber der Knüppel traf ihn am Ohr. Für einen Moment verschwamm alles um ihn herum.

Fergusson sprang auf. Er rammte Hauke das Holz in die Seite. Hauke stöhnte. Jetzt ließ er sich auf Haukes Brust fallen und drückte den Belegnagel gegen dessen Kehle. »Die Sache ist zu groß für Sie, Sötje«, keuchte er. Sein Gesicht näherte sich. Hauke starrte ihm in die kleinen Augen. Sein Atem roch schal. Das Blut seines Angreifers tropfte auf Haukes Gesicht.

Hauke rang nach Luft. Seine Hände versuchten, das Holzstück fortzudrücken, aber vergeblich.

»Warum leben Sie noch, Sötje?«, flüsterte Fergusson dicht an seinem Ohr. »Sie hätten wie alle anderen untergehen müssen.«

Die Luft wurde knapp, Haukes Kehlkopf schmerzte, Panik drohte ihn zu überwältigen, während seine Hand auf dem Boden umhertastete. Seine Finger fanden etwas Kaltes, Metallisches. Ohne zu wissen, was er ergriffen hatte, riss Hauke den Arm hoch und schlug hart gegen Fergussons Rücken.

Sofort ließ der Druck auf seine Kehle nach. Fergusson bäumte sich auf und fiel zur Seite.

Japsend sog Hauke Luft in seine Lunge. »Ich bin es leid, dass mich jeder tot sehen will, Fergusson!«, krächzte er und sah auf seine Hand, die eine eiserne Windenkurbel umklammerte. Er stemmte sich hoch.

Auch Fergusson versuchte aufzustehen, doch Hauke beförderte ihn mit einem Fußtritt wieder auf den Boden zurück. Er hob die Kurbel in die Höhe, soweit es ihm möglich war, um sie wenn nötig auf Fergussons Kopf niedersausen zu lassen. »Also, warum mussten meine Männer sterben?«

Das Blut lief Fergusson noch immer über das Gesicht. »Weil ihr Deutschen zu neugierig seid«, sagte er hustend.

Verständnislos blickte Hauke auf ihn hinab.

»Die Pläne«, stieß Fergusson hervor und versuchte ein Lachen.

Noch immer verstand Hauke nicht.

»Verdammt, die Pläne der ›Dreadnought‹.«

Hauke hatte den Begriff noch nie gehört.

»Unser neues Kriegsschiff.« Fergusson hustete erneut. »Euer Kaiser ist größenwahnsinnig. Will es uns gleichtun!« Er blickte zu Hauke auf, der sich nach wie vor nicht erklären konnte, wovon Fergusson sprach. »Sie wissen nichts davon?« Fergusson lachte auf. Haukes Unwissenheit schien ihn tatsächlich zu amüsieren.

Da ließ Hauke die Kurbel dicht am Kopf des Spions vorbeisausen. »Weiter!«

Fergusson schreckte zusammen. »Einer von euch Deutschen hat die Zeichnungen an Bord der ›Revenge‹ geschmuggelt.« Er presste seine Hand auf den schmerzenden Rücken. »Darum solltet ihr mit Mann und Maus absaufen. Euer Wilhelm durfte die Pläne nicht bekommen!«

»Meine Männer starben für ein paar Zeichnungen?«, flüsterte Hauke. Ihm wurde schwarz vor Augen. Der Verschlag begann sich zu drehen. »Ich sollte nach Helgoland fahren, damit man mich im Kanal abfangen konnte«, stellte Hauke leise fest. Die Kurbel in seiner Hand sank kraftlos hinunter.

»Endlich begreifen Sie. Wir warteten dort auf euch mit einem Kutter voll Dynamit. Peng!« Fergusson lachte wieder.

Hauke spürte, wie seine Beine weich wurden. Er stützte sich

irgendwo ab, fühlte, wie er zu Boden sank. Die Enge in seiner Brust wurde unerträglich. Schon kamen die Wände näher.

Das war der Moment, auf den Fergusson gewartet hatte. Er sprang auf.

Hauke lag auf dem rauen Bretterboden. Er fühlte, wie alles um ihn herum in Dumpfheit zu versinken drohte. Die Ohnmacht, die er bei seinen Anfällen sonst als erlösend empfand, schreckte ihn jetzt zu Tode.

Fergusson blickte auf ihn hinunter. Dann nahm er das Ende eines herumliegenden Stricks und legte es um Haukes Hals. Kraftlos versuchte Hauke noch, seine Hand zwischen Tau und seine Kehle zu schieben.

»Es hat nichts mit Ihnen persönlich zu tun, Sötje. Ich mache nur meine Arbeit.« Bedächtig zog Fergusson den Strick enger. »Bohl war übrigens auch Gast hier oben.« Interessiert betrachtete er Hauke, der so gar keine Anstalten zur Gegenwehr machte. »Die Erpressung, der Betrug, der Brand, der Mord, alles war von mir«, gestand er voller Stolz, während er die Schlinge immer enger zog. »Glückstadt in Schutt und Asche! Ja! Das hätte mir gut gefallen.«

Das Bild des Mannes verschwamm vor Haukes Augen, er hörte kaum noch dessen Stimme. Alles drehte sich. Da sah er Sophie vor sich, wie sie ihn anlächelte, und ein allerletzter Funke Leben erwachte in ihm.

Mit aller Kraft, die er noch aufbringen konnte, schlug Hauke in das Gesicht seines Feindes, der sich schon am Ziel wähnte. Ein lautes Knacken war zu hören. Mit einem Schrei fiel Fergusson vornüber. Die Enge um Haukes Hals ließ augenblicklich nach. Hastig zerrte er an dem Seil, während er mit der anderen Hand Fergusson von sich wegschubste. Hauke rollte keuchend auf die Knie, riss das Tau von sich, hustete. Er wollte aufstehen, aber seine Beine trugen ihn nicht mehr.

Ein kurzer Blick auf Fergusson sagte ihm, dass der Mann ohnmächtig geworden war. Mit letzter Anstrengung versuchte Hauke, sich an einem Anker hochzuziehen, als er plötzlich einen Schatten neben sich stehen sah.

»Im Namen des Kaisers! Sie sind verhaftet!«, dröhnte Rübckes Stimme in seinen Ohren. Dankbar schloss Hauke die Augen.

Es dauerte eine Weile, bis er sich erholt hatte. Wachtmeister Hagemann hatte das Dachfenster geöffnet und Hauke geholfen, dorthin zu wanken. Die frische Luft roch nach kühlem Regen. Langsam klärte sich Haukes Kopf, und er fühlte sich besser, obwohl sein Hals entsetzlich schmerzte.

Draußen waren die Feierlichkeiten für den Stapellauf in vollem Gange. Gelegentlich brauste Applaus auf, und Jubelrufe drangen hinauf zum Dachboden. Die Polizisten legten Fergusson Handschellen an und wollten ihn gerade abführen, als Hauke sich umdrehte. »Warum haben Sie mich nicht umgebracht, als sie es konnten, Fergusson?«

»Hab's ja versucht. Erst sollte dieser versoffene Kapitän Jensen Sie in Notwehr erschießen. Dann wollte ich, dass Sie ins Gefängnis wandern, weil Sie doch den Bohl ermordet haben.« Er lachte.

Rübcke baute sich vor Fergusson auf. »Sie haben also den anonymen Brief geschrieben!«

»Ja, natürlich.«

»Und der verschwundene Kapitän des Loggers?«

»Fischfutter.«

Hauke schloss die Augen. »Sie sind ein Spion und Mörder, Fergusson. Man wird Sie vor ein Militärgericht stellen und dann erschießen. Und das alles für nichts.« Er wies hinaus zur Gehlsenwerft. »Die Logger werden fahren. Alles, was Sie taten, war umsonst.«

Fergusson grinste.

»Genug jetzt«, entschied Rübcke, und Wachtmeister Hagemann führte den Mann ab.

Da drehte sich Fergusson noch einmal um. »Ich mache keine halben Sachen, Sötje«, zischte er.

Hagemann schob den Gefangenen hinaus.

Als die Männer schon im Treppenhaus waren, hörte Hauke Fergusson rufen: »Wussten Sie eigentlich, dass Ihre kleine Freundin keine Jungfrau mehr ist?« Hauke fuhr herum. »Jeder in London weiß, dass sie ein liederliches Ding ist. Es mit jedem treibt!« Ein irres Lachen war zu hören.

Bevor Rübcke reagieren konnte, war Hauke aus dem Verschlag gestürmt und hinterhergerannt. Wütend stieß er den Polizisten zur Seite und schlug Fergusson seine Faust tief in den Magen. Der Mann krümmte sich und fiel die Stufen bis zum Absatz hinunter. Hauke sprang hinterher und hieb in blinder Wut wieder und wieder auf ihn ein, bis Rübcke und Wachtmeister Hagemann ihn ergriffen.

Sie zerrten ihn hoch. »Sind Sie von Sinnen, Mann?«, schnauzte Rübcke ihn an.

Fergusson keuchte. »Ihr sauberes Fräulein ...«, flüsterte er heiser. »Sie wird genau wie der Rest von euch untergehen!«

Hauke atmete schwer. Er blickte zu Rübcke. »Haben Sie Fräulein Struwe gesehen?«, keuchte er.

»Beim Stapellauf? Nein.«

Fergusson wieherte vor Vergnügen. Hauke wollte sich erneut auf ihn stürzen, doch Rübcke hielt ihn an der Schulter und schüttelte den Kopf. »Der will nur, dass Sie ihn totschlagen, Sötje. Tun Sie ihm den Gefallen nicht. – Ich nehme den Kerl mit auf die Wache. Dann suchen wir Fräulein Struwe.«

»Nein, dann wird es zu spät sein!«, rief Hauke und rannte die Stufen hinunter.

Hauke stürzte aus dem Gebäude hinaus auf den Rethöveldeich, dann jagte er in Richtung Gehlsenwerft. Sein ganzer Körper schmerzte.

Bald schon hatte er die ersten Zuschauer erreicht, die aufmerksam Bürgermeister Brandes lauschten. Brandes stand an einem geschmückten Pult und hielt eine erbauliche Rede. »Dieser Logger ist ein Symbol für die Zukunft unserer Stadt«, rief er in die Menge, und die Menschen applaudierten.

Überall auf dem Deich und an der Böschung standen sie in ihren besten Kleidern, einige hatten ihre schwarzen Schirme gegen den Nieselregen aufgespannt. Hauke konnte Sophie nirgends entdecken.

Unten auf dem Gelände der Werft warteten einige Arbeiter mit schweren Hämmern in der Hand. Sobald Fräulein Gehlsen den Logger auf den Namen »Tümmler« getauft hätte, würden sie die Stapel mit den Holzbohlen fortschlagen. Dann dürfte der fast fünfundzwanzig Meter lange Schiffskörper ins Hafenbecken gleiten, und die Leute würden nach Hause gehen. Oder zu Mohr auf ein Bier.

Fieberhaft raste Haukes Blick über die Köpfe der Menschen hinweg. Applaus brandete auf, und Dr. Detlefsen trat an das Pult. Seine Stimme trug weit in den Hafen hinein. Hauke entdeckte seinen Freund Hinnerk, der an der Böschung stand. Der Fischer trug eines seiner Kinder auf den Schultern, während die anderen der Größe nach neben ihm aufgereiht waren.

Hinnerk! Er musste ihm bei der Suche nach Sophie helfen!

Gerade wollte sich Hauke durch die Menschenmenge zu ihm drängeln, als er den betrunkenen Kapitän Jensen an Deck des hübsch geschmückten Loggers erblickte. Hauke stockte. Was machte der Säufer dort? Leicht schwankend und mit einer brennenden Zigarre in der Hand lief Jensen an der Reling entlang und suchte eine Möglichkeit, von Bord zu kommen.

»Was tut der Kerl da oben?«, fragte eine derbe Marktfrau im Sonntagsstaat ihren Ehemann.

»Das ist der versoffene Jensen«, erklärte der ihr, schien jedoch selbst nicht zu wissen, was der Kapitän der »Alten Möwe« auf dem Logger zu suchen hatte.

Eine andere Frau fiel ein: »Der hat bestimmt seinen Rausch dadrinnen ausgeschlafen!« Sie stemmte ihre Hände in die breiten Hüften. »Ins Gefängnis gehört der Widerling!«

Jetzt hatten auch andere den Mann gesehen, der hektisch an Deck des Loggers auf und ab lief, um hinunterzukommen. Einige derbe Worte fielen, und man lachte Jensen aus. Detlefsen ließ sich unterdes nicht von seiner Rede abbringen und lobte den Fleiß der Arbeiter der Gehlsenwerft und die Treue der Glückstädter zur Gesellschaft. Einige Leute im Publikum murrten leise, aber man wollte sich den Tag nicht verderben.

Mittlerweile hatten zwei Arbeiter eine lange Leiter an die über drei Meter hohe Bordwand gestellt. Umständlich gelang es Jensen, Sprosse für Sprosse hinunterzuklettern.

»Der Sturm der letzten Wochen wird uns als laues Lüftchen in Erinnerung bleiben! Wir gehen nicht unter!«, rief Detlefsen den Glückstädtern entgegen, und die Leute dankten es ihm mit Bravorufen.

In dem Moment fielen Hauke die Worte von Fergusson wieder ein. Sophie würde untergehen, hatte der Mann gesagt. »Genau wie der Rest von euch …«

Er stieß einen Fluch aus.

»Düwel ook! Wie siehst du denn aus?«, hörte er plötzlich Hinnerks Stimme neben sich. Entsetzt blickte Hinnerk seinen Freund von oben bis unten an.

»Komm! Du musst mir helfen!«

Hauke stolperte durch die Menschenmenge und lief die Böschung hinunter. Er achtete nicht darauf, ob Hinnerk ihm folgte.

Unruhe kam auf, als die beiden Männer sich schubsend und stoßend ihren Weg zum Logger bahnten. Zeitgleich kamen Hauke und Hinnerk an der nach frischem Teer riechenden Bordwand des Schiffes an.

»Hauke! Was ist denn los?«

»Ich muss da rauf, Hinnerk.« Hauke zeigte auf die Außenwand des Loggers. Sie war zu hoch, um hochzuklimmen.

Ohne zu fragen, drehte Hinnerk sich um. Er hatte die beiden Arbeiter entdeckt, die gerade die lange Leiter forttrugen, die Jensen benutzt hatte. Mit wenigen Schritten war er bei ihnen. Die Männer aber wollten sie ihm nicht geben. Hinnerk klärte die Sache mit zwei gezielten Fausthieben. Dann eilte er mit der Leiter zurück zum Logger. Schimpfend folgten ihm die Arbeiter.

Dr. Detlefsen, dem der Tumult auf der Werft nicht entgangen war, sprach nun noch lauter auf die unter Schirmen Wartenden hinab.

»Halte mir die Leute vom Leib, Hinnerk!«, rief Hauke, während er die Leiter an die Bordwand stellte. Inzwischen versuchte Hinnerk, den Arbeitern zu erklären, dass alles seine Richtigkeit habe. Es war nur eine Frage der Zeit, bis sie sich für die Schläge revanchieren würden. Schon umrundeten die Männer Hinnerk. Einer wollte Hauke folgen, aber Hinnerk riss ihn wieder von der Leiter herunter. »Lass man gut sein!«, rief Hinnerk, während er den Mann fest am Oberarm packte. »Der arbeitet für die Polizei. Der darf das.«

Oben auf dem Schiff sah Hauke hinüber zum Bug, wo später der größere der beiden Masten stehen würde. Dort befanden sich unter einigen Luken der Niedergang zum Mannschaftsraum sowie die Kammern für Taue und Segel. Direkt vor sich im Mittelschiff sah er die Öffnungen, die in den Schiffsbauch führten, wo der Fang untergebracht wurde. Am Heck lagen die Verschläge für die Netze und der Niedergang zur Kajüte des Kapitäns. Alle Luken waren geschlossen. Was hatte er nur erwartet?

Einer Ahnung folgend, rannte Hauke zur ersten Luke und öffnete sie. Er spähte in die Dunkelheit hinein, rief Sophies Namen und horchte. Gerade wollte er die Luke wieder zufallen lassen, als er meinte, etwas gehört zu haben. »Sophie! Wo bist du?«, rief er, doch die Antwort war kaum zu verstehen.

Er stürzte zur nächsten Luke und riss auch diese auf. Nichts.

Dann hob er die Abdeckung vom Netzraum. Jetzt konnte er ganz deutlich hören, wie jemand im Dunkeln um Hilfe rief. Weit beugte er sich in das Loch hinein.

»Sophie!«, rief er. »Bist du da unten?« Dumpfes Rufen drang zu ihm hoch. Ja, sie war dort irgendwo. Nicht weit entfernt. Er musste nur in das schwarze Loch hineinklettern.

Hauke zögerte.

Kurz überlegte er, ob er Hinnerk heraufholen sollte, da hörte er wieder Sophies gedämpfte Stimme. Es klang, als würde sie weinen.

Er sprang.

Das Licht von oben reichte nicht, um die ganze Kammer einzusehen. Es war sehr eng hier unten. Hauke konnte mit seinen ausgestreckten Armen beide Wände erreichen. Sein Herz begann zu rasen. Die Luft in seiner Lunge wurde knapp.

»Klüver, Binnenklüver, Vor-Stag, Fock …«, murmelte er, während er sich langsam durch die Finsternis tastete. Da stieß sein Fuß an etwas Weiches. Er beugte sich hinab und fühlte den Stoff von Sophies Kleid. Ihr Körper bäumte sich auf. »Ganz ruhig. Ich bin ja da.« Er schloss sie in seine Arme, spürte ihren Herzschlag. Sie wimmerte. »Lass mich helfen.« Seine Hand fuhr ihren Körper entlang, ertastete die Seile, die sie fesselten, streifte ihr Gesicht. Es war nass. Sie weinte.

Mit schmerzendem Arm versuchte Hauke, den Knebel an ihrem Mund zu lösen. Kaum hatte er den Knoten des Tuches geöffnet, spuckte Sophie es aus.

»Dieser Mann ...« Ihre Stimme klang rau. »... er hatte eine Zigarre!«

»Du meinst Jensen. Ja, ich habe ihn gesehen.« Er streichelte ihr Haar und machte sich daran, die Fesseln zu lösen. Man hatte sie an einen Balken gebunden und die Seile so festgezogen, dass Hauke kaum die Finger darunterschieben konnte, um die Knoten zu öffnen. »Er ist fort.«

»Nein, Hauke, nein! Das ganze Schiff ist voll Dynamit! Sie werden es sprengen. All die Menschen. Du musst sie wegbringen!«

Hauke sah sie entsetzt an. »Erst hole ich dich hier raus!«, sagte er.

»Nein! Das dauert zu lange!«, rief sie. »Finde das Dynamit.« Draußen hörten sie tosenden Beifall für Detlefsens Rede. »Geh! Du musst sie warnen!«

Hauke wollte sie nicht allein lassen, versuchte erneut, die Fesseln zu lösen. Sophie schrie ihn an, er solle gehen.

Mit seiner unverletzten Hand zog Hauke sich die Leiter hinauf. An Deck angekommen, überlegte er, wie er die Leute warnen sollte, ohne dass Panik ausbrach? Er taumelte zu den Luken und öffnete eine nach der anderen. Erst als er zum Niedergang für die Mannschaft kam, roch er das Pulver. Er riss die Luke auf und stolperte hinunter. Kaum war er unten, sah er auch schon das weiße Flackern auf dem Boden.

Hauke traute seinen Augen nicht. Im zuckenden Schein der abbrennenden Zündschnüre waren deutlich offene Kisten zu erkennen, die randvoll mit Dynamitstangen gefüllt waren. Es gab überall brennende Lunten, die sich ihren Weg zum Rand einer jeden Kiste bahnten, hinein in eine einzige Stange Dynamit. Wenn diese eine Sprengladung explodierte, würde sie die Ladungen in der jeweiligen Kiste auch zur Explosion bringen. Die Wucht der Detonationen würde den gesamten Hafen in Schutt und Asche legen.

Hauke hörte, wie draußen der Applaus für Detlefsen abebbte. Schon wollte er loseilen, um die Schnüre herauszuziehen, als er merkte, wie der Boden unter seinen Füßen zu wanken begann. Entsetzt stützte er sich gegen die Außenwand. Vor seinen Augen verschwamm der dunkle Raum, Tosen in seinen Ohren. Luft! Er brauchte Luft! Doch der Eisenring um seine Brust wurde immer enger.

Taumelnd stieß er sich von der Wand ab. Dann sackte er zu Boden und presste seine Hände zitternd gegen den Kopf. »Klüver, Binnenklüver, Vor-Stag, Focksegel, Vor-Untermarssegel, Vor-Obermars, Vor-Bram, Vor-Royal ...«

Er warf sich auf die Planken. Dicht vor seinem Gesicht sprühten die Funken einer Lunte. Er griff nach der Schnur und zog sie mit einem Ruck aus der Dynamitstange. Dann rappelte er sich auf und kroch auf allen vieren hin zur nächsten Lunte, während die nackte Lunte neben ihm abbrannte. »Stag, Großsegel, Groß-Untermars, Obermars, Bramstag ...«

Es schien ihm wie Stunden, während er eine nach der anderen Schnur herausriss, immer in der Angst, er könne ohnmächtig werden. Als er endgültig zu Boden sackte, wusste er nicht, ob er es geschafft hatte.

In diesem Moment hörte er Sophie ihn rufen.

Hauke wusste, er musste wieder nach oben. Mit letzter Kraft krabbelte er zur Treppe und zog sich langsam daran hoch. Als er den Kopf aus der Luke steckte, fielen ihm kühle Regentropfen direkt ins Gesicht. Er schloss die Augen und wartete, bis er seine Beine wieder spüren konnte. Dann schleppte er sich an Deck und wankte zum Heck hinüber, als er Hinnerks Kopf hinter der Reling auftauchen sah.

»Verdammt, was ist hier los, Hauke?« Hinnerk sprang an Bord. »Die Leute werden unruhig.«

Matt schüttelte Hauke den Kopf. Er konnte nicht antworten.

Langsam kletterte er hinunter, um Sophie zu befreien. Er kniete sich neben ihr nieder und unternahm einen neuen Versuch, die Fesseln zu lösen. Im schwachen Tageslicht, das von oben auf sie herabfiel, wirkte ihr Gesicht grau und unendlich müde.

Er nahm sie in die Arme. »Es tut mir leid, Liebste«, flüsterte er.

»Zwei! Hauke, es sind zwei!«, hauchte sie entsetzt in sein Ohr.

Hauke verstand sie nicht.

»Jensen!« Sie sprach immer schneller. »Er sagte, dass dies der erste Streich gewesen sei.« Sie schrie auf: »Hauke, da muss noch mehr sein!«

»O Gott! Nein!«, stöhnte er. Dann rief er nach Hinnerk. »Such in den Laderäumen, ob da noch mehr Dynamit ist«, rief er ihm zu, während er ein weiteres Mal die Leiter hinaufkletterte. »Zieh die Schnüre raus!«

Es blieb nur noch eine Luke, die er nicht kontrolliert hatte. Als er hineinblickte, sah er den Schein der brennenden Lunten. »Hier ist es! – Hinnerk, hol Sophie. Bring die Leute weg!«, rief er noch, dann nahm er den Niedergang in die Dunkelheit. Eine einzelne Zündschnur züngelte sich der überdimensionalen Kiste voll mit Dynamitstangen entgegen. Nur noch wenige Zentimeter trennten die Funken von der kleinen Sprengkapsel im Inneren der ersten Stange. Hauke stürzte vor und ergriff die Schnur, als der Boden unter ihm wegrutschte. Ein lautes Knarzen und ein Stöhnen waren zu hören, dann ging ein Ruck durch den Rumpf des Schiffes, und der Logger rutschte unter dem Jubel der Glückstädter ins Wasser.

Hauke fiel rücklings hin und schlug mit dem Kopf gegen die Stufen des Niedergangs. Ein kurzes Feuerwerk leuchtete in seinem Schädel auf. Dann kam er wieder hoch, sah auf die Zündschnur und begriff, dass es zu spät war.

Sie war kaum noch einen Daumen lang.

Trotzdem stieß er sich vom Boden ab und sprang nach vorn. Mit der Hand ergriff er den kleinen Rest Lunte.

Er zog. Doch sie steckte fest, ließ sich nicht herausziehen. Er fluchte, während er die Lunte mit seiner Faust umschloss. Schmerz fraß sich in seine Hand, es roch nach verbranntem Fleisch.

Gebannt starrte er in die Dunkelheit. Er wartete darauf, dass die Funken auf der anderen Seite aus seiner Hand austreten würden. Nichts geschah. Ein letztes Mal zerrte er mit letzter Kraft an der Schnur. Endlich gab sie nach.

Ungläubig starrte Hauke auf den gedrehten Faden in seiner Hand. Dann ließ er sich erschöpft auf den Schiffsboden sinken.

KAPITEL 24

London. Das Parlament ist heute mit einer außerordentlich kurzen Thronrede geschlossen worden. Die Thronrede weist mit Befriedigung auf das neue Gesetz, betr. die Herabsetzung der Arbeitszeit der Eisenbahnbediensteten, hin. Die auswärtigen Angelegenheiten Großbritanniens wurden in der Thronrede entgegen internationaler Erwartungen nicht berührt.

Original: Glückstädter Fortuna, Januar 1894

Es regnete noch immer. Einige Glückstädter hatten den Vorfall auf dem Logger bemerkt und versucht, sich einen Reim auf das hektische Treiben an Bord zu machen. Schon jetzt brodelte die Gerüchteküche der Stadt. Allerdings ließen sich Gerüchte bei einem heißen Teller Suppe besser austauschen als bei Regen am Hafen, und so hockten die Leute bereits bei einem warmen Bier in Mohrs Gasthof oder in der eigenen Küche und spekulierten munter drauflos, während Bürgermeister Brandes und einige Honoratioren sich zu einer Inspektion auf das Schiff begaben, das man mittlerweile am Kai festgemacht hatte.

Nicht weit entfernt, direkt an der jetzt leeren Helling, saß Hauke auf einer der Holzbohlen, die man fortgeschlagen hatte, um das Schiff ins Hafenbecken gleiten zu lassen. Er zuckte kaum merklich, als Dr. Halling seine Wunden untersuchte. »Der Arm scheint gebrochen zu sein«, murmelte Halling und prüfte als Nächstes mit zusammengekniffenen Augen die Wunde an Haukes Kopf.

»Sie gehören ins Bett, Sötje. Oder besser noch: zu mir ins Krankenhaus.« Kurz sah er hoch und blickte Sophie an, die zitternd hinter Hauke stand. »Und Sie, Fräulein, gehen sofort nach Hause.«

Sophie schüttelte den Kopf und rührte sich nicht von der Stelle.

Ungehalten widmete sich der Arzt wieder seinem Patienten und brummte: »Warum fallen Sie nicht wie jede anständige Frau einfach in Ohnmacht, Fräulein Struwe? So etwas machen Frauen doch ständig.«

Die Arme vor der Brust verschränkt, stand Hinnerk neben Sophie und schaute sie besorgt an, als befürchte er, sie könne jeden Moment umkippen. Seine Agnes war noch nie in Ohnmacht gefallen.

Reviervorsteher Rübcke kam in diesem Moment vom Rethövel zu ihnen heruntergeeilt. Er war blass. »Nichts als Ärger mit Ihnen, Sötje«, schnaufte er.

Hauke blickte auf. »Haben Sie Fergusson verhaftet?«

»Wen?«

»Der Mann vom Dachboden heißt nicht Max Sülau, sondern William Fergusson«, erklärte Hauke, während Halling die Prellungen an Haukes Körper abtastete.

Rübcke starrte ihn an. »Der heißt nicht Sülau? Ja und wo soll der Kerl aus Emden denn dann sein?«

»Erinnern Sie sich an Ihren Kollegen aus Krempe, Rübcke? Der sucht doch die Verwandten eines erfrorenen Landstreichers.« Langsam nickte der Reviervorsteher. »Ich denke, es könnte klug sein zu prüfen, ob der Tote aus Krempe der echte Max Sülau ist. Mir scheint, dass der echte Max Sülau niemals Glückstadt erreicht hat.«

Ungläubig starrte Rübcke Hauke an. »Sind Sie irre, Mann? Dazu müssten wir den Kerl in Krempe ja wieder ausbuddeln.«

Hauke grinste schmal. »So ist es. Das nennt man Exhumierung.«

Noch bevor Rübcke etwas hinzufügen konnte, kam ein geschlossener Landauer über den Rethöveldeich Richtung Stadt gefahren. Die Kutsche hielt an, und der Kutscher sprang ab, um die Tür zu öffnen. Graf von Lahn stieg aus.

Plötzlich schrie Sophie: »Da ist er!«

Mit ausgestrecktem Arm wies sie zur Kutsche. Deutlich war

hinter dem Grafen die Gestalt von William Fergusson zu erkennen.

Hauke sprang auf. Ein Schmerz durchfuhr seinen Körper. Er stöhnte leise auf. »Warum wurde dieser Mann da oben nicht verhaftet, Herr Reviervorsteher?«, sagte er.

Rübcke räusperte sich. »Der Gefangene ist in der Obhut des Grafen. Er wird nach Berlin zu weiteren Befragungen expediert.«

Sophie war außer sich. »Er hat mich entführt! Der darf nicht einfach davonkommen! Er muss sich verantworten. Hier, nicht in Berlin!«

Hauke aber begann, das Spiel zu verstehen: Von Lahn hatte mit Fergusson höchstwahrscheinlich eine Vereinbarung zum beiderseitigen Nutzen getroffen. Entweder der Mann arbeitete für den deutschen Kaiser, oder er würde erschossen werden. Hatte von Lahn es nicht schon bei ihrem ersten Treffen in der Stadt gesagt? Wenn die Gesellschaft unterginge, gäbe es andere Möglichkeiten, einen Sieg zu erringen.

Jetzt hatte von Lahn beides, die Heringsfischerei gerettet und einen willigen Spion der Briten in seiner Hand. Für den Grafen musste es ein triumphaler Tag sein. Tatsächlich glaubte Hauke, ihn lächeln zu sehen. Werner von Lahn winkte ihnen zu. Dann stieg er wieder in die Kutsche, die sogleich davonfuhr.

»Wir werden nichts daran ändern können«, sagte Hauke leise zu Sophie. »Es wird auch in Berlin zu keinem Prozess kommen.«

Fassungslos starrte sie zwischen der Kutsche und Hauke hin und her. »Aber, Hauke! Er hat dich fast du Tode geprügelt. Er hätte um Haaresbreite Hunderte von Menschen umgebracht.« Sophies Stimme bebte.

Hauke wusste nicht, was er ihr sagen sollte. Sie hatte recht, und doch war es sinnlos, gegen von Lahn zu kämpfen. Gerechtigkeit war schon seit Anbeginn der Zeit eine recht flüchtige Sache.

»Hauke, sag etwas!«, rief sie, und Tränen liefen über ihr Gesicht. Hilflos sah er sie an. »Wie kannst du nur so gefühllos sein! Er hat meine Familie ruiniert!«

Er blickte in ihre wütenden Augen und schwieg.

Da hob sie den schmutzigen Saum ihres Kleides. »Es tut mir leid, dass ich mich so in dir getäuscht habe«, sagte sie und ging davon.

Ungläubig blickte Hauke ihr nach. Wut überkam ihn. Als sie fast nicht mehr zu sehen war, rief er ihr hinterher: »Die Welt dreht sich nicht nur um Sie, Fräulein Struwe!«

Hinnerk und Halling sahen sich entgeistert an. »Schock, mein Lieber«, versuchte der Doktor Hauke zu beruhigen, der aufgesprungen war. »Sie hat nur einen Schock.«

»Wenn das Fräulein wenigstens in Ohnmacht fallen würde«, sinnierte Hinnerk.

***

Ein leichter Südwestwind zog die Elbe hoch. Schweigend standen die beiden Männer an der Mole und blickten auf den breiten Fluss hinaus. »Das mit dir und einem der Logger wird ja nun wohl nix mehr«, meinte Hinnerk.

Hauke schwieg und sah zum anderen Ufer hinüber. Hinnerk sog an seiner Meerschaumpfeife, deren Glut immer wieder aufleuchtete. Glühend rot ging die Sonne rechts von ihnen hinter dem flachen Horizont der Marsch unter.

»Was machst du denn nun, Hauke?«

Hauke überlegte. »Bürgermeister Brandes fragte mich, ob ich in Glückstadt bleiben will.«

»Oha«, meinte Hinnerk anerkennend.

»Er hat sich für mich in Kiel eingesetzt. Man sucht Leute für die neue Kriminalpolizei.«

Hinnerk nickte wieder. »Klingt bannich wichtig. – Und was hast du davon?«

»Na ja, ein monatliches Salär und eine Pension im Alter sind nicht zu verachten.«

»Stimmt«, meinte Hinnerk langsam. »Und wenn man dann irgendwann mal heiraten will, zum Beispiel das Fräulein Struwe, dann würde die Angebetete bestimmt nicht Nein sagen. Oder was meinst du?« Er grinste breit.

Hauke brummte etwas Unverständliches. Er hatte Sophie seit dem Vorfall am Hafen nicht mehr gesehen.

Die beiden Männer blickten wieder hinaus auf das Wasser, wo kleine und große Schiffe Richtung Altona und Hamburg mit der Flut vorbeikamen.

Hinnerk schwieg lange Zeit. Er musste überlegen, und das konnte schon mal einige Minuten dauern. Dann sagte er in das Kreischen einer Möwe hinein: »Weißt du, das Fräulein Struwe ist ja 'n büschen wie meine Agnes. Tut das eine sagen, aber was ganz anderes denken.«

Hauke blickte seinen Freund an. »Wie meinst du das?«

»Na ja, ich weiß auch nicht so recht. De Fruenslüüd sün so, aff un to. Was bei denen im Kopf so umgeht, das ist doch zu hoch für unsereins, Hauke.« Tief sog er den Rauch seiner Pfeife ein.

»Meinst du?«

»Jo.« Nach einiger Zeit klopfte Hinnerk die abgekühlte Pfeife in seiner Hand aus. »Wirst es schon richtig machen. Musst dich ja nur entscheiden. Aber ich denke man so, dass du das bannich schnell machen musst. Das Fräulein Struwe fährt nämlich heute mit der Eisenbahn weg, weil sie Lehrerin werden will, habe ich gehört. Ich glaube, sie kommt nicht wieder.« Er tippte an seine Mütze. Mit einem »Tschüss« zum Abschied ging er zurück in die Stadt.

Hauke stand allein da. Sophie würde also tatsächlich das Lehrerinnenseminar besuchen. Und er? Sollte er das Angebot von Brandes annehmen? Dann müssten er und Rübcke zusammenarbeiten. Rübcke würde toben.

Er dachte darüber nach, warum er in die Stadt gekommen war. Es war, um zu sterben. Und dann hatte sich alles geändert. Jetzt wusste er, dass er keine Schuld am Tod seiner Männer trug. Aber die Erkenntnis, dass dreiundfünfzig brave Seeleute für ein paar Zeichnungen hatten sterben müssen, wog schwer in ihm. Hätte er seine Männer damals vor Margate retten können? Noch immer blieben seine Erinnerungen schwarz.

Er fragte sich, wie man weiterleben sollte, wenn man zuvor mit allem abgeschlossen hatte, jetzt aber um den Grund betrogen war, den letzten Schritt zu tun? Er hatte sich so an den Traum ewiger Ruhe gewöhnt, dass er noch immer nicht davon lassen konnte.

Gestern hatte er endlich das Grab seiner toten Frau und das seines Sohnes besucht, den er nie hatte kennenlernen dürfen. Blumen hatte er vor das bescheidene Holzkreuz gelegt und um Verzeihung gebeten. Er wusste, dass er diese Schuld wie eine zweite Haut trug, solange er lebte. Doch wollte er damit leben?

Da trat Sophies Bild vor seine Augen. Er glaubte, ihre Haut riechen zu können. Sophie.

Noch bevor diese Illusion verflogen war, erkannte er, dass Hinnerk recht hatte. Hastig drehte sich Hauke um und rannte die Mole entlang Richtung Stadt. Wenn er sich beeilte, würde er sie noch auf dem Bahnsteig antreffen, bevor der Zug abfuhr.

Was er ihr sagen wollte, wusste er noch nicht. Es war ihm egal.

ANHANG

Anmerkungen zu Wahrheit und Fiktion

Aus eigener Erfahrung weiß ich, wie ärgerlich es ist, einem historischen Roman zu vertrauen, nur um festzustellen, dass der Autor es mit der Genauigkeit nicht so ernst genommen hat. Das mag ja für das Erzählen von fiktiven Geschichten zulässig sein, nicht aber, wenn man einen historischen Hintergrund wählt. Hier wird der Autor gezwungen, Fiktion und historische Fakten aufeinander abzustimmen und so zu arrangieren, dass das Buch glaubhaft, aber ebenso faszinierend ist. Am Ende bleibt für den Autor immer der schmale Grat, auf dem die historischen Tatsachen manchmal der Handlung zuliebe angepasst werden müssen.

Diesen Grat will ich Ihnen für dieses Buch offenlegen.

Brockdorff-Palais: Die Familie um den Staatsmann Cay Lorenz von Brockdorff (1766–1840) war bis 1877 im Besitz des schmucken Hauses Am Fleth 43, wo heute das Detlefsen-Museum seine hochinteressanten Ausstellungsräume hat. Ich habe mir erlaubt, die gräflichen Besitzverhältnisse bis in das Jahr 1894 zu verlängern. Die Nachfahren des tatsächlichen Besitzers mögen es mir nachsehen.

Der Betrug: Niemals wurde, soweit mir bekannt ist, in der Glückstädter Heringsfischerei AG ein Mitglied des Vorstandes oder der Mitarbeiterschaft des Betruges beschuldigt. Diese Tat ist vollkommen fiktiv. Dass der Kaiser aber statt 1500 RM pro Schiff nur noch 1000 RM bewilligte, entspricht den recherchierbaren Tatsachen. Nachzulesen im Buch »Seegekehlt & Seegesalzen« von Dr. Gerhard Köhn.

Die Polizei: Die Glückstädter waren damals eher friedlich, wie mir glaubhaft versichert wurde. Morde und andere Untaten kamen nicht vor. Da ich Glückstadt aus der heutigen Sicht gut kenne, bin ich mir sicher, dass das stimmt. Doch was wäre ein Krimi ohne mortale Ingredienzen?

Telefonieren in Glückstadt: Auch hier habe ich der Zeit ein wenig vorgegriffen. Die ersten Telefonanschlüsse kamen 1897 nach Glückstadt. Ich habe mir erlaubt, diese Zeit drei Jahre vorzuverlegen.

Thodesche Mühle: Die Thodesche Mühle am Hafenkopf von Glückstadt gibt es heute nicht mehr. Sie wurde 1939 abgebrochen, nachdem man bereits einige Jahre zuvor die Flügel abmontiert hatte. Heute findet sich an der Stelle ein Verkehrskreisel.

Glückstädter Fortuna: Die Auszüge aus der »Glückstädter Fortuna« sind, bis auf ein mit * markierter Artikel, tatsächlich 1894 erschienen – inklusive ihrer heute teils ungewöhnlich anmutenden Rechtschreibung. Heute ist die »Glückstädter Fortuna« ein Teil der »Norddeutschen Rundschau«, die im sh:z-Verlagshaus erscheint.

Armenstraße: Auf einem alten Stadtplan von Glückstadt aus dem 17. Jahrhundert fand ich die Armenstraße, die heute Kleine Nübelstraße heißt. Der sogenannte Schuderplan vom Ende des 19. Jahrhunderts gab darüber Auskunft, dass die Straße erst in der zweiten Hälfte des Jahres 1894 umbenannt wurde. Somit wohnte Witwe Bruns tatsächlich in der Armenstraße, wenn es die gute Frau denn gegeben hätte.

Schleuse: Auf den alten Stadtplänen erkennt man, dass dort, wo heute das Sperrwerk Binnen- und Außenhafen trennt, damals eine kleine Schleuse war.

Straßen und ihre Namen: Ende des 19. Jahrhunderts wurden einige Straßennamen anders geschrieben, als Sie es hier im Buch vorfinden. So hieß die heutige Schlachterstraße laut Flurplan von 1896 »Schlachtestraße«, und die heutige Königstraße wurde damals »Königsstraße«, also mit zwei s, geschrieben.

Dramatis personae

Max Sülau – war tatsächlich der Berater der Emdener Fischereigesellschaft in Glückstadt. Er ließ sich nie etwas zuschulden kommen, da bin ich mir sicher. Hier aber ist er ein Mann ohne Vergangenheit und Skrupel, dafür aber mit Geheimnissen.

Dr. Adolf Halling – war Geheimer Medizinalrat, Kreisarzt, Beigeordneter im Magistrat und Vertreter des Bürgermeisters von Glückstadt in langen Zeiten der Vakanzen. Er erforschte die Landesgeschichte, war Genealoge.

Oberfischmeister Wilhelm Decker – maßgeblicher Initiator der Glückstädter Heringsfischerei AG

Kapitän Otto Haak – Mitglied des Vorstandes der Glückstädter Heringsfischerei AG. Ich habe mir die Freiheit genommen, ihn als besondere Persönlichkeit zu schildern, obwohl mir außer seinem Namen, seinem Beruf und seinen Aufgaben in der Glückstädter Heringsfischerei AG nichts über ihn bekannt ist.

Dr. Sönnich Detlef F. Detlefsen (1833–1911) – oft als Detlef Detlefsen auftretend, war ein deutscher Philologe und Heimatforscher. Er studierte Philologie und Theologie an verschiedenen Universitäten und promovierte 1855. 1865 wurde er Lehrer an der Gelehrtenschule in Glückstadt, deren Direktor er vom 17. Februar 1879 bis zu seinem Ausscheiden am 1. Oktober 1904 war. Auf sein Betreiben geht die Sammlung des Detlefsen-Museums in Glückstadt zurück. Nach ihm wurde auch die Glückstädter Gelehrtenschule benannt: von 1933 bis 2004 »Bildungsstätte Detlefsenschule«, seit 2004 »Detlefsengymnasium«. Er verfasste viele wissenschaftliche Schriften, und so manch wichtige Persönlichkeit der damaligen Zeit sah ihn als Dekan einer Universität oder zumindest als bedeutenden Wissenschaftler. Detlefsen aber wollte in Glückstadt bleiben und wirken.

Rudolf Brandes – Bürgermeister in Glückstadt von 1891 bis 1925

Polizeisergeant Hinrich Hagemann (1871–1933) – war Polizist in Glückstadt von 1899 bis 1927.

Fritz Lau (1872–1966) – war niederdeutscher Schriftsteller und ist Ehrenbürger der Stadt Glückstadt. Mit 17 Jahren trat er in den Postdienst ein. Er lebte ab 1898 in Glückstadt und schrieb Humoriges und Nachdenkliches über Land und Leute. Das bekannte Gedicht, welches ich hier zitiere – »Wat is een Johr« –, schrieb er aber erst Jahrzehnte später.

Nachtwächter Herrmann Schuld – Eine kleine Glückstädter Anekdote beschreibt, wie einmal die Nachtschutzleute – sicher zu Unrecht – eines Diebstahls bezichtigt wurden, was eigentlich mit der sofortigen Entlassung quittiert worden wäre. Nachtschutzmann Schuld stellte anlässlich seiner Befragung jedoch eiligst fest, zu besagter Zeit nicht in ein Haus eingestiegen sein zu können, da er, wie jede Nacht, in der warmen Backstube von Meister Eggert geschlafen habe. Dieser könne seine Abwesenheit vom Dienst bestätigen. Schuld wurde sofort entlassen. Ich habe mir im Buch erlaubt, die Schlafstunden des Herrmann Schuld in die Backstube von Bäckermeister Witt, Am Fleth/Königstraße, zu verlegen. Aber: Pssst!

Alle anderen Personen in diesem Buch sind rein fiktiv.

Glossar

Aufschießen – das Zusammenlegen von Tauwerk

bannich – sehr

De kummt in Brass. – Der wird wütend.

Dreadnought – der englische Begriff für einen neuen Typ von Kriegsschiff (deutsche Bedeutung: »Fürchtenichts«). Der Begriff geht zurück auf das erste Schiff dieser Art, das 1906 fertiggestellte Schlachtschiff HMS »Dreadnought«. Die Entwicklung dieses teuren Schiffstyps, der über ein Einheitskaliber seiner Bewaffnung verfügte, begann bereits Jahre zuvor und führte zu einem gefährlichen Wettrüsten zwischen Deutschland und Britannien. Admiral Alfred von Tirpitz, der 1898 zum Reichsmarineminister ernannt wurde, soll lange versucht haben, an die Pläne der Dreadnought-Klasse zu kommen, noch bevor die Briten das erste Schiff in Dienst stellten.

Ewer – ein kleinerer, aus Friesland stammender Segelschiffstyp mit Flachkiel und einem oder zwei Masten. Einmastige Ewer werden als Giekewer bezeichnet, zweimastige heißen Besanewer. Typische Merkmale sind das flache Unterwasserschiff und häufig Seitenschwerter, mit denen bei Am-Wind- und Halbwindkurs die Abdrift verringert wird. Die »Alte Möwe« ist ein Besanewer.

Freudenschere – Die Flügel der Windmühlen dienten, je nach Stellung im gebremsten Zustand, der Übermittlung von Signalen. Es gab vier bis neun Flügelstellungen, die zum Teil nur durch Unterschiede in der Besegelung oder der Stellung der Jalousieklappen erkennbar waren. So war zum Beispiel die Betriebspause schon von Weitem zu erkennen, und der Kunde bemühte sich nicht zur Mühle. Auch wichtige Ereignisse signalisierte der Müller mit Hilfe der Freuden- oder Trauerschere. Die Signale unterscheiden sich regional, sodass nicht von einer einheitlichen Signalsprache gesprochen werden kann.

Grüne Fee – ein im 19. Jahrhundert äußerst beliebtes alkoholisches Getränk aus Absinth und Wasser, welches, mit Zucker genossen, eine umwerfende Wirkung gehabt haben soll

He kann obends nich so veel drinken, dat he morgens kenn Dörst mehr hett. – Er kann abends nicht so viel trinken, dass er morgens keinen Durst mehr hat. (Sprichwort für gierige Menschen)

Helling – Unter einer Helling versteht man den Platz in der Werft, auf dem ein Schiff gebaut wird. Es ist eine schräg abfallende Fläche, auf der das Schiff beim Stapellauf zu Wasser gelassen wird.

Heringswracker – der vereidigte Prüfer der Heringsfänge. Seine Aufgabe ist es, die Qualität der Fänge festzulegen, anhand derer die Preise zwischen den Händlern und den Verkäufern (oftmals die Kapitäne selbst) verhandelt werden.

Heuer – Lohn der Seeleute

Hol di de Düvel! – Hol dich der Teufel!

Kantjes – ist eine deutsche Maßeinheit, die in der Fischerei, besonders in der Loggerfischerei des 19. und 20. Jahrhunderts, vor allem für Heringe verwendet wurde. Sie bezog sich auf die an Bord übliche Fassgröße für Salzheringe und leichter gesalzene Matjesheringe. Ein Kantje (Fass) enthielt je nach Größe ungefähr 800–1000 Heringe, was etwa 74 Kilogramm entspricht.

Matjes – sind besonders milde, vor Erreichen der Geschlechtsreife verarbeitete Heringe, die im traditionellen Verfahren durch fischeigene Enzyme in einer Salzlake gereift sind. Der ursprüngliche Herstellungsprozess wurde im Mittelalter in den Niederlanden entwickelt. Der sogenannte jungfräuliche Hering wird Ende Mai bis Anfang Juni gefangen, bevor deren Fortpflanzungszeit beginnt. Dann haben die Fische einen relativ hohen Fettgehalt (über 15 Prozent), und Rogen oder Milch sind noch nicht ausgebildet.

Matjesfeste – locken in Glückstadt (Schleswig-Holstein), aber auch Emden (Niedersachsen) jedes Jahr Hunderttausende Besucher an die Nordseeküste. Es wird Ende Mai bzw. Mitte Juni der Beginn der Matjessaison gefeiert. Glückstadt hat durch seinen Hafen und seine bis in die siebziger Jahre bestehende Heringsfischerei eine lange Matjestradition, die mit den Glückstädter Matjestagen seit 1953 gepflegt wird. Die längste Matjestafel der Welt wurde übrigens in Glückstadt 2004 aufgestellt.

Poller – ist in der Schifffahrt ein kurzer Pfahl aus Metall oder Holz zum Festmachen eines Schiffes.

Priem – anderes Wort für Kautabak

Prosector poeticus – humoristische Anleitung zur Sektion, in Versform, verfasst anlässlich des 37. Leipziger klinischen Vogelschießens am 28. Juli 1888, eines gesellschaftlichen Ereignisses innerhalb der Medizinerzunft Leipzigs

Reep – bezeichnet in der Seefahrt ein Tau oder eine Trosse. Die Herstellung erfolgte früher durch das Handwerk der Reepschläger auf den sogenannten Reeperbahnen durch Verdrillen dünnerer Seile oder Reepe.

Stöpe – ist ein verschließbarer Durchlass in einem Deich. Stöpen werden eher in der zweiten Deichlinie eingerichtet und bleiben offen. Bei Hochwasser werden sie mit zwei Reihen von Holzbohlen und Sandsäcken geschlossen.

Tampen – Seile auf einem Schiff

Verdohrig no mol! – Verdammt noch mal!

verklardüddeln – erklären, klarmachen

Victor-Emanuel-Bart – bezeichnet einen gezwirbelten Oberlippenbart mit einem kleinen Kinnbart darunter, wie bei den Musketieren im Film. Man nennt den Bart auch Knebelbart.

Vollheringswrack – ist die zweitbeste Heringsqualität. Ein guter Vollhering, der aber leicht beschädigt ist.

Vorsetzen – anderes Wort für Anleger; zum Anlegen und Festmachen für Schiffe

Wanten – Als Wanten werden jene Seile bezeichnet, die den Mast eines Schiffes zu beiden Seiten hin verspannen.

Windenkurbel – wird benötigt, um eine Winsch (Winde) manuell betreiben zu können. Es ist sozusagen der (austauschbare) Griff für eine Winsch.

Winsch – Seilwinde zur Übertragung größerer Zugkräfte. In der Fischerei genutzt, um die Netze aus dem Wasser zu ziehen.

Zichorienfabrik – ein Ort, um Kaffeeersatz aus der getrockneten Wurzel der Zichorie herzustellen. Zichorienkaffee ist auch bekannt unter den Begriffen Muckefuck, mocca faux (falscher Kaffee) oder Preußischer Kaffee. Friedrich II. verhängte 1780 ein Bohnenkaffeeverbot und förderte gleichzeitig die Produktion von Preußenkaffee. 1797 gab es in seinem Reich bereits neunzehn Fabriken. Der Siebenjährige Krieg, Napoleons Kontinentalsperre und die starke Förderung durch Friedrich den Großen sorgten für eine steigende Nachfrage.

Literatur

Für die psychischen Probleme von Hauke Sötje, insbesondere die damaligen Behandlungsmethoden, standen mir folgende Werke zur Verfügung:

William Battie (1703–1776) beschäftigte sich schon früh mit psychisch Kranken und unterrichtete mit diesem Fokus auch Medizinstudenten. Ebenfalls veröffentlichte er ein frühes Lehrbuch der Psychiatrie (»Treatise on Madness«, 1758). Battie gründete ein eigenes Krankenhaus, das St. Luke's Hospital, mit dem Ziel, eine humane Behandlung der Psychiatriepatienten zu verwirklichen. Im Jahre 1764 wurde William Battie Präsident der renommierten englischen Ärztevereinigung »Royal College of Physicians«.

Heiner Fangeran/Karen Nolte (Hrsg.): Moderne Anstaltspsychiatrie im 19. und 20. Jahrhundert – Legitimation und Kritik, Franz Steiner Verlag, 2006, S. 23–42.

Carl Pelman: Erinnerungen eines alten Irrenarztes, Bonn, 1912.

Wenn Sie mehr über die Geschichte Glückstadts und seinen berühmten Hering wissen wollen, schauen Sie doch mal hier nach:

Hans Bock: Die Marschbahn von Altona nach Westerland, Heide 1989, Verlag Boyens.

Köhn, Möller, Wilkes (Hrsg.): Alt-Glückstadt in Bildern, Bd. 2, 1984, ohne Verlagsangabe.

Dr. Gerhard Köhn: Seegekehlt & Seegesalzen, Loggerfischerei von der deutschen Nordseeküste, 1994.

Hans-Reimer Möller: Eine Küstenregion im politisch-sozialen Umbruch (1860–1933). Schmidt-Lorenzen (Hrsg.): Vorträge der Detlefsen-Gesellschaft Glückstadt.

Hans-Reimer Möller: Glückstadt, 4. Auflage, 2005, Verlag J. J. Augustin.

Über die Geschichte der Polizei und der Geheimdienste erfahren Sie mehr bei:

Gerd Stolz: Geschichte der Polizei in Schleswig-Holstein, 1978, Westholsteinische Verlagsanstalt Boyens & Co.

Stephan Weiß: Wilhelm Stieber und Bismarck, in Wolfgang Krieger (Hrsg.): Geheimdienste in der Weltgeschichte. Spionage und verdeckte Aktionen von der Antike bis zur Gegenwart, München 2003, C. H. Beck, S. 126–137 und 357–358.

Danksagung

Ich danke all jenen, die mit Wort und Tat geholfen haben, dieses Buch zum Leben zu erwecken:

Brigitte Wagner, meiner Lehrerin in der Schule und im Leben.

Jürgen, meinem wunderbaren Ehemann, für Geduld und sachliche Kritik.

Heike Denzau, die meinen Sportsgeist weckte.

Frauke Ibs, die seit Jahren an mich und meine Bücher glaubt.

Museumsdirektor Christian Boldt des Detlefsen-Museums in Glückstadt: Keine Frage war ihm und seinem Team zu dumm, kein Regal zu hoch und kein Karton zu staubig, um nicht »mal eben nachzuschauen«.

Dem wunderbaren Team des Emons Verlages, das die Neuerscheinung von »Fortunas Schatten« ermöglichte und damit die Hauke-Sötje-Reihe in seinem Verlag vervollständigt.

Und vor allem Ihnen, den Hauke-Sötje-Fans, die Sie meinem Helden seit vielen Jahren die Treue halten.

Danke
Ihre
Anja Marschall

Anja Marschall
TOD AM NORD-OSTSEE-KANAL
Broschur, 272 Seiten
ISBN 978-3-95451-978-1

Brunsbüttel 1894: Als sich ein tödlicher Unfall auf der Baustelle des Nord-Ostsee-Kanals ereignet, wird Kriminalinspektor Hauke Sötje an die Elbe geschickt, um den Vorfall zu untersuchen. War es ein Unfall oder gar Sabotage am prestigeträchtigsten Bauprojekt der Welt, das schon bald von Kaiser Wilhelm II. höchstpersönlich eröffnet werden soll? Ein Attentäter und die hübsche Tochter des Unternehmers Jennings verwickeln Sötje in einen Fall, der nicht nur das Leben Wilhelms II., sondern das gesamte junge Kaiserreich bedroht ...

»Der Autorin ist ein grandioser historischer Krimi gelungen, der auf allen Ebenen begeistert.« Szene Lübeck

Anja Marschall
VERRAT AM KAISER-WILHELM-KANAL
Broschur, 304 Seiten
ISBN 978-3-7408-0296-7

Kiel 1896: Während der Kalte Krieg zwischen dem deutschen Kaiser und dem Rest Europas zu schwelen beginnt, gerät Kommissar Hauke Sötje zwischen die Fronten der Geheimdienste. Er soll einen Verräter beschützen und erkennt zu spät, dass er in eine Falle geraten ist. Erst der mysteriöse Tod eines Dienstmädchens, das leblos im Kaiser-Wilhelm-Kanal treibt, bringt Hauke der Wahrheit näher – einer Wahrheit, für die er bereit ist, sein Leben aufs Spiel zu setzen.

»Die Autorin versteht es, die LeserInnen ihres historischen Krimis mit vielen Fakten, reichlich Lokalkolorit und einer spannenden Geschichte zu fesseln.« Lebensart im Norden

www.emons-verlag.de

Anja Marschall
TOD IN DER SPEICHERSTADT
Broschur, 336 Seiten
ISBN 978-3-7408-0661-3

Hamburg 1896: Der Sohn des wohlhabenden Kaffeehändlers Bellingrodt wird tot in der Elbe gefunden. Als Kommissar Hauke Sötje den Eltern die traurige Nachricht überbringt, gerät er in ein gefährliches Geflecht aus Macht, Gier und falscher Liebe. Zu allem Überfluss bittet ihn seine Verlobte Sophie, eine vermisste junge Frau und ihr Kind in der Stadt zu finden. Man hatte die beiden zuletzt vor der Villa der Bellingrodts gesehen …

»Fesselnd, atmosphärisch dicht und historisch sehr interessant.«
Lebensart im Norden